Weltwirtschaftskrise

Die USA und Deutschland im Vergleich

Erarbeitet von
Dr. Wolfgang Jäger, Berlin

Kurshefte Geschichte

Cornelsen

Kurshefte Geschichte

Weltwirtschaftskrise
Die USA und Deutschland im Vergleich

Das Lehrwerk wurde erarbeitet von
Dr. Wolfgang Jäger, Berlin

Didaktische Beratung:
Joachim Biermann, Bersenbrück
Daniela Brüsse-Haustein, Haren

Redaktion: Friederike Terpitz
Grafik und Karten: Dr. Volkhard Binder, Berlin
Bildassistenz: Dagmar Schmidt
Umschlaggestaltung: Cornelsen Verlag Design
Umschlagbild: „Tail Holt“, Zeichnung von Rollin Kirby, Oktober 1929
© ullstein bild – Granger Collection
Layout und technische Umsetzung: Uwe Rogal, Berlin

www.cornelsen.de

1. Auflage, 1. Druck 2011

Alle Drucke dieser Auflage sind inhaltlich unverändert
und können im Unterricht nebeneinander verwendet werden.

Druck: Mohn Media Mohndruck, Gütersloh

ISBN 978-3-06-064199-4

Inhalt gedruckt auf säurefreiem Papier aus nachhaltiger Forstwirtschaft.

Inhalt

Überblick über den Aufbau der Kapitel

Das Kursheft ist eine thematisch orientierte Materialsammlung für den Geschichtsunterricht in der Oberstufe. Im Zentrum jedes Kapitels steht eine umfangreiche Quellensammlung, die ergänzt wird durch einführende Darstellungen, Methodenseiten (gelber Balken) und Vertiefungen (grüner Balken). Die Doppelseite „Kompetenzen überprüfen" (blauer Balken) schließt das Kapitel ab.

Sach-, Urteils- und Methodenkompetenzen, die im Kapitel erworben werden

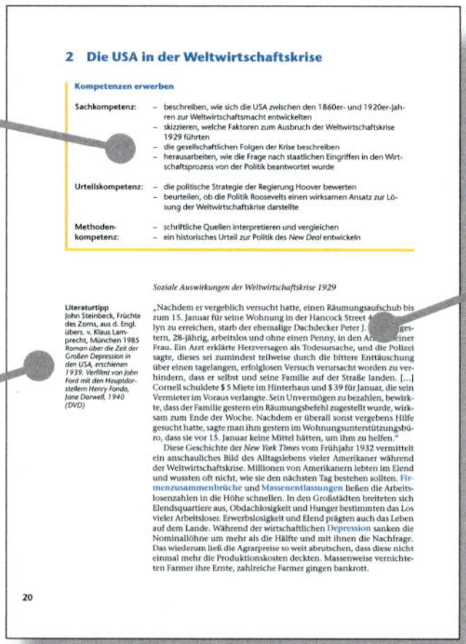

Einleitende Darstellungen

Literaturtipps, Erläuterungen und Verweise in der Randspalte.

Webcodes führen zu Internettipps. Einfach die Zahlenkombination aus dem Buch eingeben unter **www.cornelsen.de/webcode**

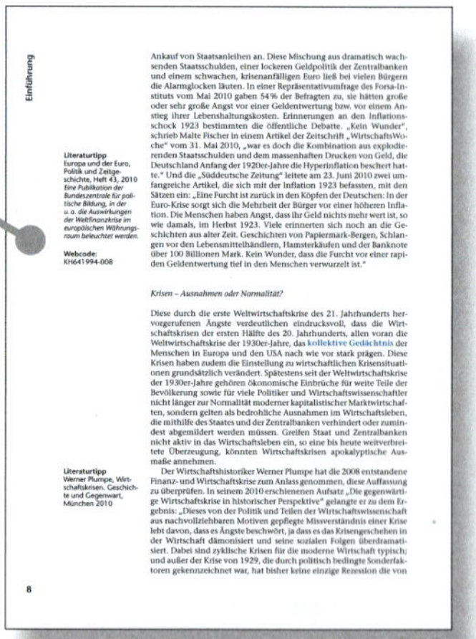

Hinweise zur Arbeit mit den Materialien: Überblick über die Quellenauswahl mit Leitfragen und Kompetenzen

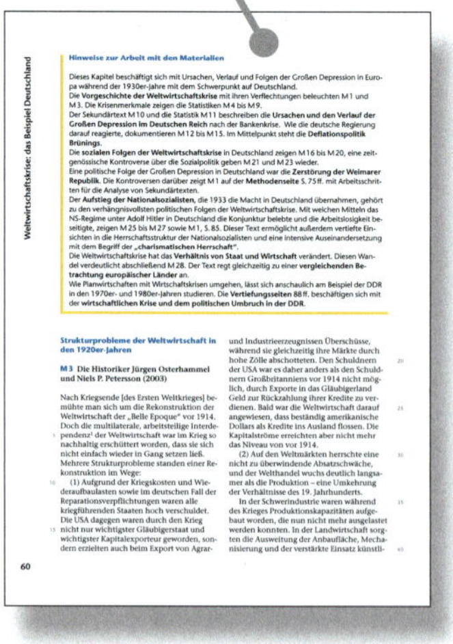

Einzelarbeitsaufträge zu allen Materialien; besondere Arbeitsformen (Referate, Gruppenarbeit etc.) sind blau hervorgehoben.

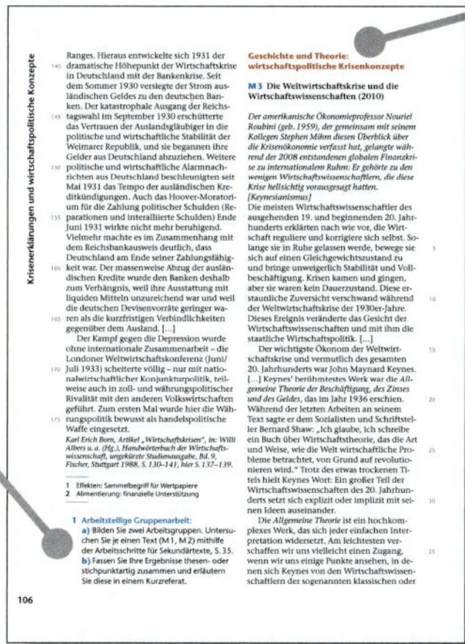

Besondere Schwerpunkte:
- Geschichte und Theorie
- Geschichte kontrovers

Methodenseiten

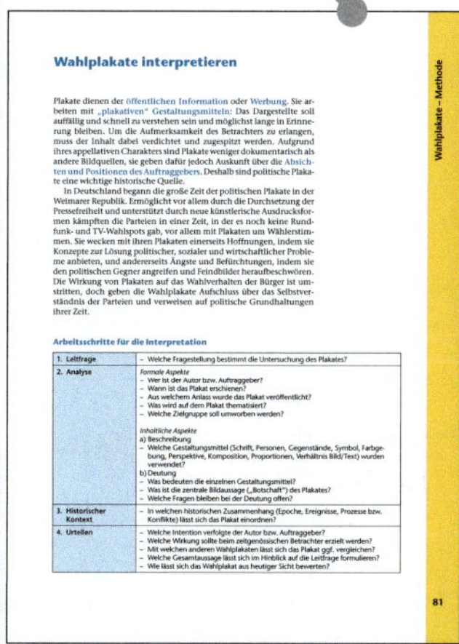

Die Seite „**Kompetenzen überprüfen**" mit weiterführenden Arbeitsanregungen und kompetenzorientierten Aufgaben

Vertiefungen

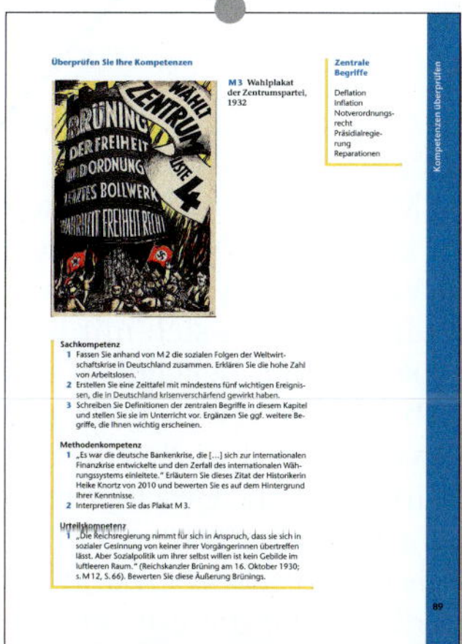

Der Anhang:
- Tipps für die Abiturvorbereitung
- Probeklausur
- Serviceseiten

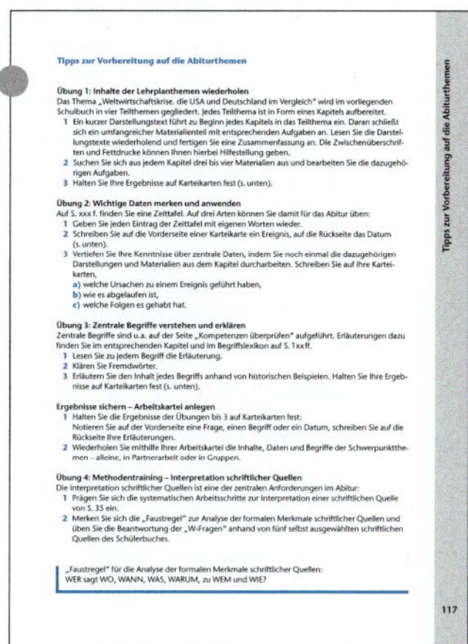

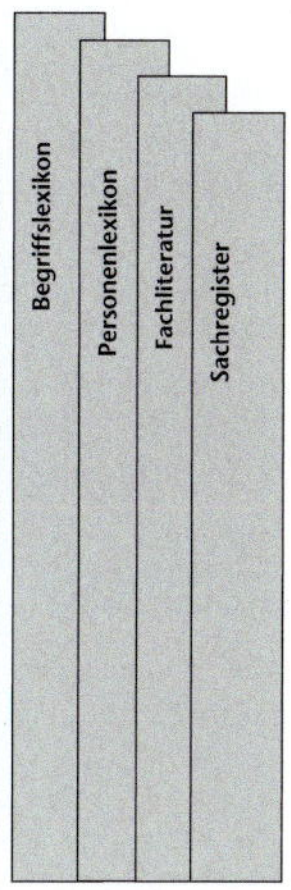

1 Einführung: Wirtschaftskrisen in Geschichte und Gegenwart

Kompetenzen erwerben

Sachkompetenz:
- Ursachen und Verlauf der globalen Finanz- und Wirtschaftskrise 2008 charakterisieren
- die Phasen eines Konjunkturzyklus beschreiben
- die gegenwärtige Wirtschaftskrise in Beziehung zu vormodernen und modernen Wirtschaftskrisen setzen
- die Entwicklung des Welthandels im 19. und beginnenden 20. Jahrhundert skizzieren

Urteilskompetenz:
- mithilfe fachwissenschaftlicher Modelle eine Definition für den Begriff „Wirtschaftskrise" entwickeln

Methodenkompetenz:
- Statistiken auswerten

Lehrmeisterin Geschichte?

Literaturtipp
John K. Galbraith, Eine kurze Geschichte der Spekulation, übers. v. W. Riehl, Frankfurt/M. 2010

Lernen die Menschen aus der Geschichte? Der amerikanische Wirtschaftswissenschaftler John Kenneth Galbraith (1908–2006) war in dieser Frage ausgesprochen skeptisch. Die Menschen wurden aus seiner Sicht noch nicht einmal aus Schaden klug, der ihnen besonders wehtue, nämlich bei großen finanziellen Verlusten. In seinem Buch „Eine kurze Geschichte der Spekulation" (dt. 2010), das sich mit Börsenzusammenbrüchen und Finanzkrisen beschäftigt, beklagte er das **„extreme wirtschaftliche Kurzzeitgedächtnis"** der Menschen: „Finanzielle Pleiten werden einfach schnell vergessen. [...] Es gibt nur wenige Bereiche menschlichen Handelns, in denen die Geschichte so wenig zählt wie in der Welt des Geldes. Erfahrungen der Vergangenheit werden, sofern sie überhaupt im Gedächtnis haften geblieben sind, als simple Ausflucht derjenigen abgetan, die nicht über die notwendige Einsicht verfügen, die unglaublichen Wunder der Gegenwart zu würdigen." Für ein Ende dieser Geschichtsvergessenheit machte sich im Juni 2009 der Ökonomieprofessor Paul Samuelson (1915–2009) in einem Interview stark. Ein Journalist stellte dem Wirtschaftsnobelpreisträger, der als einer der bedeutendsten Wirtschaftswissenschaftler der zweiten Hälfte des 20. Jahrhunderts gilt, die unschuldige Frage: „Was würden Sie jemandem, der heute mit dem Wirtschaftsstudium beginnt, mit auf den Weg geben?" Der damals über 90 Jahre alte Samuelson antwortete: „Vermutlich sage ich heute etwas anderes als in jüngeren Jahren. Habe einen gesunden Respekt vor dem Studium der Wirtschaftsgeschichte, denn sie ist das Rohmaterial, aus dem deine Hypothesen und Überprüfungen stammen."

Krise als traumatische Erfahrung

Das Interesse an der Wirtschaftsgeschichte wuchs seit 2008/09 nicht nur bei Ökonomen, sondern auch in breiten Teilen der Öffentlichkeit – weltweit. Anlass war die **globale Finanz- und Wirtschaftskrise**, die **2008**, ausgehend von den USA, die ganze Welt erfasste. In vielen Staaten verschlechterte sich die wirtschaftliche Situation dramatisch. Die Krise weckte vor allem Erinnerungen an den New Yorker Börsenkrach 1929 und die von ihm mit ausgelöste **Weltwirtschaftskrise der 1930er-Jahre**. Bis heute verbinden viele Menschen mit dieser tief greifenden Wirtschaftskrise **traumatische Erfahrungen**. Denn sie war in den USA wie in Europa verbunden mit Massenarbeitslosigkeit und Massenelend. Und in der deutschen Wahrnehmung bleibt diese Weltwirtschaftskrise verbunden mit dem Aufstieg der Nationalsozialisten, die in Deutschland 1933 eine verbrecherische totalitäre Diktatur errichteten und den Zweiten Weltkrieg vom Zaun brachen.

Dass die erste Weltwirtschaftskrise des beginnenden 21. Jahrhunderts ähnlich verheerende Wirkungen haben wird wie die Weltwirtschaftskrise der 1930er-Jahre, befürchteten manche. Und noch etwas wollten die Menschen wissen: Haben Politiker und ihre Berater diese Krise der Vergangenheit intensiv genug analysiert und die richtigen Lehren aus ihr gezogen, um eine ähnliche wirtschaftliche, gesellschaftliche und politische Katastrophe in Zukunft zu verhindern? Die Unruhe und Angst vieler Menschen wurde verstärkt durch die Erkenntnis, dass die Möglichkeiten der nationalen Regierungen, die Krise zu bekämpfen, begrenzt sind. Niemand konnte und kann mehr die wechselseitige Abhängigkeit und die starken Verflechtungen der nationalen Volkswirtschaften übersehen. Im **Zeitalter der Globalisierung** ist die Welt immer „kleiner" geworden durch die Internationalisierung der Produktion und die Ausdehnung des Welthandels.

Vergleichsaspekt
Krise und Umbruch in den Staaten der ehemaligen Sowjetunion

Die globale Finanzkrise 2008 und die Angst vor Inflation

Nach dem Ausbruch der globalen Finanzkrise 2008 überwog in Deutschland zunächst die **Furcht vor einer Wiederholung der mehrjährigen Depression und Deflation**, die der amerikanische Börsensturz 1929 ausgelöst hatte. In den „schwarzen Jahren" der Weimarer Republik 1930, 1931 und 1932 sank das durchschnittliche Preisniveau, die Verbraucher schränkten ihren Konsum drastisch ein und die Unternehmer verzichteten zunehmend auf Investitionen. Rasch steigende Massenarbeitslosigkeit und Massenelend waren die Folge.

Doch entstanden während der Finanz- und Wirtschaftskrise **auch Inflationsängste**. Die Regierungen und die Zentralbanken der führenden Industriestaaten reagierten auf die globale Finanzkrise, indem sie Milliardensummen zur Rettung der Banken und zur Stützung der Konjunktur bereitstellten, um einen Absturz ihrer nationalen Volkswirtschaften wie der Weltwirtschaft zu verhindern. Als 2010 Griechenland und einigen anderen Euro-Ländern die Zahlungsunfähigkeit drohte, brachte die deutsche Bundesregierung zusammen mit anderen Euro-Ländern ein weiteres milliardenschweres Rettungspaket für die Schuldnerstaaten auf den Weg. Die Europäische Zentralbank kündigte den

Inflation
Länger anhaltende Preissteigerung für Sachgüter und damit Kaufkraftverlust des Geldes

Deflation
Starkes Zurückbleiben der Nachfrage hinter dem Angebot von Gütern und Dienstleistungen in einer Volkswirtschaft mit der Folge sinkender Preise

Ankauf von Staatsanleihen an. Diese Mischung aus dramatisch wachsenden Staatsschulden, einer lockeren Geldpolitik der Zentralbanken und einem schwachen, krisenanfälligen Euro ließ bei vielen Bürgern die Alarmglocken läuten. In einer Repräsentativumfrage des Forsa-Instituts vom Mai 2010 gaben 54 % der Befragten zu, sie hätten große oder sehr große Angst vor einer Geldentwertung bzw. vor einem Anstieg ihrer Lebenshaltungskosten. Erinnerungen an den Inflationsschock 1923 bestimmten die öffentliche Debatte. „Kein Wunder", schrieb Malte Fischer in einem Artikel der Zeitschrift „WirtschaftsWoche" vom 31. Mai 2010, „war es doch die Kombination aus explodierenden Staatsschulden und dem massenhaften Drucken von Geld, die Deutschland Anfang der 1920er-Jahre die Hyperinflation beschert hatte." Und die „Süddeutsche Zeitung" leitete am 23. Juni 2010 zwei umfangreiche Artikel, die sich mit der Inflation 1923 befassten, mit den Sätzen ein: „Eine Furcht ist zurück in den Köpfen der Deutschen: In der Euro-Krise sorgt sich die Mehrheit der Bürger vor einer höheren Inflation. Die Menschen haben Angst, dass ihr Geld nichts mehr wert ist, so wie damals, im Herbst 1923. Viele erinnerten sich noch an die Geschichten aus alter Zeit. Geschichten von Papiermark-Bergen, Schlangen vor den Lebensmittelhändlern, Hamsterkäufen und der Banknote über 100 Billionen Mark. Kein Wunder, dass die Furcht vor einer rapiden Geldentwertung tief in den Menschen verwurzelt ist."

Literaturtipp
Europa und der Euro, Politik und Zeitgeschichte, Heft 43, 2010
Eine Publikation der Bundeszentrale für politische Bildung, in der u. a. die Auswirkungen der Weltfinanzkrise im europäischen Währungsraum beleuchtet werden.

Webcode:
KH641994-008

Krisen – Ausnahmen oder Normalität?

Diese durch die erste Weltwirtschaftskrise des 21. Jahrhunderts hervorgerufenen Ängste verdeutlichen eindrucksvoll, dass die Wirtschaftskrisen der ersten Hälfte des 20. Jahrhunderts, allen voran die Weltwirtschaftskrise der 1930er-Jahre, das **kollektive Gedächtnis** der Menschen in Europa und den USA nach wie vor stark prägen. Diese Krisen haben zudem die Einstellung zu wirtschaftlichen Krisensituationen grundsätzlich verändert. Spätestens seit der Weltwirtschaftskrise der 1930er-Jahre gehören ökonomische Einbrüche für weite Teile der Bevölkerung sowie für viele Politiker und Wirtschaftswissenschaftler nicht länger zur Normalität moderner kapitalistischer Marktwirtschaften, sondern gelten als bedrohliche Ausnahmen im Wirtschaftsleben, die mithilfe des Staates und der Zentralbanken verhindert oder zumindest abgemildert werden müssen. Greifen Staat und Zentralbanken nicht aktiv in das Wirtschaftsleben ein, so eine bis heute weitverbreitete Überzeugung, könnten Wirtschaftskrisen apokalyptische Ausmaße annehmen.

Literaturtipp
Werner Plumpe, Wirtschaftskrisen. Geschichte und Gegenwart, München 2010

Der Wirtschaftshistoriker Werner Plumpe hat die 2008 entstandene Finanz- und Wirtschaftskrise zum Anlass genommen, diese Auffassung zu überprüfen. In seinem 2010 erschienenen Aufsatz „Die gegenwärtige Wirtschaftskrise in historischer Perspektive" gelangte er zu dem Ergebnis: „Dieses von der Politik und Teilen der Wirtschaftswissenschaft aus nachvollziehbaren Motiven gepflegte Missverständnis einer Krise lebt davon, dass es Ängste beschwört, ja dass es das Krisengeschehen in der Wirtschaft dämonisiert und seine sozialen Folgen überdramatisiert. Dabei sind zyklische Krisen für die moderne Wirtschaft typisch; und außer der Krise von 1929, die durch politisch bedingte Sonderfaktoren gekennzeichnet war, hat bisher keine einzige Rezession die von der Politik und einem Teil der Wirtschaftswissenschaften gebetsmühlenhaft beschworenen sozialen Katastrophen ausgelöst. Im Gegenteil, insbesondere die zyklischen Krisen des 19. Jahrhunderts waren in ihren ökonomischen wie sozialen Folgen nicht nur überschaubar; sie spielten auch eine wichtige Rolle im Prozess des ökonomischen Strukturwandels, ohne den eine moderne, hochproduktive Wirtschaft geradezu unvorstellbar ist. [...] Sieht man von der politischen Ausnahmekonstellation der ersten Hälfte des 20. Jahrhunderts ab, besitzt der sich periodisch krisenhaft zuspitzende **Konjunkturzyklus** mithin im Rahmen des wirtschaftlichen Strukturwandels eine sinnvolle Funktion. Er trägt wesentlich zu dessen Durchsetzung bei. Krisen zu vermeiden heißt daher u[nter] U[mständen] auch, mit erheblichem Aufwand Strukturwandel aufzuhalten, ohne dass sicher ist, dass hierdurch wirtschaftlich positive Erträge erzielt werden können."

Diese Position untermauert das Vertrauen eines Teils der Wirtschaftswissenschaftler wie der Wirtschaftspolitiker in die **Selbstregulierungsfähigkeiten von Marktwirtschaften** mit historischen Argumenten. Auf historische Erfahrungen berufen sich jedoch auch die Politiker, Publizisten und Wissenschaftler, die die Leistungsfähigkeit „freier" Märkte bezweifeln und die **Notwendigkeit von Eingriffen des Staates in das Wirtschaftsleben** betonen. Um Krisen und Depressionen mit ihren sozialen Kosten wie Arbeitslosigkeit abzuwenden oder zumindest abzumildern, argumentieren sie, müssten die Regierungen und Zentralbanken aktive Wirtschaftspolitik betreiben. Das sei eine der wichtigsten Lehren aus der Weltwirtschaftskrise der 1930er-Jahre.

Konjunkturzyklus
Zeitraum, in dem die Wirtschaft einzelne Konjunkturphasen von einem Aufschwung bis zum nächsten Aufschwung durchläuft (s. Modell S. 13)

Forschungsfragen der Historiker und Ökonomen

Gewiss lassen sich aus der Geschichte keine Rezepte dafür ableiten, wie zukünftige Wirtschaftskrisen grundsätzlich verhindert oder gemildert werden können. Dennoch können Ökonomen und Sozialwissenschaftler viel aus der Geschichte über **ökonomische Zusammenhänge** lernen. Beim Vergleich der Weltwirtschaftskrise der 1930er-Jahre mit der im beginnenden 21. Jahrhundert ist zum Beispiel zu fragen nach den ökonomischen, sozialen und politischen Ursachen und Folgen von Börsencrashs in einer immer enger verflochtenen Weltwirtschaft. Oder die Wissenschaftler werden die Möglichkeiten und Grenzen staatlicher Eingriffe in das Marktgeschehen in unterschiedlichen historischen Situationen erörtern. Auch die **Chancen und Risiken einer freien Marktwirtschaft** müssen zur Sprache kommen. Kontroverse Positionen sind dabei stets an den Fakten bzw. den Quellen zu überprüfen. Das historische Geschehen kann dabei grundsätzlich aus zwei Blickwinkeln betrachtet werden: Die Geschichtswissenschaft wird vor allem daran interessiert sein, aus der Vergangenheit Erkenntnisse über das Funktionieren von Wirtschaft und Gesellschaft zu gewinnen. Dagegen bietet die Geschichte den systematisch arbeitenden Wirtschafts- und Sozialwissenschaftlern die Gelegenheit, ihre Theorien an der konkreten historischen Wirklichkeit zu überprüfen.

Literaturtipp
Das Lexikon der Wirtschaft, hg. v. Achim Pollert, Bernd Kirchner und Javier M. Polzin, Bundeszentale für politische Bildung, Bonn 2009

1 Krisen – Ausnahmen oder Normalität? Fassen Sie zusammen, welche Positionen zu dieser Frage genannt werden.

Testen Sie Ihr Vorwissen zur Weltwirtschaftskrise der 1930er-Jahre

1 Wann war der New Yorker Börsenkrach?
A *1923*
B *1929*
C *1931*

2 Was versteht man unter dem „Schwarzen Freitag"?
A *Der Tag, an dem in Deutschland eine nicht parlamentarische Präsidialregierung die Regierung übernahm*
B *Der Tag, an dem Adolf Hitler Reichskanzler wurde*
C *Der Tag, an dem die New Yorker Börse zusammenbrach*

3 Wie bezeichnete US-Präsident Franklin D. Roosevelt (Reg. 1933–1945) das politische Programm, mit dem er auf die Ende 1929 einsetzende Weltwirtschaftskrise reagierte?
A *Great Society*
B *New Frontier*
C *New Deal*

4 Was versteht man unter dem *„American Dream"*?
A *Traum vom Eigenheim*
B *Traum vom sozialen Aufstieg für jedermann: „Vom Tellerwäscher zum Millionär"*
C *Titel eines Westerns*

5 Was ist Keynesianismus?
A *Ökonomische Theorie und wirtschaftspolitisches Konzept*
B *Religiöse Lehre und Sekte*
C *Physikalische Erscheinung*

6 Von welchem Ökonomen stammt die Formulierung vom „Prozess der schöpferischen Zerstörung"?
A *Karl Marx*
B *Ludwig Erhard*
C *Joseph A. Schumpeter*

7 Wie hoch war 1932 die Arbeitslosenquote in Deutschland?
A *ca. 6 %*
B *ca. 15 %*
C *ca. 31 %*

8 Was versteht man unter einer Zentralbank, Zentralnotenbank oder Notenbank?
A *Die größte und mächtigste Bank eines Landes*
B *Die Bank der Hauptstadt eines Landes*
C *Die Bank des Staates und der Banken*

9 Welche Politik betrieb die Regierung Brüning während der Weltwirtschaftskrise?
A *Inflationspolitik*
B *Politik der Aufrüstung*
C *Deflationspolitik*

10 Welcher deutsche Politiker wurde 1933, während der Weltwirtschaftskrise, Reichskanzler?
A *Paul von Hindenburg*
B *Erich Ludendorff*
C *Adolf Hitler*

M1 Alarmierte Anleger im New Yorker Bankenviertel Wall Street nach dem Börsenkrach, Fotografie, Oktober 1929

M 2 Welthandelsströme (Stand: 2009)

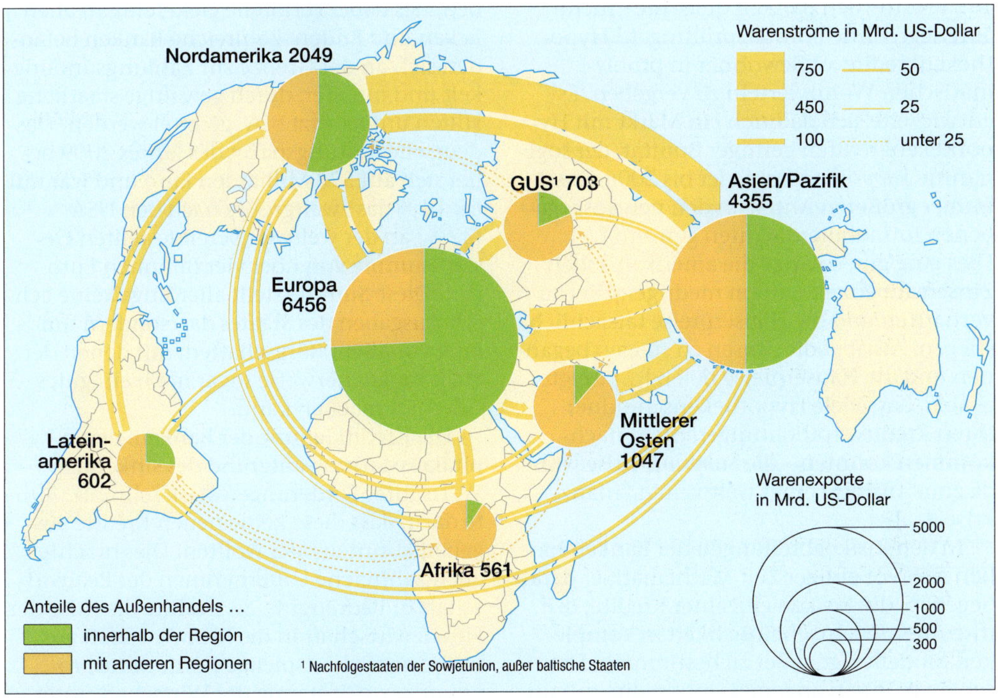

Quelle: Le Monde diplomatique (Hg.), Atlas der Globalisierung, Le Monde diplomatique/taz, Berlin 2009, S. 57.

1 Diskutieren Sie mithilfe der Karte M 2 die These, dass die Welt im Zeitalter wachsender Globalisierung zusammenwächst, d. h. „kleiner" wird.

M 3 Der Historiker Toni Pierenkemper über die erste Weltwirtschaftskrise des 21. Jahrhunderts (2009)

So war die Lage in Deutschland im Sommer 2009 gekennzeichnet durch einen gewaltigen Rückgang der Auftragseingänge in der Industrie, einem daraus folgenden Einbruch der Industrieproduktion und von einem drohenden Anstieg der Arbeitslosigkeit. Viele Unternehmen standen am Rande des Bankrotts, zahlreiche Banken waren ebenfalls in ihrer Existenz gefährdet und wurden nur durch umfangreiche staatliche Unterstützung am Leben gehalten […] Begonnen hat die Geschichte der Finanzkrise in den Vereinigten Staaten, wo angesichts deutlich steigender Häuserpreise die Banken dazu übergingen, Hauskäufe mit mehr als 100 % ihres Wertes zu finanzieren. Damit war es als Käufer möglich, durch den Kauf eines Hauses zugleich Geld für zusätzliche Ausgaben zu erhalten. Die Tilgung der Schulden schien durch steigende Häuserpreise beim Wiederverkauf quasi automatisch zu erfolgen. Das lockte zusätzliche Käufer in den Markt, weil diese bei weiter steigenden Häuserpreisen mit hohem Profit rechnen konnten. Dazu war weder Eigenkapital nötig, noch war damit ein Risiko verbunden, da nach US-amerikanischem Recht zwar das Objekt an den Gläubiger fällt, falls der Schuldner den Hypothekenkredit nicht erfüllen kann, dieser jedoch jeder weiteren Verpflichtung ledig ist. Diese Rechtskonstruktion setzte auch für Hausbesitzer Anreize, bei steigenden Häuserpreisen neue Hypotheken[1] auf ihre Häuser aufzunehmen, um so zusätzlichen Konsum zu finanzieren. Hinzu kamen die Wirkungen des *Community Reinvestment Act (RCA)* von 1977, welcher ursprünglich der Sanierung von Slums und deren zukünftiger Vermeidung dienen sollte. In einer Novelle von 1995 wurde den Banken quasi die Pflicht auferlegt, ohne Bonitätsprüfungen[2] Hypothekenkredite an Bewohner in problematischen Wohnvierteln zu vergeben. Es entwickelte sich dadurch ein Markt mit Hypothekenkrediten geringer Bonität, der sogenannte *Subprime*-Markt, der bis 2006 einen immer größeren Anteil an den neu ausgegebenen Immobilienkrediten gewann […]. Dies ging gut, solange die amerikanischen Zinsen auf einem extrem niedrigen Niveau verharrten und die Häuserpreise tatsächlich stiegen. Als aber die Zinsen zu steigen begannen und die Häuserpreise fielen […], zeigte es sich, dass viele Hypothekenschuldner ihren Kreditverpflichtungen nicht nachkommen konnten – die *Subprime*-Krise wurde zum Auslöser einer weltweiten Finanzkrise. […]

In den Risikoabteilungen der Banken haben sich vor einiger Zeit Mathematiker daran begeben, die Risiken einzelner Kredite, d. h. ihre Ausfallwahrscheinlichkeit in komplexen Modellen genauer zu bestimmen. Dabei schien es ihnen angemessen, Kredite mit unterschiedlich hohem Ausfallrisiko zu mischen, diese in einem Fonds[3] zusammenzufassen und dann als nahezu todsichere Papiere an das Publikum weiterzureichen. Diese sogenannten *CDOs (Collateralized Debt Obligations)* können mit sehr unterschiedlichen Krediten unterlegt werden; natürlich auch mit *Subprime*-Hypotheken, wie das in den USA geschehen ist. Das macht aber nur Sinn, wenn sie in Tranchen verpackt werden, in denen auch besser gesicherte Papiere enthalten sind, sodass ihr *rating*, also ihre durch sogenannte *rating*-Agenturen zugeschriebene Qualität, und damit ihre Marktgängigkeit deutlich verbessert wird. Werden solche Tranchen erneut mit anderen gemischt, oder geschieht dies gar mehrmals […], so entsteht ein gewaltiges Angebot an zinstragenden Papieren, deren Werthaltigkeit kaum noch zu überblicken ist. Die Banken verdienten an all diesen Transaktionen prächtig und brachten hochriskante Papiere unter das Publikum, deren toxischer Gehalt sich erst spät herausstellte. Zahlreiche Banken und Privatanleger fanden sich nach Abklingen des Booms in der Position, auf großen Beständen derartiger „Ramschpapiere" zu sitzen. […] Diese Finanzanlagen sind weitgehend abzuschreiben, das dabei verlorene Geld fehlt an allen Ecken und Enden. Zahlreiche Banken befanden sich an der Grenze zur Zahlungsunfähigkeit und mussten durch gewaltige staatliche Hilfen unterstützt bzw. gerettet werden. Das deutsche Rettungspaket des Jahres 2009 belief sich auf 578 Milliarden Euro und war mit ca. 14 % das zweitgrößte nach den USA (32 %) an der weltweit bereitgestellten Gesamtsumme von über vier Billionen Euro […]. Diese Summe stellt allerdings keine echten Ausgaben des Staates dar, sondern umfasst vor allem Bürgschaften, mit denen der Staat möglicherweise sogar noch ein gutes Geschäft machen kann.

Die Kreditklemme der Banken, deren Kapitalausstattung aufgrund des sinkenden Werts ihrer Forderungen stark schmolz, führte dazu, dass diese keine neuen Kredite ausgeben konnten oder wollten. Dies brachte auch zahlreiche Unternehmen der Realwirtschaft in Bedrängnis. So strahlte die Krise der Finanzwirtschaft in die Realwirtschaft aus und machte kostspielige Konjunkturprogramme zur Stützung der Wirtschaft nötig. Die aufgelegten Konjunkturprogramme der G-20-Staaten – einem Forum der Finanzminister und Zentralbank-Präsidenten der führenden Wirtschaftsnationen – in Höhe von über einer Billion Euro führten in jedem Falle zu einer wachsenden Staatsverschuldung, deren Abbau durch Steuererhöhung oder Hinnahme einer erhöhten Inflationsrate die Volkswirtschaften belastet.

Toni Pierenkemper, Wirtschaftsgeschichte. Die Entstehung der modernen Volkswirtschaft, Akademie Verlag, Berlin 2009, S. 216–219.

---

1 Hypothek: Recht an einem Grundstück oder Wohnungseigentum zur Sicherung einer Geldforderung
2 Bonität: Guter Ruf einer Person oder Firma hinsichtlich ihrer Zahlungsfähigkeit
3 Fonds: Sondervermögen einer Gesellschaft für Kapitalanlagen, das in Wertpapieren oder Immobilien angelegt ist.

1 Klären Sie unbekannte Ausdrücke in M 3.
2 Erläutern Sie die Ursachen der Finanzkrise 2008/09.
3 Erklären Sie, warum die Finanzkrise in den USA 2008 weltweite Auswirkungen besaß.

M4 Der Historiker Werner Plumpe über vormoderne und moderne Wirtschaftskrisen (2010)

Denn Wirtschaftskrisen zählen zu den wiederkehrenden, prägenden Ereignissen der Geschichte; ihre Bedeutung war und ist häufig so groß, dass sie weit über das wirtschaftliche Geschehen hinaus ausstrahlen und ernsthafte politische und soziale Probleme auslösen. Wirtschaftskrisen sind auch keine neue Erfahrung. Bereits aus dem Alten Testament sind mit der Josephs-Geschichte die sieben mageren und die sieben fetten Jahre überliefert. Ernteschwankungen und in ihrem Gefolge Teuerung, Hunger und Not zählten zu den ständigen Begleitern der Geschichte Alteuropas. Auch deren Überwindung durch die Zunahme der Leistungsfähigkeit der Landwirtschaft seit dem 19. Jahrhundert hat keineswegs zu einem Ende der Krisen geführt. Seither wird die Entwicklung der Wirtschaft von wiederkehrenden konjunkturellen Störungen geprägt. Ernteschwankungen und Schwankungen der Konjunktur sind nicht einmal die einzigen Plagen, die die Menschheit zu ertragen hatte und noch erträgt. Hinzu treten Spekulationskrisen, die ebenfalls keine neue Erscheinung sind. [...] Und schließlich die verbreiteten Staatsbankrotte. Folgt man den amerikanischen Ökonomen Carmen M. Reinhart und Kenneth S. Rogoff, zählen die durch Zahlungsschwierigkeiten von Staaten bzw. durch ihre überhöhte Verschuldung ausgelösten Probleme zu den häufigen Krisenverursachern der letzten Jahrhunderte. Auch wenn man die Staatsbankrotte nicht unbedingt zu den Wirtschaftskrisen im engeren Sinn rechnen möchte, da ihre Ursachen in der Regel politischer und nicht ökonomischer Art sind, entfalten sie gleichwohl eine ungeheure Krisendynamik, wie 2009 und 2010 die Schwierigkeiten des griechischen Staates gezeigt haben. Nimmt man alles zusammen, sind Krisen offensichtlich normaler Bestandteil des ökonomischen Geschehens. Sie scheinen überdies so vielfältig zu sein, dass es schwerfällt, hierfür das Verhalten einzelner Personen verantwortlich zu machen, geschweige denn ein aussagefähiges theoretisches Krisenmodell vorzulegen. Der deutsche Nationalökonom und Wirtschaftshistoriker Werner Sombart (1863–1941) beklagte bereits 1904 eine nicht mehr überschaubare Fülle an Krisentheorien. Die gegenwärtige ökonomische Theorie verzichtet im strengen Sinn ganz auf die Verwendung des Krisenbegriffs und benutzt stattdessen in der Sprache der Konjunkturtheorie Begriffe wie Rezession, Abschwung oder Depression, um das zu bezeichnen, was in der Öffentlichkeit im Allgemeinen als Wirtschaftskrise verstanden wird.

M5 Phasen einer Konjunktur

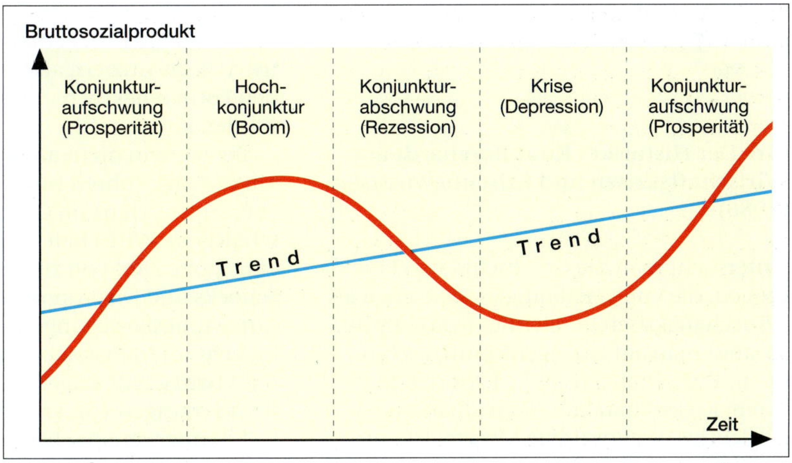

Heike Knortz, Wirtschaftsgeschichte der Weimarer Republik. Eine Einführung in Ökonomie und Gesellschaft der ersten Deutschen Republik, Vandenhoeck & Ruprecht, Göttingen 2010, S. 267.

Trotz dieser Ungenauigkeiten ist die Verwendung des Begriffs „Wirtschaftskrisen" durchaus sinnvoll, nicht zuletzt, weil seine Bedeutung in den öffentlichen Debatten außer Frage steht. Im Folgenden wird er im Sinne gesamtwirtschaftlicher Störungen verwendet. Er soll einerseits den Umschlagpunkt von einer Aufschwungphase oder zumindest einer Phase stabiler wirtschaftlicher Entwicklung in Stagnation und Abschwung, andererseits aber auch die Abschwung- und Depressionsphase selbst bezeichnen.

Ganz ähnlich wird der Rezessionsbegriff verwendet, der Phasen stagnierender bzw. sinkender wirtschaftlicher Gesamtleistung markiert. Das Platzen von Spekulationsblasen oder die Zahlungsschwierigkeiten von Staaten, die zweifellos Krisenerscheinungen darstellen, werden in dieser Sicht vor allem wegen ihrer gesamtwirtschaftlichen Bedeutung zum Thema und lassen sich genauer zuordnen, als es bei einer bloßen Aufzählung von Krisenphänomenen der Fall wäre.

Werner Plumpe, Wirtschaftskrisen. Geschichte und Gegenwart, C.H.Beck, München 2010, S. 7–9.

1 Geben Sie wieder, welche vielfältigen Ursachen und Erscheinungsformen von Wirtschaftskrisen der Autor von M 4 nennt.

2 Erläutern Sie M 5 und die darin verwendeten Begriffe.

3 Definieren Sie mithilfe von M 4 und M 5 den Begriff „Wirtschaftskrise". Erläutern Sie diesen Begriff unter Berücksichtigung der Stichworte „gesamtwirtschaftliche Störung", „Rezession", Abschwung", „Depression".

M6 Der Historiker Knut Borchardt über Wirtschaftskrisen und Krisenbewusstsein (1986)

Untersucht man die Geschichte von Phänomenen, die von verständigen Menschen als Wirtschaftskrisen bezeichnet worden sind, so stößt man auf ein eigentümliches Problem. Wirtschaftskrisen [...] können in ihrem Krisencharakter nicht allein durch eindeutige ökonomische Merkmalskonstellationen statischer Art definiert werden. Krise ist in der Regel das, was das Publikum als solche versteht. Wer von Krisen spricht, nimmt eine mehr oder weniger spezifische Sache in einer besonderen Weise wahr; als beobachtender Teilnehmer ist er zugleich handelnder.
Ich habe vor einiger Zeit in Analogie zu der berühmten Definition von Klassen durch Marx (der von Klassen an sich und Klassen für sich gesprochen hat) angeregt, von Krisen an sich und Krisen für sich zu sprechen. Die Klasse an sich war für Marx allein durch die objektive Stellung der Mitglieder im Produktionsprozess bestimmt, nämlich durch die Frage, ob die Mitglieder Eigentümer von Produktionsmitteln waren oder nicht. Die so definierte objektive Klassenlage wäre aber in Hinblick auf die betrachteten historischen Prozesse (die nach Marx ja die Geschichte von Klassenkämpfen sein sollten) uninteressant, wenn nicht noch etwas hinzugekommen wäre: das Klassenbewusstsein. Erst das Klassenbewusstsein konstituiert nach Marx die Klasse als historisch kämpfendes Wesen. Es macht Klasse an sich zur Klasse für sich. Ich lasse offen, ob diese Definition in Hinblick auf die Klasse philosophisch tragfähig und empirisch gehaltvoll ist und gar eine Geschichtstheorie stützen kann. In Hinblick auf das Phänomen der Krise scheint mir die Unterscheidung aber heuristisch [d. h. als Arbeitshypothese bzw. als vorläufige Annahme und Hilfsmittel der Forschung] interessant zu sein.

Entsprechend könnte man als Krise an sich Konstellationen von ökonomischen Größen oder Prozessen bezeichnen, die ein sachkundiger Beobachter insoweit als kritisch diagnostiziert, als sie in der vorhandenen Form objektiv nicht auf Dauer gestellt werden können. [...]

Bei Weitem nicht alle kritischen Wirtschaftslagen führen nun zu Krisen im wirklichen Sinne. Ganz im Gegenteil. Die gesellschaftliche Wirtschaft verarbeitet ständig eine große Zahl von zum Teil sehr heftigen Schocks und Disproportionalitäten durch Anpassungsbewegungen und Innovationen in recht undramatischer, lautloser Weise. Die Marktwirtschaft ist geradezu ein System diffuser Lösungen von kritischen Zuständen [...]. Demgegenüber bedürfen im politischen System Problemlagen immer der ausdrücklichen Artikulation und damit auch der Dramatisierung, jedenfalls in demokratischen

Ordnungen. Sie neigen eher dazu, Krisen im wirklichen Sinne, Krisen für sich zu werden.

Nicht bewusst gemachte kritische Konstellationen und ihre Auflösungen sind also keine Krisen im wirklichen Sinne. [...] Kritische wirtschaftliche Konstellationen werden zu wirklichen Krisen, zu Krisen für sich, wenn sie von den Teilnehmern des Prozesses als solche erfahren und bezeichnet werden, wenn Krisenstimmung herrscht, sich Krisenbewusstsein ausbreitet. Das Krisenbewusstsein scheint mir ein Wesenselement einer wirklichen Wirtschaftskrise. Deshalb ist es aber auch so schwer, Krisen im Rahmen streng ökonomischer Theorien zu behandeln. Es ist offenbar kein Zufall, dass alle Wirtschaftskrisen, in denen sich wirklich eine Krisenstimmung ausgebreitet und die gesamte Gesellschaft erfasst hat, nicht exakt vorausgesagt worden sind. Sie sind immer erst vom Publikum als solche bezeichnet – und zugleich durch sein Verhalten dazu gemacht worden. [...]

Gerade die Übertreibungen der Bedrohung, die Überempfindlichkeiten des Bewusstseins können die eigentlich geschichtsmächtigen Kräfte im Verlauf einer Krise sein. Sie können aus einer mäßigen Rezession einen tiefen Absturz machen. Deshalb publizieren übrigens Konjunkturforschungsinstitute so ungern Vorhersagen von Lageverschlechterungen und suchen Wirtschaftsminister auch in eindeutig schlechten Lagen Optimismus zu verbreiten.

Angst kann auch aus der Beobachtung eines möglicherweise relativ geringfügigen Liquiditätsengpasses an einer Stelle einen allgemeinen Zusammenbruch des Bankensystems folgen lassen. Im Grunde könnte man den Zustand unseres Bankwesens oder der internationalen Kreditbeziehungen immer als latent kritisch bezeichnen. Er beruht nämlich allein auf dem Vertrauen der Einleger in die Sicherheit ihrer Vermögensanlagen. Doch ist es nie gewährleistet, dass jedermann sein Recht, die Einlagen zu den vereinbarten Terminen zurückzufordern, auch wahrnehmen kann, falls dies alle oder nur ein großer Teil der Gläubiger gleichzeitig versuchen sollte. So kritisch also der Zustand unseres Bankwesens demjenigen erscheint, der mit dem Schlimmsten rechnet, so selten sind wirkliche Zusammenbrüche von Banksystemen gewesen. Es bedarf einer Reihe von mobilisierenden Anlässen, damit es zu einer Bankenkrise (oder zu einer Weltschuldenkrise) kommt. Es ist aber bisher nicht gelungen, für die Entwicklung des in diesem Zusammenhang entscheidenden Krisenbewusstseins allgemeine Regeln anzugeben. Wir wissen immer erst hinterher, dass irgendwann das Vertrauen in die Sicherheit der Einlagen geschwunden ist und sich daraus schließlich ein Run auf die Banken entwickelt hat, wobei sich an der objektiven Situation gelegentlich nur wenig geändert haben mag.

Auch in Bezug auf die konjunkturellen Krisen mit dramatischem Verlauf, gar Elementen von Panik, wissen wir nicht im Voraus, welche Lagen gegebenenfalls vom Publikum als so bedrohlich angesehen werden, dass mit Schreckreaktionen zu rechnen ist.

Knut Borchardt, Wandlungen im Denken über wirtschaftliche Krisen, in: Krysztof Michalski (Hg.), Über die Krise. Castelgandolfo-Gespräche 1985, Klett-Cotta, Stuttgart 1986, S. 142–145.

1 Klären Sie die Ihnen unbekannten Begriffe in M 6 mithilfe eines Lexikons.

2 Definieren Sie, ausgehend von M 6, die Begriffe „Krise an sich" und „Krise für sich". Stellen Sie für jeden Begriff die zentralen Merkmale zusammen und arbeiten Sie die wesentlichen Unterschiede heraus.

3 Nehmen Sie Stellung zu der These Borchardts: „Nicht bewusst gemachte kritische Konstellationen und ihre Auflösungen sind also keine Krisen im wirklichen Sinne. [...] Das Krisenbewusstsein scheint mir ein Wesenselement einer wirklichen Wirtschaftskrise." (Z. 66–68 und 74–76)

Statistiken auswerten

Die moderne Wirtschaftsgeschichte kommt ohne die Auswertung von Statistiken nicht aus. Sie können als Zahlentabellen oder als Diagramme, d. h. in grafischer Form, dargestellt werden. Die **grafische Umsetzung von Daten** macht eine Statistik „lesbarer", d. h. sie erhöht die Anschaulichkeit einer Zahlenreihe.
Um wirtschaftliche Entwicklungen zu messen, benutzen Historiker und Wirtschaftswissenschaftler verschiedene **Indikatoren**. Ein wichtiger Indikator ist der Handel, den die verschiedenen Volkswirtschaften miteinander treiben. Der Anteil eines Staates oder einer Region am Welthandel ist ein wichtiger Maßstab sowohl für dessen internationale wirtschaftliche Bedeutung als auch für dessen Abhängigkeit von internationalen Märkten. Der Umfang des gesamten Welthandels zeigt den Grad der internationalen Verflechtung der nationalen Volkswirtschaften an.
Mithilfe der Grafik M 1 lässt sich die Entwicklung des internationalen Warenaustausches im Zeitalter der Industrialisierung analysieren. Wer sich mit der internationalen Bedeutung Europas oder der USA im 19. und der ersten Hälfte des 20. Jahrhunderts beschäftigt, wird die Grafik M 2 untersuchen müssen. Beide Grafiken vermitteln ein anschauliches Bild von der Internationalisierung des wirtschaftlichen Lebens von der Industriellen Revolution bis zur Weltwirtschaftskrise der 1930er-Jahre.

Arbeitsschritte für die Auswertung

1. Leitfrage	– Welche Fragestellung bestimmt die Untersuchung der Statistik?
2. Analyse	*Formale Aspekte* – Wer ist der Autor und/bzw. Auftraggeber? – Wann und wo wurde sie veröffentlicht? – Was thematisiert die Statistik? – Welche Darstellungsform (Tabelle oder Diagramm) liegt vor? *Inhaltliche Aspekte* – Welcher geografische Raum bzw. welche Räume werden erfasst? – Auf welchen Zeitraum bezieht sich die Statistik? Gibt es ggf. Lücken? – Welche Einheiten (absolute Werte, z. B. Dollar, Tonnen; relative Werte, z. B. Prozent, Index) werden in den Zeilen und Spalten bzw. Graphen verwendet? – Welche Daten werden wie aufeinander bezogen (z. B. Jahreszahlen und Bevölkerungszahlen)? – Welche Einzelinformationen (Schwerpunkte, Ausschläge, regelhafte Verläufe, Zusammenhänge; ggf. bei Vergleich von Regionen: Gemeinsamkeiten und Unterschiede) ergeben sich?
3. Historischer Kontext	– Auf welchen historischen Sachverhalt (Epoche, Ereignis, Prozess) bezieht sich die Statistik?
4. Urteilen	– Welche Intention verfolgte(n) Autor und/bzw. Auftraggeber? – Worüber gibt die Statistik keine Auskunft? – Gibt es Hinweise auf Manipulationen? – Mit welchen anderen Statistiken und/oder Quellen lässt sich die Statistik ggf. vergleichen bzw. überprüfen? – Welche Gesamtaussage lässt sich im Hinblick auf die Leitfrage formulieren?

M1 Entwicklung des Welthandels 1720 bis 1913

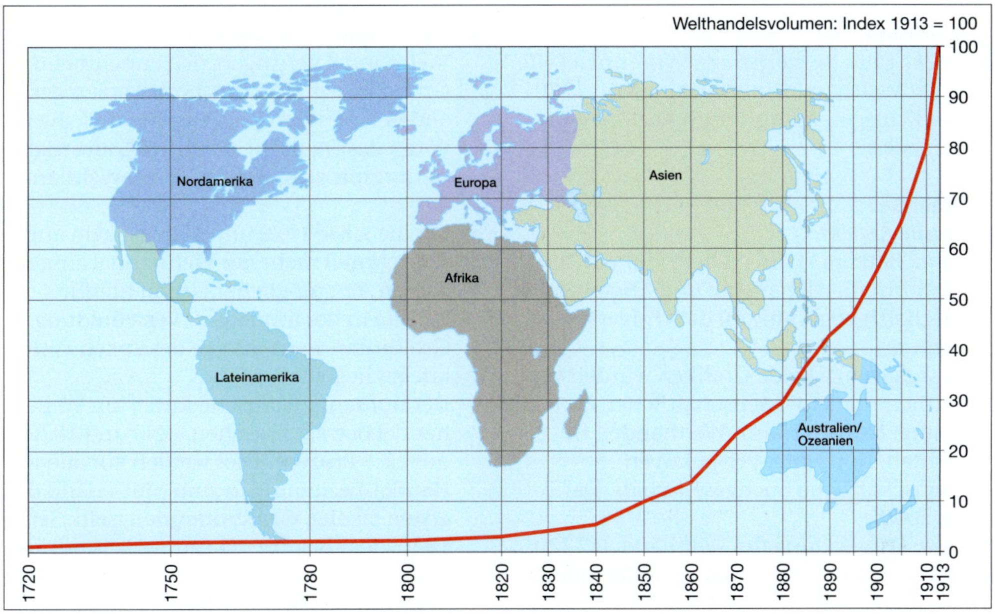

Barbara Hahn, Welthandel. Geschichte, Konzepte, Perspektiven, Wissenschaftliche Buchgesellschaft, Darmstadt 2009, S. 39.

M2 Welthandel nach Regionen 1800 bis 1937

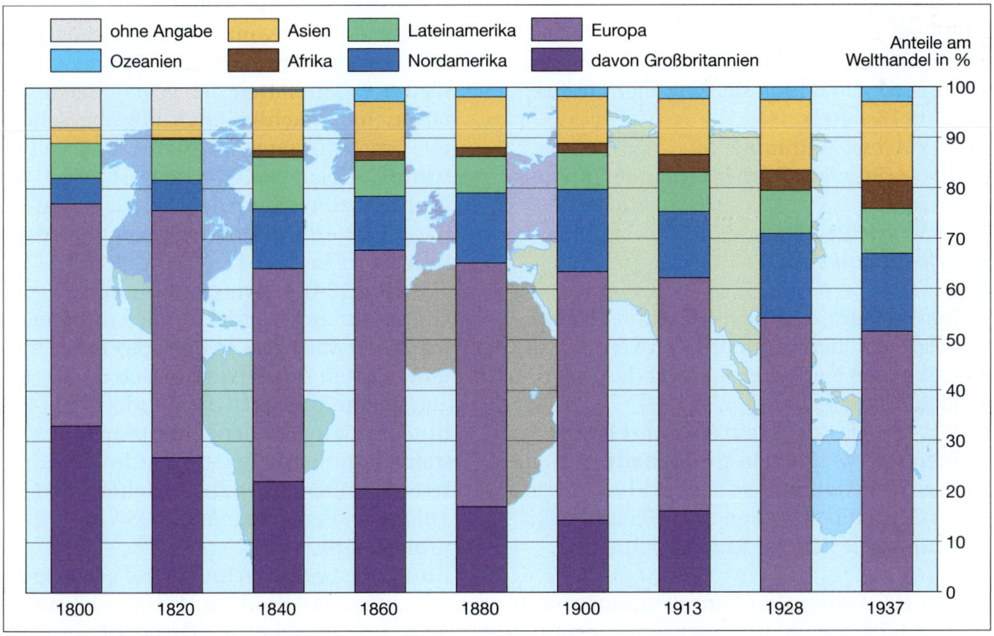

Barbara Hahn, Welthandel. Geschichte, Konzepte, Perspektiven, Wissenschaftliche Buchgesellschaft, Darmstadt 2009, S. 40.

Lösungshinweise

1. Leitfrage

Mögliche Untersuchungsfrage: Wie entwickelte sich der Welthandel im Zeitraum von 1720 bis 1937 insgesamt und nach Regionen unterschieden?

2. Analyse

Formale Aspekte

Autorin: Barbara Hahn (geb. 1955), seit 2001 Professorin für Allgemeine und Angewandte Wirtschaftsgeographie an der Universität Würzburg

Veröffentlichung: Beide Grafiken wurden veröffentlicht in der wissenschaftlichen Untersuchung: Barbara Hahn, Welthandel. Geschichten, Konzepte, Perspektiven, Wissenschaftliche Buchgesellschaft, Darmstadt 2009.

Thema: Entwicklung des Welthandels 1720 bis 1913 (M 1); Welthandel nach Regionen 1800–1937 (M 2)

Darstellungsform: Kurven- bzw. Säulendiagramm

Inhaltliche Aspekte

Geografische Räume: weltweit (M 2 unterscheidet nach Regionen)

Zeitraum: 1720–1937

M 1 *x-Achse:* Zeiträume
y-Achse: Welthandelsvolumen (Index 1913 = 100)

M 2 *x-Achse:* Zeiträume
y-Achse: Anteil am Welthandel in Prozent
Säulen: Regionen

Einzelinformationen:

M 1
- Im Zeitraum zwischen 1720 und 1820 bewegte sich der Anteil des weltweiten Handels gegen Null – bezogen auf das Vergleichsjahr 1913.
- Seit 1820 lässt sich ein zunächst langsamer, seit ca. 1860 ein sprunghafter Anstieg des Welthandels beobachten.
- Im Zeitraum zwischen ca. 1895 und 1913 verdoppelt sich der Anteil nochmals.

M 2
- Um 1800 dominiert Europa mit insgesamt über 85 % den Welthandel; Großbritannien nimmt davon allein über 30 Prozent ein. Dies ist der Vorreiterrolle Englands bei der Industrialisierung geschuldet.
- Der Anteil Englands am europäischen Welthandel verringert sich zunehmend; Grund ist das allmähliche Aufholen der anderen westeuropäischen Staaten, allen voran das Deutsche Reich, im Industrialisierungsprozess und damit am Welthandel.
- Für die Jahre 1928 und 1937 ist kein englischer Anteil mehr am Welthandel ausgewiesen. Ein möglicher Grund hierfür könnte in der immensen Verschuldung Großbritanniens infolge des Ersten Weltkrieges liegen.
- Der nordamerikanische Anteil am Welthandel beträgt zwischen 1800 und 1820 nur ca. 5 Prozent. Dies werden vor allem Handelsbeziehungen zum Mutterland der ersten Siedler, Großbritannien, sein. Seit 1840, dem Beginn der Industrialisierung in den USA, steigert sich der nordamerikanische Welthandelsanteil kontinuierlich. Um 1900, zum Zeitpunkt der Hochindustrialisierung in den USA, beträgt er ca. 15 Prozent. Die USA haben damit Großbritannien überflügelt (ca. 13 Prozent) und sich zur führenden Weltwirtschaftsmacht entwickelt.
- Der Anteil Asiens am Welthandel liegt vor 1840 bei ca. 2 Prozent; Hintergrund: China und Japan hatten sich gegenüber ausländischen Mächten fast völlig abgeschottet. Um 1840 steigt der asiatische Anteil sprunghaft auf ca. 10 Prozent. Hintergrund ist zum einen die Niederlage Chinas im ersten Opiumkrieg gegen die britische Flotte und die im Vertrag von Nanking 1842 erzwungene Öffnung Chinas für den Handel mit den imperialistischen Mächten. In den folgenden Jahrzehnten intensivierten sich durch „ungleiche Verträge" die Handelsbeziehungen zwischen der chinesischen Zentralregierung und den im Lande operierenden imperialistischen Mächten. Seit 1854 erzwangen zudem die USA die Öffnung Japans.
- Ab 1820 ist ein verschwindend geringer afrikanischer Anteil am Welthandel ausgewiesen. Zwischen 1900 und 1913 verdoppelt sich der afrikanische Anteil auf

sehr niedrigem Niveau (von ca. 2 auf 4 Prozent). Möglicher Hintergrund: Aufteilung des afrikanischen Kontinents unter den europäischen Mächten und wirtschaftliche Ausbeutung.
- Der lateinamerikanische Anteil am Welthandel bleibt relativ konstant über den beobachteten Zeitraum. Um 1840 ist allerdings eine Zunahme um ca. 2 Prozent (von ca. 8 auf ca. 10 Prozent) zu beobachten. Während dieses Zeitraumes richteten die USA ihre wirtschaftsimperialistischen Zielsetzungen nach Lateinamerika: US-amerikanische Firmen investierten hohe Summen in Mexiko, Kuba, Puerto Rico und in der Dominikanischen Republik.
- Ozeanien – die Inselwelt des Pazifiks – ist vor 1840 nicht am internationalen Handel beteiligt; zwischen 1840 und 1913 steigert sich der Anteil nur auf ca. 3–4 Prozent.

3. Historischer Kontext
Epoche: Zeitalter der Industrialisierung; um 1770 Beginn der Industrialisierung in England, um 1840 Beginn der Industrialisierung in Deutschland, um 1870 Beginn der Hochindustrialisierung in den USA
Prozess: Entwicklung des Welthandels im Zuge der Industrialisierung

4. Urteilen
Intention: Darstellung wissenschaftlich erhobener Daten für ein Fachpublikum
Offene Fragen: Die Diagramme geben keine Auskunft darüber, welche Wirtschaftssektoren bzw. -branchen in welchem Maße an dem gestiegenen Welthandel beteiligt waren. Auch der Anteil des Kapital- bzw. Kreditmarktes ist nicht ausgewiesen.
Hinweise auf Manipulationen: keine
Gesamtaussage im Hinblick auf die Leitfrage: Beide Diagramme zur Entwicklung des Welthandels der Geografin Barbara Hahn verdeutlichen, dass es vor der Industrialisierung kaum internationale Handelsbeziehungen gab. Im Zuge der – in den einzelnen Regionen unterschiedlich verlaufenen – Industrialisierung kommt es seit 1840, vor allem aber in der Phase der Hochindustrialisierung seit ca. 1890, zu einer massiv steigenden Verflechtung internationaler Handelsbeziehungen. Zum einen machten die technischen Neuerungen den Transport von Gütern und Rohstoffen aus weit entfernten Gebieten überhaupt erst möglich. Zum anderen stieg der Bedarf an Rohstoffen und Gütern, den die nationalen Wirtschaften nicht befriedigen konnten. Auch der Imperialismus trug zur weiteren internationalen Verflechtung der Wirtschaftsbeziehungen bei: Imperialistische Mächte erzwangen teilweise die Öffnung abgeschotteter Märkte, in der Folge investierten ausländische Unternehmen Kapital bzw. schlossen Handelsverträge.

2 Die USA in der Weltwirtschaftskrise

Kompetenzen erwerben

Sachkompetenz:
- beschreiben, wie sich die USA zwischen den 1860er- und 1920er-Jahren zur Weltwirtschaftsmacht entwickelten
- skizzieren, welche Faktoren zum Ausbruch der Weltwirtschaftskrise 1929 führten
- die gesellschaftlichen Folgen der Krise beschreiben
- herausarbeiten, wie die Frage nach staatlichen Eingriffen in den Wirtschaftsprozess von der Politik beantwortet wurde

Urteilskompetenz:
- die politische Strategie der Regierung Hoover bewerten
- beurteilen, ob die Politik Roosevelts einen wirksamen Ansatz zur Lösung der Weltwirtschaftskrise darstellte

Methodenkompetenz:
- schriftliche Quellen interpretieren und vergleichen
- ein historisches Urteil zur Politik des *New Deal* entwickeln

Literaturtipp
John Steinbeck, Früchte des Zorns, aus d. Engl. übers. v. Klaus Lamprecht, München 1985
Roman über die Zeit der Großen Depression in den USA, erschienen 1939. Verfilmt von John Ford mit den Hauptdarstellern Henry Fonda, Jane Darwell, 1940 (DVD)

Soziale Auswirkungen der Weltwirtschaftskrise 1929

„Nachdem er vergeblich versucht hatte, einen Räumungsaufschub bis zum 15. Januar für seine Wohnung in der Hancock Street 46 in Brooklyn zu erreichen, starb der ehemalige Dachdecker Peter J. Cornell gestern, 28-jährig, arbeitslos und ohne einen Penny, in den Armen seiner Frau. Ein Arzt erklärte Herzversagen als Todesursache, und die Polizei sagte, dieses sei zumindest teilweise durch die bittere Enttäuschung über einen tagelangen, erfolglosen Versuch verursacht worden zu verhindern, dass er selbst und seine Familie auf der Straße landen. […] Cornell schuldete $ 5 Miete im Hinterhaus und $ 39 für Januar, die sein Vermieter im Voraus verlangte. Sein Unvermögen zu bezahlen, bewirkte, dass der Familie gestern ein Räumungsbefehl zugestellt wurde, wirksam zum Ende der Woche. Nachdem er überall sonst vergebens Hilfe gesucht hatte, sagte man ihm gestern im Wohnungsunterstützungsbüro, dass sie vor 15. Januar keine Mittel hätten, um ihm zu helfen."

Diese Geschichte der *New York Times* vom Frühjahr 1932 vermittelt ein anschauliches Bild des Alltagslebens vieler Amerikaner während der Weltwirtschaftskrise. Millionen von Amerikanern lebten im Elend und wussten oft nicht, wie sie den nächsten Tag bestehen sollten. **Firmenzusammenbrüche** und **Massenentlassungen** ließen die Arbeitslosenzahlen in die Höhe schnellen. In den Großstädten breiteten sich Elendsquartiere aus, Obdachlosigkeit und Hunger bestimmten das Los vieler Arbeitsloser. Erwerbslosigkeit und Elend prägten auch das Leben auf dem Lande. Während der wirtschaftlichen **Depression** sanken die Nominallöhne um mehr als die Hälfte und mit ihnen die Nachfrage. Das wiederum ließ die Agrarpreise so weit abrutschen, dass diese nicht einmal mehr die Produktionskosten deckten. Massenweise vernichteten Farmer ihre Ernte, zahlreiche Farmer gingen bankrott.

Wie kam es in den USA 1929 zu diesem ökonomischen Zusammenbruch und wie wirkte er sich auf Wirtschaft und Gesellschaft aus? Welche Strategien standen zur Krisenbewältigung zur Verfügung und mit welchen Mitteln bekämpfte die US-Regierung die Krise?

Webcode:
KH641994-021

Die USA im 19. Jahrhundert: Aufstieg zur Weltwirtschaftsmacht

Der Aufstieg der USA zur Weltwirtschaftsmacht vollzog sich in der Zeit zwischen den 1860er- und den 1920er-Jahren. Der Amerikanische Bürgerkrieg (1861–1865) endete mit einem Sieg des industriell weit entwickelten Nordens über den agrarischen Süden. Nun konnten die USA ihre Stärken nutzen, um bis zum Ende des 19. Jahrhunderts eine Spitzenstellung in der Weltindustrieproduktion zu erreichen.

Die wichtigsten Grundlagen des industriellen Aufschwunges waren reichhaltige **Rohstoffvorkommen** und zunächst importierte, dann aber zunehmend im Land selbst entwickelte technische **Erfindungen** und Verfahren zu ihrer Ausbeutung. Für die Ausdehnung des Binnenmarktes sorgte der rasche Ausbau des **Verkehrsnetzes** aus Wasserstraßen und Eisenbahnen. Die ersten Eisenbahnen wurden in den 1830er-Jahren im Nordosten gebaut, die erste transkontinentale Strecke entstand 1869, um 1910 erreichte das Netz seine nahezu größte Ausdehnung.

Ein ausgeprägtes **Wachstums- und Wettbewerbsdenken**, große Innovationsbereitschaft, zunehmende Produktivität sowie Unternehmergeist und Fortschrittsglaube beschleunigten die Modernisierung der US-Volkswirtschaft. Hinzu kam ein wachsendes Angebot an leistungsbereiten Arbeitskräften durch die **Einwanderer**.

Das beschleunigte Wirtschaftswachstum sicherte den USA um 1900 nicht nur den Rang einer Weltwirtschaftsmacht. Darüber hinaus nahm im Innern der Vereinigten Staaten die Konzentration von Unternehmen und Kapital in den Händen des sogenannten ***Big Business*** zu. Das waren einige wenige mächtige Industrielle, zu denen zum Beispiel **John D. Rockefeller** (1839– 1937) oder **Andrew Carnegie** (s. S. 39 ff.) zählten. Damit stand die Frage nach dem Verhältnis von Staat und Wirtschaft auf der politischen Tagesordnung. Wie groß durfte der Einfluss der Industrie auf den Staat sein? Würden staatliche Reglementierungen das Wirtschaftswachstum gefährden?

John D. Rockefeller, Fotografie, um 1890

Die amerikanische Wirtschaft nach dem Ersten Weltkrieg

Der Erste Weltkrieg stärkte die wirtschaftliche Führungsposition der USA. Besonders die Kriegslieferungen an Großbritannien und Frankreich hatten die USA vom Schuldner zum **größten Kreditgeber der Welt** gemacht. Das hatte zwiespältige Folgen für die wirtschaftliche Entwicklung nach dem Krieg. Einerseits flossen die Goldreserven der Welt in das Gläubigerland USA, dessen Industrie unter dem Schutz hoher Einfuhrzölle in den „goldenen“ 1920er-Jahren massenhaft produzieren konnte. Andererseits wuchs die Kaufkraft der Bevölkerung nicht so rasch wie die Produktion und die Schutzzölle isolierten das Land vom Welthandel. Daher geriet vor allem die Landwirtschaft in Absatzschwierigkeiten.

Wirtschaftskrise und New Deal: Staatliche Reformprogramme oder „freie“ Wirtschaft?

Tatsächlich erwies sich die wirtschaftliche Blüte der 1920er-Jahre schon bald als Scheinblüte. Der wirtschaftliche Aufschwung endete mit dem großen **Börsenkrach**, der wiederum eine tief greifende **Wirtschaftskrise** einleitete. Der Umschwung begann im Oktober 1929 mit einem plötzlichen Sturz der Aktienkurse, der die amerikanischen Bankkunden 30 Mrd. Dollar kostete. Von 1929 bis 1933 fiel das Sozialprodukt von 104 Mrd. auf 56 Mrd. Dollar – gleichzeitig stieg die Arbeitslosigkeit von 1,5 Mio. auf 15 Mio. Der Verbrauch sank von 79 auf 49 Mrd. Dollar.

Die Wirtschaftskrise, deren Auswirkungen bis 1942 zu spüren waren, warf die Frage auf, ob der Staat an den Grundsätzen des Wirtschaftsliberalismus weiterhin strikt festhalten sollte. US-Präsident Franklin D. Roosevelt entschied sich nach seiner Amtsübernahme 1933 für staatliche Eingriffe in die Wirtschaft, den „Interventionsstaat“. In seinem umfangreichen Reformprogramm des ***New Deal*** („Neuverteilung der Spielkarten“) setzte er in den 1930er-Jahren Maßnahmen zur Kontrolle der Banken, zur Unterstützung der Landwirtschaft und zur Hilfe für Arbeitslose durch. Staatlich finanzierte Projekte sollten einen neuen Wirtschaftsaufschwung bringen.
Die Wahlen vom November 1934 bestätigten Roosevelt, dass die Mehrheit der Amerikaner seinen Kurs unterstützte. Dennoch gab es auch Befürchtungen, Warnungen und **Kritik an der Politik des New Deal**. So forderten die Gewerkschaften eine raschere Beseitigung der Arbeitslosigkeit und mehr „wirtschaftliche Demokratie“. Konservative Unternehmer beklagten dagegen die staatliche Regulierung des Wirtschaftslebens. Aber auch der Oberste Gerichtshof der Vereinigten Staaten von Amerika machte sich zum Fürsprecher einer „freien“ Wirtschaft. Seine Rechtsprechung löste zeitweilig heftige Kontroversen aus.

Franklin Delano Roosevelt (1882–1945, US-Präsident 1933–1945), Fotografie, 1936

1 Beschreiben Sie die wirtschaftliche Situation der USA bis zum Ende des Ersten Weltkrieges.
2 Stellen Sie dar, welche Faktoren seit dem Ende des Ersten Weltkrieges in den USA zur Krise 1929 führten.
3 Erläutern Sie den Begriff „*New Deal*“.

Hinweise zur Arbeit mit den Materialien

Kapitel 2 beschäftigt sich mit der Entstehung, dem Verlauf und den Folgen der Weltwirtschaftskrise in den USA, die 1929 mit dem New Yorker Börsenkrach begann und sich zu einer weltweiten wirtschaftlichen Depression entwickelte. M 1 und M 2 vermitteln einen **Überblick über Ursachen, Anlässe und Folgen** der Weltwirtschaftskrise. Mithilfe von M 3 bis M 10 lassen sich die **wirtschaftlichen und sozialen Auswirkungen der Krise in den USA** untersuchen.
Die gegensätzlichen, in den USA diskutierten **Strategien zur Bewältigung der Wirtschaftskrise** und die **Politik des *New Deal*** werden in M 11 bis M 13 dokumentiert.
M 14 und M 15 beschäftigen sich mit der Opposition gegen die Politik des *New Deal*.
Die **Methodenseiten** S. 35–37 bieten Hilfen für die **Interpretation und den Vergleich schriftlicher Quellen** am Beispiel des Konfliktes um die Rechtssprechung des Obersten Gerichtshofes über die *New-Deal*-Gesetze.
Die Politik des *New Deal* war nicht nur unter Zeitgenossen umstritten, sondern wird auch bis heute von den Historikern kontrovers interpretiert. Diese Debatte ist der Gegenstand der **Methodenseiten** zur **historischen Urteilsbildung** S. 46–53.
Die **Vertiefungsseiten** 38–45 ermöglichen eine Auseinandersetzung mit dem **US-amerikanischen Selbstverständnis** während der Weltwirtschaftskrise. Im Mittelpunkt steht der Begriff des ***„American Dream"***. Die damit verbundene Verklärung der USA zum „Land der unbegrenzten Möglichkeiten" verlor während der Weltwirtschaftskrise der 1930er-Jahre an Überzeugungskraft.
Am Ende des Kapitels finden sich **weiterführende Arbeitsanregungen** und die Möglichkeit, die im Kapitel erworbenen **Kompetenzen zu überprüfen** (S. 54–55).

M 1 Die Weltwirtschaftskrise: Ursachen, Anlässe, Folgen – ein Überblick

Der Historiker Willi Paul Adams (2000):

Dem Börsenkrach von 1929 lag eine mehrjährige illusionäre Wertsteigerung amerikanischer Aktien zugrunde, und diese wiederum beruhte auf der unbegründeten Hoffnung, das Wirtschaftswachstum und der Wohlstand seien in den USA auf absehbare Zeit stetig und grenzenlos. Nach der Wahl Hoovers im November 1928 verselbstständigte sich die Börsenhausse[1] zum spekulativen Spiel. Der Preis einer Aktie hatte immer weniger mit dem tatsächlichen Wert des bezeichneten Anteils an einem Unternehmen zu tun. Unlautere Unternehmensvorstände nutzten die Stimmung und legten neue Aktien auf (1928 für 3 Mrd. Dollar, 1929 für 6 Mrd.), ohne das erhaltene Kapital auch langfristig gewinnbringend zu investieren. Ahnungslose Kleinaktionäre vertrauten auf einen unaufhaltsamen Wertzuwachs ihrer Aktie oder der nächsten, auf die sie nach einem Kursgewinn umstiegen. Etwa in jedem vierten Haushalt besaß jemand Aktien. [...] Die wenigen Warnungen aus der Bankierszunft wie die Paul Warburgs und Bernard Baruchs wurden nicht ernst genommen. Auch der Vorsitzende des *Federal Reserve Board*[2], Roy Young, warnte öffentlich im Februar 1929, und das *Board* erhöhte am 9. 8. 1929 den Notenbankzins auf 6 %; mehr tat es nicht.

Die Aufwärtsspirale geriet ins Stocken, als die erhofften hohen Dividenden [= Gewinnanteile der Aktionäre] 1929 schon im zweiten Jahr ausblieben. Ab Juni 1929 nahmen die Entlassungen bei nicht ausgelasteten Großunternehmen zu. Am 14. Oktober begannen die Aktienpreise zu fallen. Innerhalb von zwei Wochen wollten oder mussten viele der auf Kredit Spekulierenden gleichzeitig verkaufen, und das Kartenhaus brach zusammen. Am 24. Oktober brach die Panik an der New Yorker Börse offen aus („Schwarzer Donnerstag"), und eine Bankiersgruppe versuchte, mit Stützungskäufen den Markt zu stabilisieren. Am 29. Oktober („Schwarzer Dienstag") erfolgte der endgültige Absturz mit 16,5 Mio. zum Verkauf angebotenen Aktien und Kursverlusten von 20 bis 50 %. In den nächsten beiden Wochen verloren die in New York gehandelten Aktien insgesamt einen Wert von 30 Mrd. Dollar (bis Juli 1932 sollten es 75 Mrd. werden).

Die Baisse[3] erreichte ihren Tiefpunkt aber erst am 8. Juli 1932, als der Dow-Jones-Index[4] nur noch 41,22 Punkte notierte. Der Börsenkrach hatte sich zur Weltwirtschaftskrise, der *Great Depression*, von katastrophalen Dimensionen vertieft. Über 6000 Banken – etwa ein Viertel – waren an ihrer Börsenkreditvergabe und den folgenden *runs*[5] gescheitert. Über 85000 Firmen, deren Aktien wertlos geworden waren, gingen in Konkurs. Die Arbeitslosigkeit erreichte 1932 ein Viertel der Arbeitssuchenden *(labor force)* – und damit einen höheren Anteil als in Deutschland. Millionen Amerikaner auf dem Land wie in Großstädten lebten binnen Kurzem an oder unter dem Existenzminimum. Der Kaufkraftverlust beendete den Konsumrausch der 1920er-Jahre.

Auch die Finanzexperten des *Federal Reserve Board* hatten sich 1931–32 mit ihrer Geldpolitik in der Rückschau klar erkennbar falsch verhalten. Sie verkannten ebenso wie der Präsident die Ernsthaftigkeit der Rezession, denn bisher waren alle der etwa ein Dutzend ernsthaften Konjunkturkrisen seit Beginn der Industrialisierung wieder in eine Wachstumsphase übergegangen, ohne dass es zum völligen Kollaps gekommen war oder die Bundesregierung als Krisenmanager hätte eingreifen müssen. Nun aber brach der Wirtschaftskreislauf völlig zusammen. Die Prosperität war, wie beschrieben, ungleich verteilt. Auch 1924 hatte es schon einmal über 2 Mio. Arbeitslose gegeben, und die Kaufkraft der Menschen in der Landwirtschaft war erschöpft. Als Mindesteinkommen einer Durchschnittsfamilie mit gerade noch akzeptablem Lebensstandard (*„basic necessities"* genannt) galten 1929 2500 Dollar [pro Jahr]. Die Auswertung der Bevölkerungszählung von 1930 ergab, dass 1929 71% der amerikanischen Familien über ein geringeres Einkommen verfügten. Die Durchschnittslöhne der Arbeiter stiegen von 1923 bis 1929 um 11%, die Gewinne in den prosperierenden Wirtschaftszweigen und damit die Dividenden um über 60%. Das Bankwesen war zudem so schwach organisiert und reguliert, dass es sich nicht für Krisenmanagement eignete. Von den 28000 Banken im Jahr 1925 waren nur 9500 Mitglieder des *Federal Reserve System*. Auch in dem Jahrzehnt vor dem Börsenkrach hatten über 5600 Banken bankrott gemacht, häufig in ländlichen Gebieten im Zusammenhang mit dem Wertverlust der beliehenen Farmflächen. Das laxe Aktien- und Aufsichtsrecht erleichterte die Ausgabe von Aktien, die nicht dem Wert des Unternehmens entsprachen. Die Korruption der Firmenvorstände und Makler traf auf eine irrationale Spekulationsbereitschaft von Kleinaktionären. Die inneramerikanischen strukturellen Schwächen wurden durch den drastischen Rückgang des Außenhandels noch verschärft. Der Wirtschaftshistoriker Harold Underwood Faulkner erkannte vier Faktoren, die einander so negativ verstärkten, dass aus der amerikanischen Konjunkturkrise die Weltwirtschaftskrise wurde: „(1) der Rückgang der Kaufkraft nicht nur in den USA, sondern auch in anderen Ländern; (2) nach 1929 die Einstellung der amerikanischen Kredite, die einen Teil des internationalen Handels ermöglicht hatten; (3) der im internationalen Tausch teure Dollar, der vom Kauf amerikanischer Produkte abschreckte; und (4) die Schutzzölle der USA, auf die andere Länder ihrerseits mit Einfuhrzöllen und speziell amerikanische Güter treffenden Quoten und Vorschriften reagierten. Der Zusammenbruch in Amerika hat zweifellos auch in Europa eine Depression ausgelöst, die hierher zurückwirkte und den Niedergang der Wirtschaft beschleunigte."

Willi Paul Adams, Die USA im 20. Jahrhundert, Oldenbourg, München 2000, S. 55 f.

---

1 Börsenhausse: Aufschwung, Hochstand der Börsenkurse an Wertpapieren
2 *Federal Reserve Board:* Gremium aus sieben bzw. acht Mitgliedern, das z. B. bestimmte Zinssätze für die Distriktbanken festlegt
3 Baisse: Abschwung, Tiefpunkt der wirtschaftlichen Entwicklung
4 *Dow Jones Index:* Aktienindex, der aus den Kursen von 30 führenden amerikanischen Unternehmen berechnet wird, deren Aktien an der New Yorker Börse notiert sind; bedeutendster Aktienindex der Welt
5 *run:* Ansturm auf etwas Begehrtes

---

1 Erarbeiten Sie aus den Informationen des Textes ein Strukturschema oder eine Tabelle zur Weltwirtschaftskrise. Berücksichtigen Sie dabei die Aspekte Anlässe, Ursachen und Folgen der Weltwirtschaftskrise.

M2 Die Historiker Jürgen Heideking und Christof Mauch über die Politik der Regierung Hoover (2008)

Im Einklang mit der Wissenschaft seiner Zeit vertraute Präsident Hoover auf die „Selbstheilungskräfte des Marktes“. Wirtschaftskrisen galten als unvermeidliche Konsequenzen ökonomischen und moralischen Fehlverhaltens, die letztlich nur durch „Gesundschrumpfen“ zu überwinden waren. Ebenso einmütig gingen die Juristen davon aus, dass die Verfassung keine direkten Hilfen oder massiven Eingriffe der Bundesregierung in das Wirtschaftsgeschehen zuließ. Die klassischen Mittel einer Stabilisierungspolitik wie Zollerhöhungen zum Schutz der heimischen Industrie und Haushaltsausgleich blieben in dieser Krise aber nicht nur wirkungslos, sondern beschleunigten die Talfahrt noch: Der *Smoot-Hawley Tariff* von 1930, der die Zölle um über 30 Prozent heraufsetzte, trug zur Strangulierung des Welthandels bei, und der Kampf um einen ausgeglichenen Haushalt trieb – wie unter Reichskanzler Brüning in Deutschland – die Deflationsspirale voran. Allerdings verhielt sich Hoover nicht ganz so orthodox, wie man es ihm nach dem Zweiten Weltkrieg lange vorwarf. So zeigte er sich aufgeschlossen für Arbeitsbeschaffungsprojekte wie den *Hoover Dam* in Colorado, richtete einen *Federal Farm Board* mit dem Ziel ein, die landwirtschaftliche Überproduktion zu drosseln, und unternahm 1932 den Versuch, das Bankwesen durch die *Reconstruction Finance Corporation* zu stützen. Außerdem setzte er sich für eine Beschränkung von „destruktiver“ Konkurrenz ein und ließ Eisenbahngesellschaften und anderen Unternehmen direkte Regierungskredite zukommen. Diese durchaus innovativen Maßnahmen gingen aber entweder nicht weit genug oder kamen zu spät, um wirklich Abhilfe zu schaffen. Der Eindruck staatlicher Passivität und Konzeptionslosigkeit, der sich in der Öffentlichkeit breit machte, wurde durch Hoovers berühmten Ausspruch *„prosperity is just around the corner“* eher noch verstärkt. Da half es auch nichts, dass Hoover als erster Präsident einen eigenen Pressesekretär engagierte. Besonders fatal für das Ansehen des Präsidenten war, dass er keinerlei Mitgefühl mit den Leiden der betroffenen Menschen erkennen ließ und sie praktisch auf die private Wohltätigkeit verwies (die sich zwischen 1929 und 1933 auch tatsächlich verachtfachte). Das trug ihm bissige, zum Teil zynische Kritik ein, etwa wenn die Barackenlager von Obdachlosen an den Stadträndern *Hoovervilles* genannt wurden.

[...] In der Frage, ob die Große Depression in den USA und die Weltwirtschaftskrise hätten verhindert werden können, ist inzwischen allerdings eine vorsichtigere Beurteilung eingetreten. Heute geht man davon aus, dass es allenfalls möglich gewesen wäre, durch ein geschickteres Management speziell der Geldpolitik die Schwere der Krise zu mildern und ihre Dauer zu verkürzen. [...] Vor allem aber war der Handlungsspielraum der Hoover-Administration dadurch beschränkt, dass es der Bundesregierung schlicht an der Planungs- und Regulierungskapazität mangelte, die zur Bekämpfung einer solch schweren Notlage erforderlich gewesen wäre.

Von Ende 1929 an bestätigten über mehrere Jahre hinweg sämtliche statistischen Indikatoren die einzigartige Härte des wirtschaftlichen Rückschlags. Das Bruttosozialprodukt, das private Einkommen und der Außenhandel schrumpften bis 1933 auf etwa die Hälfte zusammen. Die Investitionen sanken von 10 Milliarden Dollar im Jahr 1929 auf 1 Milliarde 1932 ab, und die Bautätigkeit kam 1932/33 fast vollständig zum Erliegen. Während die Agrarpreise im Schnitt um 60 Prozent fielen, ging die landwirtschaftliche Produktion nur um 6 Prozent zurück, sodass Hunger und Überfluss nebeneinander existierten. In einem einzigen Jahr, 1933, wurden 5 Prozent der amerikanischen Farmen wegen Hypotheken- und Steuerschulden konfisziert oder zwangsversteigert. Von Arbeitslosigkeit betroffen waren auf dem Höhepunkt der Krise 1932/33 ca. 15 Millionen Amerikaner, was einem Viertel der arbeitsfähigen Bevölkerung entsprach (gegenüber weniger als 5 Prozent 1929). Die Zahl der Konkurse überstieg bis Ende 1932 100 000; um diese Zeit waren schon ca. 5 000 Banken zusammengebrochen, und im Jahr darauf ereilte weitere 4 000 das gleiche Schicksal.

Die sozialen Folgen der Depression waren gravierend, weil es so gut wie keine staatliche Fürsorge gab. Anders als in den meisten europäischen Ländern hatten die amerikanischen Arbeitslosen keinerlei Rechtsanspruch auf Unterstützung, sondern waren auf die Armenhilfe der Gemeinden und auf private Wohltätigkeit angewiesen. In den Städten bildeten sich deshalb täglich lange Schlangen vor den Suppenküchen, die von Kirchen oder anderen karitativen Organisationen betrieben wurden.

Jürgen Heideking/Christof Mauch, Geschichte der USA, 6. Aufl., A. Francke Verlag, UTB, Tübingen 2008, S. 248–251.

1 Chef der Federal Reserve Bank, des amerikanischen Zentralbanksystems

1 a) Fassen Sie die Maßnahmen der Regierung unter Präsident Hoover zusammen.
b) Stellen Sie dar, wie die Politik Hoovers von den Zeitgenossen bewertet wurde.

2 Beschreiben Sie die wichtigsten wirtschaftlichen und sozialen Folgen der Großen Depression in den Jahren 1929 bis 1933. Überprüfen Sie die Aussagen mithilfe der Statistiken M 3 bis M 5 und des Textes M 6.

Die amerikanische Wirtschaft und Gesellschaft in Zahlen

M 3 Einnahmen, Ausgaben und Verschuldung der USA 1929–1941 (in Mrd. Dollar)

Jahr	Einnahmen	Ausgaben	Staats-schulden
1929	4,0	3,3	16,9
1930	4,2	3,4	16,2
1931	3,1	3,6	16,8
1932	1,9	4,7	19,5
1933	2,0	4,6	22,5
1934	3,1	6,7	27,0
1935	3,7	6,5	28,7
1936	4,1	8,5	33,8
1937	5,0	7,8	36,4
1938	5,6	6,8	37,2
1939	5,0	8,9	40,4
1940	5,1	9,1	43,0
1941	7,1	13,3	49,0

Nach: Historical Statistics of the United States, Washington 1960, S. 711.

M 4 Großhandelspreise, Beschäftigung und Lohnsumme in den USA 1926–1933 *(Index 1926 = 100)*

Jahr	Großhandels-preise	Beschäfti-gung	Lohn-summe
1926	100,0	100,0	100,0
1929	95,3	97,5	100,5
1930	86,4	84,7	81,5
1931	73,0	72,2	61,5
1932	64,8	60,1	64,1
1933	65,9	64,6	44,0

Nach: Berthold Wiegand (Hg.), Geschichte, Politik und Gesellschaft, Bd. 2, Neue Ausgabe, Cornelsen, Berlin 1993, S. 43.

M 5 Arbeitslosenquote in den USA 1913 bis 1945 (in Prozent der zivilen Erwerbspersonen über 16 Jahre)

Jahr	Prozent
1913	4,3
1914	7,9
1915	8,5
1916	5,1
1917	4,6
1918	1,4
1919	1,4
1920	5,2
1921	11,7
1922	6,7
1923	2,4
1924	5,0
1925	3,2
1926	1,8
1927	3,3
1928	4,2
1929	3,2

Jahr	Prozent
1930	8,7
1931	15,9
1932	23,6
1933	24,9
1934	21,7
1935	20,1
1936	16,9
1937	14,3
1938	19,0
1939	17,2
1940	14,6
1941	9,9
1942	4,7
1943	1,9
1944	1,2
1945	1,9

Nach: Willy P. Adams (Hg.), Die Vereinigten Staaten von Amerika, Fischer, Frankfurt/M. 1977, S. 505.

1 Arbeitsteilige Partnerarbeit: Untersuchen Sie eine der Statistiken in M 3 bis M 5 unter der Leitfrage, wie sich die wirtschaftlich-soziale Lage der USA im Zeitalter der Weltkriege entwickelte:
a) Auf welchen Zeitraum und auf welche Einzelthemen beziehen sich die Zahlen?
b) Welche Befunde lassen sich erheben? Sind Schwerpunkte, Ausschläge, regelhafte Verläufe erkennbar?
c) Welche Thesen lassen sich aus den Befunden ableiten?

Alltagsbewältigung während der Weltwirtschaftskrise

M6 Aus einem Zeitschriftenartikel vom September 1932

Die amerikanische Zeitschrift „Fortune" berichtete im September 1932:
Der Zustand der Counties[1] Franklin und Williamson in Illinois ist womöglich noch schlimmer. Alle Zechen in den Counties sind seit etwa April 1932 geschlossen. Eine Stichprobe in zwölf Wohnungen der Stadt Benton zeigte: kein Geld, abgetragene Kleidung, von „unnötigem" Mobiliar entblößte Häuser, aus Mehl bereitete Gerichte, abgezehrte Eltern, unterernährte Kinder, unbezahlte Mieten und eine durchschnittliche Verschuldung der Familien von $ 300 für Lebensmittel und Arztrechnungen. 25 000 Personen waren im letzten Frühjahr in den beiden Counties in Not oder näherten sich dem rasch. […]

So geht es von einer Stadt zur anderen und hinaus in die Fabrikstädte und Bergwerksdörfer und weiter zu den Farmern, wo die Häute einer Wagenladung Vieh kaum ein Paar Schuhe erbringen und Alfalfa [= Nutzpflanze] $ 12 pro Tonne kostet, womit man eine Verkaufsernte von $ 2.50 anbaut und die Traktoren auf den Feldern verrosten. Die Schwierigkeit bei solchen Tatsachen ist, dass sie in der Masse aufhören, etwas zu besagen. Und die wiederholte Feststellung, dass Hunderttausende von Menschen sich mit zum Unterhalt ungenügender Arbeitslosenunterstützung vor dem Verhungern sahen oder sehen, erzeugt lediglich Ungläubigkeit. „Sie sind noch nicht verhungert", bemerkt der Leser. „Sie werden schon irgendwie zurechtkommen."

Es stimmt, sie kommen irgendwie zurecht. Aber wie sie eben zurechtkommen, ist etwas anderes. Elf Tage lang waren letzten April in Philadelphia die privaten Hilfsfonds erschöpft und öffentliche Fonds noch nicht greifbar. Während dieser Periode studierten die Fürsorgeorganisationen 91 Familien, um zu sehen, wie wohl die Leute unter solchen Umständen zurechtkommen. Sie haben es herausgefunden. Eine Frau lieh sich 50 Cents, kaufte altbackenes Brot zu 3½ Cents den Laib, und die Familie lebte elf Tage lang davon. Eine andere legte die letzte Lebensmittelbestellung in Fleischbrühe und Gemüse an und machte Suppe. Wenn jemand von der Familie hungrig war, aß er so wenig wie möglich. Eine andere sammelte an den Docks entlang verdorbenes Gemüse, und die Familie aß es, außer an drei Tagen, die ganz ohne Essen blieben. Eine andere kochte ein Eintopfgericht von ihrem letzten Essenseinkauf, das sie täglich immer wieder aufkochte, um es nicht schlecht werden zu lassen. Eine andere Familie lebte von Löwenzahn. Eine andere von Kartoffeln. Eine andere hatte 2½ Tage lang kein Essen. Und je eine unter zehn dieser Frauen war schwanger und je eines von drei Kindern im Stillalter. Und sie „kamen zurecht".

Solcherart ist das Problem, das aufgeworfen wurde durch drei Jahre anwachsender Beschäftigungslosigkeit und zwei Jahre Unterstützung aus der Hand in den Mund: Eine Stadt um die andere versucht, eine Hälfte

M7 Arbeitslose vor einer Suppenküche in New York, Fotografie, Weihnachten 1931

oder ein Drittel oder ein Viertel ihrer Bürger zu ernähren von den Gaben, die aus verringerten Einnahmen gegeben werden, oder aus Steuern, die für zu hoch eingestufte Häuser der anderen Hälfte oder zwei Dritteln oder drei Viertel erhoben werden; eine Stadt um die andere erhält das Leben, aber nicht die Gesundheit ihrer Unbeschäftigten mit einer Überdauerungsration; eine Stadt um die andere, wo der ganze Unterstützungsapparat zusammengebrochen oder im Begriff zusammenzubrechen ist oder nur durch Abstoßen des Hauptteils seiner Aufgabe noch besteht; und über die großen Städte hinaus die Fabrikstädte und die Kohlenzechen und die Großfarmen, wo Unterstützung ein leerer Name ist.

Aber zusammen mit ihrem Elend hat die Depression ihre sozialen Kuriositäten hervorgebracht, von denen nicht die geringste die Wanderbevölkerung ist, die sie auf die Straßen ergossen hat. Die Fortbewegungsmittel variieren, aber der Zweck ist stets der gleiche – woandershin. Niemand hat noch eine Schätzung der Zahl der Anhalter vorgenommen, deren Daumen die amerikanische Überlandstraße entlang deuten, noch eine der Zahl spatlahmer[2] Fords, die notleidende Familien von Stadt zu Stadt schleppen auf der Suche nach einem zahlungsfähigen Verwandten oder einem großzügigen Freund. Aber die gesamte wandernde Bevölkerung des Landes ist auf 600 000 bis 1 000 000 angesetzt worden.

Zit. nach: Erich Angermann, Die Vereinigten Staaten von Amerika als Weltmacht. Innen- und außenpolitische Entwicklungen seit 1917, Klett, Stuttgart 1997, S. 31–33.

1 County: Verwaltungs- und Gerichtsbezirke der amerikanischen Einzelstaaten.

2 Spatlahmheit: eine bei Pferden durch eine Gelenkentzündung entstehende Gehbehinderung, die zu Lahmheit führt; hier Bezeichnung für alte Fords, die die Straße entlang schleichen.

M8 Auf einem „Hungermarsch“ ziehen Demonstranten von New York nach Washington, Fotografie, 1932.
Das Jahr 1932 brachte den USA den Tiefpunkt der Weltwirtschaftskrise. Vielerorts fanden sogenannte „Hungermärsche“ statt, um den Staat zu Hilfsprogrammen aufzufordern – wie zur gleichen Zeit auch in Europa, z. B. in Großbritannien und im Deutschen Reich.

M9 **Isaac Soyer, Agentur für Stellenvermittlung, 1937, Öl auf Leinwand**

1 **Arbeitsteilige Gruppenarbeit:** Untersuchen Sie den Zeitschriftenartikel M6 (Gruppe 1), die Fotos M7 und M8 (Gruppe 2) und das Gemälde M9 (Gruppe 3) unter der Fragestellung: Welche sozialen Folgen hatte die Weltwirtschaftskrise für das alltägliche Leben der Amerikaner. Arbeiten Sie die wichtigsten Folgen der Weltwirtschaftskrise heraus und stellen Sie Ihre Ergebnisse in Kurzpräsentationen vor. Berücksichtigen Sie dabei auch die Ergebnisse der Auswertung von M1.

2 Diskutieren Sie die Vor- und Nachteile der in M3 bis M9 dokumentierten Quellen (Statistiken, Zeitschriftenartikel, Fotografien, Gemälde) bei der Analyse des sozialen und alltäglichen Lebens der Menschen.

M 10 **John Miller Bear, *„We demand a New Deal!"*, Karikatur, USA, 1931**

1 Analysieren Sie die Karikatur M 10:
a) Beschreiben Sie Personen und Gegenstände.
b) Ordnen Sie die abgebildeten Personen sozialen Schichten oder Institutionen zu; begründen Sie Ihre Auswahl.
c) Formulieren Sie eine Gesamtaussage: Welche Rückschlüsse lässt die Karikatur auf die innenpolitische Situation der USA am Ende der Ära Hoover (Präs. 1929–1933) zu?

Geschichte kontrovers: Wie kann die amerikanische Politik die Krise bewältigen?

M 11 Aus einer Rede des für eine zweite Amtszeit kandidierenden Präsidenten Herbert Hoover (Republikaner), gehalten am 31. Oktober 1932 in New York

Verweilen wir einen Augenblick und betrachten wir die Staatsordnung, das soziale und wirtschaftliche Leben Amerikas, die wir nun, wie unsere Gegner es möchten, verändern sollen. Unsere Ordnung ist ein Werk unseres Volkes und unserer Erfahrung im Aufbau einer Nation, die wir auf eine Höhe geführt haben, für die es in der Weltgeschichte keine Parallele gibt. Es ist eine Ordnung, die nur dem amerikanischen Volk eigen ist. […] Sie beruht auf der Vorstellung, dass nur durch disziplinierte Freiheit, durch Freiheit und gleiche Möglichkeiten für alle, die Initiative und der Unternehmungsgeist so angeregt werden, dass sie jeden Einzelnen dazu bringen, den Fortschritt noch schneller voranzutreiben. […] Eins kann ich ohne jeglichen Zweifel sagen: Dass es der Geist des Liberalismus ist, der freie Menschen hervorbringt und nicht die Reglementierung der Menschen oder die Ausweitung der Bürokratie. Ich habe in dieser Stadt schon früher erklärt, dass man die Herrschaft der Regierung oder des Staates nicht auf das tägliche Leben der Menschen ausdehnen kann, ohne sie an irgendeinem Punkt zum Herrn der Seelen und Gedanken des Volkes zu machen. Das Übergreifen der staatlichen Tätigkeit auf wirtschaftliches Gebiet bedeutet, dass der Staat, um sich vor den politischen Folgen seiner Irrtümer zu schützen, unweigerlich zu einer immer größeren Beherrschung der Presse und der Redefreiheit getrieben wird, ohne je Frieden zu finden. Die Freiheit der Meinungsäußerung wird den Tod der freien Wirtschaft nicht lange überleben. […]

Echter Liberalismus ist nicht das Bestreben, die Bürokratie weiter auszubreiten, sondern ihr Schranken zu setzen. Echter Liberalismus sucht die richtigen Freiheiten als Erstes in dem vertrauensvollen Glauben, dass ohne solche Freiheit das Trachten nach anderen Segnungen vergeblich ist. Der Liberalismus ist eine wahrhaftig geistige Kraft, die der tiefen Erkenntnis entspringt, dass die wirtschaftliche Freiheit nicht geopfert werden kann, wenn die politische Freiheit erhalten bleiben soll.

Selbst wenn die Führung der Wirtschaft durch den Staat uns ein Höchstmaß an Leistungsfähigkeit sicherte, so wäre diese auf Kosten der Freiheit erkauft. Sie würde Missbrauch und Korruption eher vergrößern als verringern, keine wirklich führenden Köpfe hervorbringen, die geistigen und seelischen Kräfte unseres Volkes verkümmern lassen, die Gleichheit der Möglichkeiten auslöschen und den Geist der Freiheit und des Fortschritts zum Verdorren bringen.

Zit. nach: Herbert Hoover, Memoiren, Bd. 3, Matthias Grünewald Verlag, Mainz 1952, S. 329 ff. Übers. v. Werner von Grünau.

M 12 Aus einer Wahlrede des Präsidentschaftskandidaten Franklin D. Roosevelt (Demokrat) vom 23. September 1932

Jedermann hat ein Recht zu leben; und das bedeutet, dass er auch das Recht hat, einen auskömmlichen Lebensunterhalt zu verdienen. Er mag durch Trägheit oder Verbrechen der Ausübung dieses Rechtes absagen; aber es darf ihm nicht verweigert werden. […] Unser formelles und informelles, politisches und wirtschaftliches Regierungssystem ist jedem einen Weg schuldig, sich durch seine eigene Arbeit in den Besitz einer Portion von diesem Überfluss zu setzen, die für seine Bedürfnisse genügt.

Jedermann hat ein Recht auf sein eigenes Eigentum; was ein Recht bedeutet, so weit wie möglich der Sicherheit seiner Ersparnisse gewiss zu sein. Auf keine andere Weise können Menschen die Lasten jener Teile des Lebens tragen, die naturgemäß keine Möglichkeit zur Arbeit geben: Kindheit, Krankheit und Alter. In allem Denken über das Eigentum ist dieses Recht das höchste; alle anderen Eigentumsrechte müssen ihm nachstehen. Wenn wir im Einklang mit diesem Prinzip die Operationen des Spekulanten, des Manipulators, ja selbst des Finanziers einschränken müssen, so glaube ich, müssen wir die Restriktion als notwendig akzeptieren, nicht um den Individualismus zu beeinträchtigen, sondern um ihn zu schützen. […]

[Die] Folgerung ist, in kurzen Worten, dass die Häupter von Finanz und Industrie, anstatt je für sich zu handeln, zusammenarbeiten müssen, um das gemeinsame Ziel zu verwirklichen. Sie müssen, wo nötig, diesen oder jenen privaten Vorteil opfern und müssen in wechselseitiger Selbstverleugnung nach einem gemeinsamen Vorteil suchen. Hier ist es, wo die formelle Regierung – die politische Regierung, wenn Sie wollen – hereinkommt. Wann immer im Verfolg dieser Absicht der Einzelgänger-Wolf, der unmoralische Konkurrent, der rücksichtslose Geschäftemacher […] sich weigert, sich zur Erreichung eines Zweckes zusammenzutun, der als im öffentlichen Wohl liegend betrachtet wird, und wenn er die Industrie in einen Zustand der Anarchie zurückzuzerren droht, kann die Regierung zu Recht ersucht werden, Beschränkungen aufzuerlegen. Gleichermaßen: Sollte die Gruppe je ihre kollektive Macht entgegen der öffentlichen Wohlfahrt gebrauchen, muss die Regierung schleunig einschreiten und das öffentliche Interesse schützen.

Die Regierung sollte die Funktion wirtschaftlichen Regulierens nur übernehmen als ein äußerstes Mittel, das erst dann ausprobiert werden soll, wenn die Privatinitiative, angeregt durch hohe Verantwortlichkeit, mit aller Unterstützung und allem Ausgleich, die die Regierung zu geben vermag, am Ende doch versagt. Bisher hat es kein endliches Versagen gegeben, weil es noch keinen Versuch gab; und ich weigere mich anzunehmen, diese Nation sei unfähig, mit der Situation fertigzuwerden.

Zit. nach: Erich Angermann, Der Aufstieg der Vereinigten Staaten von Amerika. 1914–1957, Klett, Stuttgart o. J., S. 24 f.

1 a) Untersuchen Sie die Reden von Hoover und Roosevelt zur Lösung der Weltwirtschaftskrise unter den Aspekten
- Verhältnis von Staat und Individuum,
- Verhältnis von Staat und Wirtschaft,
- Selbstverständnis der US-Gesellschaft.

b) Vergleichen Sie die Reden und beurteilen Sie sie im historischen Kontext.

c) Formulieren Sie auf der Grundlage von M 11 und M 12 kurze Texte, die sich als Aufschrift für Wahlplakate der beiden Kandidaten eignen würden.

M 13 Die New-Deal-Politik – ein Überblick des Historikers Detlef Junker (1995)

Als Roosevelt sein Amt antrat, befanden sich die USA in einer beispiellosen Krise. Im Februar 1933 drohte das gesamte Bankwesen zusammenzubrechen, und es gab vereinzelt Hungertote in einem Land, das von einem Überfluss an Nahrungsmitteln geplagt wurde. Eines der Gebiete, in das die Regierung Roosevelt sofort nach Amtsantritt durch die Verkündung von viertägigen „Bankferien" eingriff, war das Geld- und Kreditwesen der USA. Alle Maßnahmen in diesem Bereich dienten drei Zwecken: einer durchgreifenden Reform des ziemlich chaotischen Bankwesens, einer Überwachung und Kontrolle des Handels mit Wertpapieren und, was besonders in der Anfangsphase wichtig war, der Schaffung von gesetzlichen Grundlagen für eine Inflationspolitik des Staates, um durch Geldschöpfung die Deflation zu bekämpfen.

Neben der Wiedereröffnung der Banken musste Roosevelt, wenn er das Vertrauen der Bevölkerung in die Regierung zurückgewinnen wollte, sofort handeln, um das dringendste soziale Problem, die riesige Arbeitslosigkeit, anzupacken. Man konnte und durfte nicht warten, bis die Reformgesetzgebung die erhofften wirtschaftlichen Früchte tragen würde. Die Mittel vorläufiger Besserung waren direkte Fürsorgezahlungen des Bundes an die Einzelstaaten und Gemeinden, vor allem aber ein groß angelegtes öffentliches Arbeitsbeschaffungsprogramm, das im März 1933 als befristete Notmaßnahme begann und entgegen der ursprünglichen Absicht erst mit dem Eintritt der USA in den Zweiten Weltkrieg auslief. So verwirrend das äußere Bild der sich ablösenden und ergänzenden Programme und Organisationen auch erschien, wie sehr auch kapitalintensive und arbeitsintensive Projekte miteinander rivalisierten, Roosevelts Grundidee war einfach: Er wollte diejenigen erwerbsfähigen Arbeitslosen von der Straße bringen, die in der privaten Wirtschaft keinen Arbeitsplatz fanden, sie vor Verelendung und Verzweiflung bewahren und ihnen ihr Selbstwertgefühl durch die Gewissheit zurückgeben, den Lebensunterhalt durch sinnvollen Einsatz für das Gemeinwohl zu verdienen. Rechnet man die Angehörigen hinzu, dann profitierten 25 bis 30 Millionen Menschen von den, allerdings bescheidenen, Löhnen aus öffentlicher Arbeit. Die *Works Progress Administration (WPA)* unter Roosevelts Vertrautem Harry Hopkins errichtete 122 000 öffentliche Gebäude, baute 664 000 Meilen neuer Straßen, 77 000 Brücken und 285 Flugplätze. Doch auch Lehrer, Wissenschaftler, bildende Künstler und Schriftsteller erhielten Arbeit, womit Roosevelt eine wichtige meinungsbildende Schicht für den New Deal gewann.

Zu den tiefsten Eingriffen des Staates in die Marktwirtschaft gehörten die Hilfsmaßnahmen für die Landwirtschaft, die mit Abstand der am schwersten betroffene Wirtschaftszweig war. Gestützt auf vom Kongress in aller Eile erlassene Gesetze, unternahm die Regierung Roosevelt den groß angelegten Versuch, Produktion und Preise zu regulieren. Der Fluch der Überproduktion trieb auch zu Eingriffen auf dem industriellen Sektor. Mit dem Bundesgesetz über den industriellen Wiederaufbau *(National Industrial Recovery Act, NIRA)* verband sich die Hoffnung, durch eine Art korporativer Selbstregulierung unter lockerer Aufsicht und Mitwirkung der Regierung den „ruinösen Wettbewerb" durch einen „fairen Wettbewerb" zu ersetzen. Regierung, Unternehmer und Arbeiterschaft sollten freiwillig zusammenarbeiten, um Produktion, Preise und Löhne zu stabilisieren.

Die Arbeiterschaft erhielt in dieser konzertierten Aktion als Gegenleistung zum ersten Mal in der Geschichte der USA das Recht zu freier überbetrieblicher Organisation und zu kollektiven Tarifverhandlungen. Ferner wurden Höchstarbeitszeiten und Mindestlöhne zugesagt, und die Arbeit von Kindern unter 16 Jahren wurde gänzlich verboten.

Den entscheidenden Schritt des Bundes auf dem Weg zum Sozialstaat markierte das Gesetz über die soziale Sicherheit von 1935, durch das eine Arbeitslosenversicherung und eine Altersrente eingeführt wurden. Diese Anfänge der sozialen Sicherheit waren allerdings außerordentlich bescheiden. Vom Genuss der ohnehin geringen Zahlungen blieb fast die Hälfte der Amerikaner ausgeschlossen. Eine Krankenversicherung wurde nicht eingeführt. Die Gesetzgebung des *New Deal* hat dennoch die doppelte Struktur der bundesstaatlichen Sozialpolitik bis heute geprägt. Beide Grundprinzipien des Sozialstaates, die beitragsfinanzierte Sozialversicherung *(social security)* und die steuerfinanzierte Sozialhilfe oder Sozialfürsorge *(welfare)*, gehen auf die 1930er-Jahre zurück.

Detlef Junker, Franklin Delano Roosevelt 1933–1945. Visionär und Machtpolitiker, in: Jürgen Heideking (Hg.), Die amerikanischen Präsidenten. 42 historische Portraits von George Washington bis George W. Bush, C.H. Beck, München 1995, S. 315 f.

1 Arbeiten Sie die zentralen Maßnahmen der *New Deal*-Politik Roosevelts heraus (M 13).

M 14 Der Historiker Willi Paul Adams über die Opposition gegen den *New Deal* (2000)

Der neuartig extensive Einsatz der Gesetzgebungskompetenz des Bundes und die daraus folgende Bundesbürokratie hatten von 1933 an auch ihre Kritiker, nicht nur in Gestalt der oppositionellen Republikaner im Kongress und der Sozialistischen und Kommunistischen Parteien außerhalb. Unternehmer, denen die Gewerkschaftsfreundlichkeit der *New Dealer* zu weit ging, taten sich zu einer pathetisch *„American Liberty League"* genannten Lobbygruppe zusammen, um die Freiheit Amerikas und seiner Unternehmer gegen Roosevelts „Sozialismus" und „Diktatur" zu verteidigen. Wer rückblickend bedauert, dass die *New Deal*-Reformer nicht weit genug gegangen seien, muss unter anderem die unversöhnliche Härte des konservativen Widerstandes ab 1934 berücksichtigen. Im politischen Spektrum nicht eindeutig links oder rechts anzusiedeln waren drei politische Bewegungen, die *New Deal*-Befürwortern überall im Land Stimmen kosten konnten. In Kalifornien gründete der Arzt Francis Townsend politische Clubs, deren Patentrezept gegen Arbeitslosigkeit und mangelnde Kaufkraft es war, alle Arbeitnehmer mit 60 Jahren zu pensionieren und ihnen aus dem Steueraufkommen eine Volksrente von 200 Dollar zu zahlen, die sie bis Monatsende ausgeben mussten. Ein anderes Patentrezept predigte wöchentlich der von Roosevelt enttäuschte katholische Priester Charles Coughlin aus Detroit über eine nationale Kette von

Radiosendern: Die Verstaatlichung der Banken und die Einführung des Silberstandards würden die Wirtschaft aus der Krise führen. Ebenfalls über den Rundfunk schuf sich der populistische Senator Huey Long aus Louisiana eine nationale Anhängerschaft mit der Forderung, den vorhandenen nationalen Reichtum durch 100%ige Besteuerung aller Einkünfte über einer Million Dollar zu verteilen; davon sei jeder Familie ein Jahresmindesteinkommen von 2500 Dollar zu garantieren. Roosevelt befürchtete, dass seine Wiederwahlchancen 1936 sänken, wenn eigentlich Demokratische Wähler wegen Longs, Coughlins und Townsends Kritik ihm die Stimme verweigerten. […]

Eine besondere Art des Widerstandes leistete die Mehrheit von fünf der neun Obersten Bundesrichter, indem sie von 1933 bis 1936 mehrere bereits genannte Bundesgesetze für verfassungswidrig und damit null und nichtig erklärte. Ihre enge Verfassungsinterpretation gewährte Kongress und Präsident nicht den in der Krise nötigen Handlungsspielraum. […]

Ohne zu wissen, dass der Meinungsumschwung im Obersten Bundesgericht bereits eingeleitet war [1937 änderte ein Oberster Richter seine Meinung], schlug der durch die Wahlen 1936 in seinem Kurs bestärkte Präsident dem Kongress 1937 ein Gesetz zur Verjüngung des Gerichtes vor. Es hätte ihm die Möglichkeit eröffnet, für jeden der unbefristet ernannten Richter, der den 70. Geburtstag überschritten hatte, einen zusätzlichen Richter zu nominieren und vom Senat bestätigen zu lassen. Das durchsichtige Manöver stieß als *„tourt packing plan"* sofort auf heftigen Widerspruch, auch bei *New Deal*-Befürwortern, die die Unabhängigkeit der Justiz gefährdet sahen. Konservative *New Deal*-Kritiker und die *American Bar Association*[1] sahen sich in ihren schlimmsten Prophezeiungen bestätigt und setzten eine massive öffentliche Debatte über die Gefährdung der Gewaltenteilung in Gang. Ohne dass er in Repräsentantenhaus oder Senat auch nur zur Abstimmung kam, gab Roosevelt den Plan auf. Doch auch ohne Änderung des *Supreme Court*-Gesetzes erhielt er bereits ab August 1937 Gelegenheit, Richter für das Oberste Bundesgericht zu nominieren, weil die ältesten und konservativsten der Richter zurücktraten, als ihre Mehrheit einmal gebrochen war. Das neu zusammengesetzte Gericht erhielt bald die Bezeichnung *„Roosevelt Court"*.

Willi Paul Adams, Die USA im 20. Jahrhundert, Oldenbourg, München 2000, S. 66 f.

1 American Bar Association (ABA): Größte Vereinigung der Juristen in den USA

1 Arbeiten Sie aus M 14 heraus, welche Gruppierungen bzw. Institutionen die *New Deal*-Politik bekämpften.

2 Beschreiben Sie die Ziele der *New Deal*-Opposition bzw. die Motive ihrer Gegner.

M 15 Karikatur aus der US-Zeitung „Tribune" zum Konflikt zwischen Roosevelt und dem Obersten Gericht, September 1935

1 Analysieren Sie die Karikatur M 15.

Schriftliche Quellen interpretieren und vergleichen

Quellen bilden die Grundlage unserer historischen Kenntnisse. Ihre systematische Analyse ermöglicht uns die Rekonstruktion und Deutung von Geschichte. Quellen vermitteln jedoch nie objektives Wissen über die Vergangenheit, sondern sind immer bereits interpretierte Aussagen über einen historischen Gegenstand. Sie spiegeln bestimmte Wahrnehmungen wider, die sich je nach Standort der Beteiligten erheblich unterscheiden können. Diese Standortgebundenheit der historischen Akteure, zum Beispiel Zugehörigkeit zu einer sozialen Schicht, muss bei der Interpretation der Quelle berücksichtigt werden. Für eine differenzierte Beurteilung ist es daher erforderlich, einen historischen Sachverhalt aus mehreren, also mindestens zwei unterschiedlichen Perspektiven beteiligter Zeitgenossen zu interpretieren und zu vergleichen (Mulitperspektivität).

Arbeitsschritte für die Interpretation

1. Leitfrage	– Welche Fragestellung bestimmt die Interpretation und den Vergleich der Quellentexte?
2. Analyse	*Formale Aspekte* – Wer sind die Autoren (ggf. Amt, Stellung, Funktion, soziale Schicht)? – Wann und wo sind die Texte veröffentlicht worden? – Um welche Textarten handelt es sich (z. B. Brief, Vertrag, Zeitungsbeitrag)? – Mit welchem Thema setzen sich die Autoren auseinander? – An welche Zielgruppe richten sich die Texte? *Inhaltliche Aspekte* – Was sind die wesentlichen Textaussagen (z. B. anhand des gedanklichen Aufbaus bzw. einzelner Abschnitte)? – Welche Begriffe sind von zentraler Bedeutung (Schlüsselbegriffe)? – Wie ist die Textsprache (z. B. sachlich, polemisch, appellativ, argumentativ, manipulierend, ggf. rhetorische Mittel)?
3. Vergleich	– Welche Vergleichsaspekte sind geeignet? – Welche Unterschiede und Gemeinsamkeiten zeigen die Texte?
4. Historischer Kontext	– In welchen historischen Zusammenhang (Ereignis, Epoche, Konflikt bzw. Prozess) lassen sich die Quellen einordnen?
5. Urteilen	*Sachurteil* Autoren: – Welchen politisch-ideologischen Standpunkt nehmen die Autoren ein? – Welche Intentionen verfolgen die Verfasser der Texte? Quellen: – Welcher Text ist aus welchen Gründen überzeugender? – Welche Rolle spielt die Entstehungszeit des Textes? – In welcher Beziehung stehen die Texte? Adressat(en): – Welche Wirkung sollte der Text bei den Adressaten erzielen? *Werturteil* – Wie lässt sich der historische Sachverhalt im Hinblick auf die Leitfrage aus heutiger Sicht bewerten?

Übungsbeispiel

M 1 Aus der vom Rundfunk übertragenen „Rede am Kamin“ von US-Präsident Franklin D. Roosevelt vom 9. März 1937

Seit dem Aufstieg der modernen Bewegung für sozialen und wirtschaftlichen Fortschritt auf dem Wege der Gesetzgebung hat sich der Oberste Gerichtshof immer öfter und immer kühner das Recht herausgenommen, Gesetzen zu widersprechen, die vom Kongress und von den Parlamenten der Einzelstaaten verabschiedet worden sind. [...]

Wir haben daher als Nation den Punkt erreicht, wo wir etwas tun müssen, um die Verfassung vor dem Obersten Gerichtshof und den Obersten Gerichtshof vor sich selbst zu retten. Wir müssen einen Weg finden, gegen den Obersten Gerichtshof bei der Verfassung selbst Berufung einzulegen. Wir wollen einen Obersten Gerichtshof, der im Rahmen der Verfassung Recht spricht – und nicht über sie hinweg. In unseren Gerichten sollen Gesetze regieren und nicht Menschen. [...]

Wie lautet also mein Vorschlag? Einfach folgendermaßen: Wenn immer ein Richter bei einem Bundesgericht das Alter von siebzig Jahren erreicht hat und nicht von der Möglichkeit Gebrauch macht, in Pension zu gehen, soll der amtierende Präsident mit Zustimmung des Senats der Vereinigten Staaten, wie es die Verfassung verlangt, ein neues Mitglied ernennen.

Dieser Plan verfolgt hauptsächlich zwei Zwecke. Dadurch, dass wir in das System der Rechtsprechung einen ständigen und anhaltenden Zustrom frischen und jungen Blutes leiten, hoffe ich zum einen, die Bundesrechtsprechung zu beschleunigen und damit auch billiger zu machen, zum anderen, die Entscheidungen in sozialen und wirtschaftlichen Problemen jüngeren Leuten zu übertragen, die die Tatsachen des modernen Lebens und die Bedingungen, unter denen durchschnittliche Menschen leben und arbeiten müssen, persönlich kennen und die entsprechende Kontakte gehabt haben. Dieser Plan wird unsere nationale Verfassung davor bewahren, an judikativer Arterienverkalkung zugrundezugehen.

M 2 Kommentar in der Zeitung „New York Herald Tribune“ vom 6. Februar 1937

In diesem einhundertundeinundsechzigsten Jahr der Unabhängigkeit der Vereinigten Staaten hat Präsident Roosevelt einen Vorschlag unterbreitet, der, sollte er Gesetz werden, das Ende des amerikanischen Staates, wie er in all den langen Jahren seines Lebens existiert hat, bedeuten würde.

Der Plan wird mit der ganzen Schläue vorgetragen, die der politische Sinn des Präsidenten zu entwickeln vermag. [...] Er vermittelt auf geniale Weise den Eindruck, dass alles, was er wolle, ein notwendiger und maßvoller Versuch sei, den Gang der Justiz zu beschleunigen und die ganze Bundesgerichtsbarkeit zu verbessern. Aber unter dieser Schale der Höflichkeit bleibt die nackte Tatsache bestehen, dass Präsident Roosevelt beabsichtigt, den Obersten Gerichtshof mit sechs neuen Richtern seiner Wahl zu bestücken.

Noch nie hat ein Präsident der Vereinigten Staaten auch nur den leisesten Versuch unternommen, eine so große Macht zu erringen. Mr. Roosevelt verlangt dies, kühl und schlau. Durch einen einzigen gesetzgeberischen Akt, unter Ausnutzung des einzigen Schlupfloches unserer Verfassung – die Zahl der Mitglieder des Obersten Gerichtshofes ist dort nicht festgelegt – würde er den Gleichheitsgrundsatz bei den drei Regierungsgewalten, auf dem diese Nation gegründet ist, an den Wurzeln angreifen und in sich selbst die Kontrolle der Judikative ebenso wie die der Exekutive vereinigen.

Ein französischer König, Ludwig XIV., hat gesagt: *„L'État, c'est moi.“* – „Der Staat bin ich.“ Die papierene Hülle des amerikanischen Konstitutionalismus würde fortbestehen, wenn Roosevelt das Gesetz, das er jetzt haben will, durchbrächte. Aber sie wäre auch nicht mehr als eine Hülle.

M 1 und M 2 zit. nach: Günter Moltmann (Bearb.), Die Vereinigten Staaten von Amerika von 1917 bis zur Gegenwart, Schöningh, Paderborn 1987, S. 27 f. Übersetzt v. Per N. Döhler u. Günter Moltmann.

1 Interpretieren Sie M 1 und M 2 mithilfe der Arbeitsschritte S. 35. Berücksichtigen Sie bei der Interpretation auch die Hintergrundinformationen in M 14 (S. 33).

Lösungshinweise

Mögliche Leitfrage: Wie weit darf der Präsident gehen, um seine Politik des *New Deal* durchzusetzen?

Zu M 1
Autor: Franklin D. Roosevelt, US-Präsident, Demokratische Partei
Entstehungsort und -zeit: Weißes Haus in Washington, Amtssitz des US-Präsidenten, Rundfunkrede 9. März 1937
Thema: Das Verfahren zur Rekrutierung der Richter am Obersten Gerichtshof
Adressat: Öffentlichkeit, amerik. Bevölkerung
Kernaussagen: Das Personal am Obersten Gerichtshof muss verjüngt werden im Interesse moderner und verfassungskonformer Rechtssprechung. Deswegen soll das Verfahren zur Rekrutierung der Obersten Richter verändert werden.
Zentrale Begriffe: Modernisierung; Fortschritt; Kongress und Senat bzw. Parlament; Oberster Gerichtshof; Nation; Verfassung; System, Beschleunigung, Verjüngung und Verbilligung der Rechtssprechung
Historischer Zusammenhang: Die Rechtssprechung des Obersten Gerichtshofes zu den Gesetzen der Politik des *New Deal*
Beurteilung: US-Präsident Roosevelt wollte seine durch die Wiederwahl gestärkte Popularität nutzen, um die Bevölkerung für Veränderungen der Personalrekrutierung am Obersten Gerichtshof zu gewinnen.

Zu M 2
Autor: Kommentator der *„New York Herold Tribune"*, Name unbekannt
Entstehungsort und -zeit: New York, Redaktion der *„New York Herold Tribune"*, 6. März 1937
Thema: Machtverschiebung zugunsten des US-Präsidenten bzw. der Exekutive durch Veränderungen der Personalrekrutierung am Obersten Gerichtshof
Adressat: Leser der Zeitung, Öffentlichkeit
Zentrale Begriffe: Ende der Vereinigten Staaten von Amerika, wie wir sie bisher kannten; Schläue und Kälte des Präsidenten; Oberster Gerichtshof; Macht des Präsidenten bzw. der Exekutive; Gleichheit der drei Gewalten: Exekutive, Legislative und Judikative; Verfassung bzw. amerikanischer Konstitutionalismus.
Historischer Zusammenhang: Die Rechtssprechung des Obersten Gerichtshofes zu den Gesetzen der Politik des *New Deal* sowie die Maßnahmen von US-Präsident Roosevelt, das Verfahren zur Rekrutierung der Obersten Bundesrichter zu verändern
Kernaussagen: Wenn sich US-Präsident Roosevelt durchsetzte und das Verfahren der Personalrekrutierung am Obersten Gerichtshof verändert würde, wäre das System der Gewaltenteilung in den USA bedroht. Die Exekutive erhielte mehr Einfluss auf die Judikative. Das demokratische System der USA würde abgeschafft.
Beurteilung: Der Kommentar soll die Bevölkerung gegen US-Präsident Roosevelt und seine Bemühungen mobilisieren, das Verfahren der Rekrutierung der Obersten Richter zu verändern und damit seinen Einfluss auf das Oberste Gericht zu erhöhen.

Vergleich M 1 und M 2
Roosevelt möchte über die Besetzung der Obersten Richter den Widerstand des Bundesgerichts brechen. Er stellt sein politisches Programm *(New Deal)* über die bisher in den USA praktizierte Auslegung der Verfassung. Der Kommentator des *New York Herald Tribune* sieht in der Strategie Roosevelts die Kompetenzen des Präsidenten überschritten und die Verfassung der USA in Gefahr.
Sprachlicher Stil: Roosevelt meist sachlich, bestimmt, indirekte Ansprache der Bundesrichter polemisch („judikative Arterienverkalkung"), *Herald Tribune* dramatisierend („Ende des amerikanischen Staates", Vergleich mit Ludwig XIV.), direkter Angriff auf Roosevelt („kühl und schlau")
Werturteil: Die verfassungsrechtliche Streitfrage über die Besetzung der Obersten Bundesrichter löste sich durch Rücktritt der konservativen Richter. Eine Verfassungsänderung im Sinne Roosevelts war also nicht notwendig. Die Absicht, die Gesetzgebung des *New Deal* durch die erweiterte Machtbefugnis des Präsidenten abzusichern, erscheint angesichts der verheerenden Folgen der Weltwirtschaftskrise in den USA aus heutiger Sicht als ein möglicher Weg; der Vergleich mit Deutschland 1932/33 zeigt aber, dass die Machtkonzentration in den Händen der Exekutive die demokratische Staatsordnung destabilisieren konnte.

Der *American Dream* – Mythos und Realität

Der *„American Dream"* bzw. der „amerikanische Traum" ist ein künstlicher, zusammengesetzter Begriff. Er bezeichnet verschiedene Wünsche und Zukunftserwartungen, die Menschen in ganz unterschiedlichen historischen Situationen mit Amerika bzw. den USA verbanden. In diesen Sehnsüchten und Hoffnungen spiegeln sich die Mängel und Entbehrungen der Situation, der sie durch die Flucht nach Amerika zu entkommen suchten. Die einen verließen seit dem 16. Jahrhundert Europa, weil sie aus politischen oder religiösen Gründen verfolgt wurden. Andere zog es aus wirtschaftlicher Not nach Übersee. Ihr Traum von Amerika war ein durch politische Freiheit und Glaubensfreiheit geprägtes Land, in dem jeder Tüchtige sein Auskommen fand.

Drei Ausprägungen des *American Dream* lassen sich für die Zeit vom ausgehenden 18. Jahrhundert bis zur ersten Hälfte des 20. Jahrhunderts unterscheiden:

1. Für die Siedler, die in den neuenglischen Kolonien bzw. den USA Schutz vor politischer und religiöser Verfolgung suchten, war Amerika vor allem eine **religiöse und politische Utopie**. Sie träumten von einem harmonischen Verhältnis zwischen Gott, Mensch und Natur. Viele wollten überdies in Amerika eine ideale Gesellschaft und einen idealen Staat aufbauen, die als Vorbild für die Erneuerung der gesamten Menschheit dienen sollten (*Frontier*-Bewegung). Diese Form des *American Dream* bildet die historische Grundlage für Amerikas Missionsdenken, das bis in die Gegenwart hinein wirkt. In dieser Ausformulierung des amerikanischen Traums stehen materielle Hoffnungen neben immateriellen Sehnsüchten.
2. Mit dem Aufstieg der USA zu einer führenden Industriemacht spielten materielle, d. h. wirtschaftliche Motive und Ziele bei der Einwanderung nach Amerika eine immer größere Rolle. Angelockt durch den Goldrausch in Kalifornien oder Alaska, die Entdeckung oder Erschließung neuer ergiebiger Ölquellen oder andere wirtschaftliche Verheißungen kamen im 19. und 20. Jahrhundert viele Einwanderer in die USA, die vom schnellen Reichtum träumten. Dieser *American Dream* betrachtet die Vereinigten Staaten als ein „Land der unbegrenzten Möglichkeiten", in dem eine Karriere „vom Tellerwäscher zum Millionär" möglich erscheint. Dieser Wunsch prägte und prägt auch die Anstrengungen vieler armer Amerikaner. Jeder Einzelne hat nach diesem Traum die Chance, persönliche Initiativen zu entfalten, um **materiellen Wohlstand und gesellschaftliches Ansehen** zu erlangen. Ausgeblendet wird bei diesem amerikanischen Traum die tatsächliche Benachteiligung von Indianern, Schwarzen, Frauen und anderen Gruppen.
3. Eine weitere gesellschaftspolitische Spielart des *American Dream* ist in der Unabhängigkeitserklärung von 1776 verankert. Sie garantiert allen Amerikanern unveräußerliche Rechte, zu denen „Leben, Freiheit und das Streben nach Glück" gehören. Danach können alle Amerikaner – nominell – individuelle **Freiheit**, materielle und immaterielle **Selbstverwirklichung** anstreben – ohne politisch, sozial oder religiös begründete Eingriffe.

Literaturtipps
Christof Mauch, Die 101 wichtigsten Fragen. Amerikanische Geschichte, München 2008

Charlotte A. Lerg, Die Amerikanische Revolution, Tübingen 2010

Vom „Tellerwäscher zum Millionär": die Karriere Andrew Carnegies

Die Biografie des „Stahlkönigs" Andrew Carnegie (1835–1919) verkörpert eindrucksvoll einen zentralen Aspekt des *American Dream*, den Glauben an die Erfolgschancen des Tüchtigen bzw. die Hochschätzung des Selfmademans. Die Karriere Carnegies gilt als ein Beweis dafür, dass im „Land der unbegrenzten Möglichkeiten" jeder vom „Tellerwäscher zum Millionär" aufsteigen könne. Welche Voraussetzungen und Rahmenbedingungen ermöglichten diesen Lebensweg?

M 1 Andrew Carnegie (1835–1919), Fotografie, 1870er-Jahre

Zeittafel zur Geschichte der USA

Die britische Kolonialzeit in Nordamerika (17./18. Jahrhundert)

1607	Jamestown/Virginia: erste dauerhafte britische Siedlung in Nordamerika
17./18. Jh.	Beginn der Zerstörung der Indianerkulturen durch die weißen Siedler
1619	Niederländische Schiffe bringen die ersten schwarzen Sklaven nach Neuengland; Anstieg bis 1770 auf ca. 450 000 (von ca. 2,5 Mio. Einw.).
1620	Puritaner fliehen vor den Repressalien der anglikanischen Kirche über die Niederlande nach Nordamerika; Unterzeichnung eines Vertrages, demzufolge Regierung und Gesetze nur aus gemeinsamen Beschlüssen hervorgehen sollen: *Mayflower Compact*.
1754–1763	*French and Indian War* in Nordamerika bringt Großbritannien (gegenüber Frankreich) die koloniale Vorherrschaft in Nordamerika.

Unabhängigkeit und Staatsgründung der USA

1764	Proteste in Neuengland gegen neue britische Einfuhrzölle auf Zucker, Kaffee, Textilien u. a.
1765	Britisches Stempelsteuergesetz (März); Proteste des Stempelsteuerkongresses in New York (Okt.): *„no taxation without representation"* (Gesetz 1766 aufgehoben)
1770	Boston-Massaker: Zusammenstöße zwischen Bürgern und britischen Truppen
1773	*Boston Tea Party:* Aus Protest gegen den britischen Teezoll werfen als Indianer verkleidete Bostoner die Teeladung eines Schiffes ins Wasser
1774	Erster Kontinentalkongress in Philadelphia: Unterbindung des Handels mit dem Mutterland.
1775	Beginn des Zweiten Kontinentalkongresses (Mai); er endet 1777 (Nov.) mit der Unterzeichnung der *Articles of Confederation:* Die ehemaligen 13 Kolonien beschließen die Gründung eines Staatenbundes.
1775–1783	Amerikanischer Unabhängigkeitskrieg
1776	4. Juli: Unabhängigkeitserklärung; Menschenrechtserklärung in der Präambel
1787	US-Verfassung (ratifiziert 1788): Der Staatenbund wird zum Bundesstaat; 1789 ergänzt durch die *Bill of Rights* (1.–10. Verfassungszusatz; ratifiziert 1791)
1789–1797	George Washington erster Präsident der USA

Expansion und Aufstieg zur Wirtschaftsmacht

1803	Erwerb des Gebietes zwischen Mississippi und den Rocky Mountains von Frankreich *(Louisiana Purchase)* verdoppelt das Staatsgebiet der USA.
1823	Monroe-Doktrin: keine weitere europäische Expansion auf dem amerikanischen Kontinent, Nichteinmischung der USA in Europa
ab 1840er	Industrielle Revolution – erste Einwanderungswelle
1848	Goldfunde in Kalifornien locken Abenteurer aus der ganzen Welt an.
1859	Erste Ölbohrung (in Pennsylvania)
1861–1865	Abraham Lincoln US-Präsident: Sezession der Südstaaten löst den Bürgerkrieg aus (Konföderation der Südstaaten gegen die Union); Sieg der Union.
1865	Abschaffung der Sklaverei (13. Verfassungszusatz)
1869	Erste transkontinentale Eisenbahnlinie
1873	Wirtschaftseinbruch („Panik von 1873")
ab 1870er	Hochindustrialisierung; extreme wirtschaftliche Konzentration; Kartelle, Trusts
1890	Das Siedlungsgebiet der USA gilt als erschlossen: Ende der *Frontier*-Bewegung.
um 1900	Beginn der Massenkonsumgesellschaft
1917	Eintritt der USA in den Ersten Weltkrieg; USA stärkste Wirtschaftsmacht

Die Karriere Andrew Carnegies

M2 Andrew Carnegies Rezepte für den geschäftlichen Erfolg (1885)

Dies ist die erste Voraussetzung für den Erfolg, den großen Erfolg: Konzentriere Deine Kraft, Deine Gedanken und Dein Kapital ausschließlich auf das Geschäft, in dem Du tätig bist. Hast Du in einer Branche angefangen, sei auch entschlossen, sich in ihr durchzusetzen und dort Erster zu werden; nutze jede technische Neuerung, verwende die besten Maschinen und sorge, dass Du Dich mit ihnen besser auskennst als andere. Erfolglos sind diejenigen Konzerne, die ihr Kapital zu sehr gestreut haben; denn das bedeutet, dass sie ihren Verstand auch verzettelt haben. Sie haben investiert in dieses und jenes und noch was anderes, hier und dort und anderswo. Die Devise „Lege nicht alle Deine Eier in einen Korb" ist ganz falsch. Ich sage Dir: „Lege alle Deine Eier in einen Korb und kümmere Dich nur um diesen." Sieh Dich um und stelle fest: Menschen, die so handeln, verfehlen selten ihr Ziel. Es ist einfach, nur einen Korb zu behüten und zu tragen. Man ist immer versucht, viele Körbe zugleich zu benutzen, aber dabei gehen in diesem Lande die meisten Eier kaputt. Ein Mensch, der drei Körbe auf einmal tragen will, muss einen auf seinen Kopf setzen, und dieser kann leicht ins Wanken kommen und den Träger zum Straucheln bringen. Eine Schwäche der amerikanischen Unternehmer ist ihre Unfähigkeit, sich auf eine Sache zu konzentrieren.

Ich fasse das Gesagte zusammen: Strebe nach dem Höchsten; gehe nie in eine Bar; rühre keinen Alkohol an, es sei denn bei Mahlzeiten; spekuliere nie; investiere nie mehr als das, was Dir an überschüssigem Geld zur Verfügung steht; identifiziere Dich mit den Interessen Deiner Firma; missachte Anordnungen immer dann, wenn dadurch Unternehmer gerettet werden; konzentriere Dich auf eine Sache; lege alle Eier in einen Korb und hüte diesen allein; halte Deine Ausgaben immer im Rahmen Deiner Einkünfte; und schließlich: sei geduldig, denn keiner kann Dich, wie Emerson[1] sagt, um den letzten Erfolg bringen als Du selbst.

Zit. nach: Günter Moltmann (Bearb.), Die Vereinigten Staaten von Amerika von der Kolonialzeit bis 1917, Schöningh, Paderborn 1980, S. 67. Übersetzt v. Günter Moltmann.

1 Ralph Waldo Emerson (1803–1882), amerikanischer Essayist, Dichter und Philosoph; lebte in Concord, Massachusetts.

M3 Der Politikwissenschaftler und Journalist Eric Frey über den Aufstieg Andrew Carnegies (2004)

1848 betrat ein zwölfjähriger Schotte den Boden der USA. Für 1,20 Dollar die Woche fand Andrew Carnegie Arbeit in einer Baumwollfabrik in Pittsburgh und wechselte etwas später in ein Telegrafenbüro. Der tüchtige Jugendliche fiel Thomas Scott auf, einem Manager der *Pennsylvania Railroad*, der ihn zu seinem Assistenten machte. Gemeinsam stiegen die beiden in der großen Eisenbahngesellschaft auf; mit 24 Jahren war Carnegie bereits Abteilungsleiter. Seinen Verdienst investierte er in verschiedene Industriezweige, vor allem in der Eisen- und Stahlproduktion. 1874 wurde Scott Präsident von *Pennsylvania Railroad*, sein Protegé [= Günstling] wurde selbst Unternehmer. Carnegie legte seine Investitionen zusammen und baute südlich von Pittsburgh das größte Stahlwerk des Landes. Eigene Konzernunternehmen förderten Kohle sowie Eisenerz und sorgten für den Transport von Rohstoffen und Gütern zu Wasser wie per Bahn. 1878 lieferte Carnegie den Stahl für die Brooklyn-Brücke in New York und in den folgenden Jahren den Stahl für den Bau der ersten Wolkenkratzer in New York und Chicago. Die Gewinne und Umsätze explodierten, im Jahr 1900 war Carnegie Steel der größte Industriekonzern der Welt. Der Stahlkönig Carnegie wurde zum Symbol des neuen Amerika: reich, mächtig, innovativ und unnachgiebig gegenüber Geschäftspartnern sowie den eigenen Arbeitern.

Eric Frey, Schwarzbuch USA, Eichborn, Frankfurt/M. 2004, S. 50.

M4 Der Historiker George Cawelti über das amerikanische Erfolgsdenken (1965)

Die Theoretiker des Erfolgsdenkens gaben zu, dass viele Amerikaner arm und unglücklich waren, dass ihr Scheitern aber weder eine Folge des sozialen Systems noch eine Sache von persönlicher Unmoral sei. Vielmehr sei es ganz einfach ein Versagen des persönlichen Muts, des Selbstvertrauens und der Initiative. Wenn das neue industrielle Zeitalter eine größere Kluft zwischen Arm und Reich bewirkt habe, so weil die Masse der Amerikaner den Mut verloren habe und abhängig geworden sei von denen, die den festen Willen zum Erfolg hatten. Die früheren Apostel des Aufstiegsgedankens hatten ihren Anhängern versichert, dass das Individuum sicher sein konnte, Achtbarkeit und Sicherheit in seinem Beruf zu erlangen, wenn es nur hart arbeite und Ausschweifungen vermied (wie Trinken, zwielichtige Frauen und das Spiel). Die Anhänger des Erfolgsdenkens glaubten, dass Fleiß und Mäßigung nicht ausreichten, obwohl sie darauf bestanden, dass die tradierten Werte noch immer notwendig waren. Viel wichtiger als alle Tugenden der Selbstdisziplin sei dieses bestimmte Etwas, die innere Kraft des zum Erfolg entschlossenen Individuums.

Sogar derjenige, der wiederholt versagte, sogar der Trunkenbold, konnte sich wieder fangen und dann auch erfolgreich sein, wenn er nur dieses Etwas entdeckte. Eine der beliebtesten Parabeln, die in der Erfolgsliteratur ständig wiederholt wurde, berichtet von Personen, die, nachdem sie in völlige Armut und Erniedrigung gefallen waren, durch einen simplen Willensakt ihr Schicksal total gewendet und glorreichen Erfolg errungen haben.

John George Cawelti, zit. nach: Andreas Grießinger (Hg.), Geschichte und Geschehen: Die USA 1776 bis 1917 – von einer Kolonie zur Kolonialmacht, Klett, Leipzig 2004, S. 31.

M5 Kommentare amerikanischer Zeitgenossen der Weltwirtschaftskrise (1937)

Ein politischer Beobachter

Während der Wirtschaftskrise ist die Arbeiterklasse gegenüber der traditionellen Formel des Arbeitens, Sparens und Erfolgs pessimistisch geworden. Die Ahnung scheint zu wachsen, dass man, egal was man macht, schließlich in einer Sackgasse landet. Ich glaube, dass eine kurze Periode des Wohlstandes den meisten Leuten erneut die Philosophie des Wirtschaftsindividualismus einimpfen würde, aber zweifellos wächst das Misstrauen in die Methoden, mit denen heute die Probleme angepackt werden. Ich sprach kürzlich mit einem jungen Mann, der meinte: „Vor mir sehe ich nichts außer Arbeit – wenn ich je eine kriegen sollte." Ein anderer erzählte mir: „Mein Vater ist ein guter Mann. Er hat hart gearbeitet und gespart, was er konnte, aber wohin hat es ihn gebracht?"

Ein Ortspfarrer

Ich glaube, der „amerikanische Traum" ist für viele Menschen durch die Wirtschaftskrise stark verblasst.

Zit. nach Wirtschafts- und Sozialgeschichte der USA – Erfolge und Krisen einer freien Marktwirtschaft, hg. v. Rudolf Renz, Schroedel, Braunschweig 2010, S. 87. Übers. v. R. Renz.

1 Beschreiben Sie das Selbstverständnis Carnegies und seine Strategie für den wirtschaftlichen und sozialen Aufstieg (M 2, M 3).

2 Erläutern Sie, wo sich die Kerngedanken des amerikanischen Erfolgsdenkens (M 4) in Carnegies Karriere widerspiegeln.

3 Diskutieren Sie Möglichkeiten und Grenzen des amerikanischen Traums vom sozialen Aufstieg. Konzentrieren Sie sich dabei auf die Zeit der Großen Depression der 1930er-Jahre und beziehen Sie das Schicksal des Dachdeckers Peter J. Cornell, S. 20, mit ein.

4 Nehmen Sie Stellung zu den zeitgenössischen Urteilen über den *American Dream* (M 4).

Die amerikanischen Ideale „Freiheit", „Gleichheit" und „nationale Einheit" – ein historischer Vergleich

M6 Amerikanischer Fortschritt, 1872, Ölgemälde von John Gast, 1872

M7 Plakat aus der Präsidentschafts-kampagne von 1896

M8 *Going West – 1933*, Gemälde von Robinson Boardman, 1933

1 Erläutern Sie anhand von M 6 bis M 8 die unterschiedlichen Varianten des amerikanischen Traums:

a) Arbeiten Sie für jedes der drei Bilder die je zentralen Merkmale des *American Dream* heraus.

b) Erörtern Sie, welche Aspekte in den verschiedenen Bildern in den Vordergrund gerückt, welche vernachlässigt werden.

c) Erklären Sie die jeweilige Gestaltung des *American Dream* in diesen Bildern aus der historischen Situation, in der sie entstanden.

2 Erörtern Sie am Beispiel des Gemäldes in M 8, inwieweit die Große Depression der 1930er-Jahre den Glauben an den *American Dream* erschüttert hat.

Präsentationsvorschläge

Thema 1

Amerikanische Selfmademen: Andrew Carnegie, John D. Rockefeller und Henry Ford

Charakterisieren Sie Strategie, Handeln und Mentalität dieser drei amerikanischen Unternehmerpersönlichkeiten. Fassen Sie Ihre Ergebnisse in kurzen und prägnanten Thesen zusammen, die an einer Wandzeitung oder mithilfe eines Overhead-Projektors präsentiert werden. Erläutern Sie Ihre Thesen mündlich in einem Vortrag.

Literaturtipp

Uwe Jean Heuser/John F. Jungclaussen (Hg.), Schöpfer und Zerstörer. Große Unternehmer und ihre Momente der Entscheidung, Rowohlt, Reinbek bei Hamburg 2004, S. 94 ff., 160 ff.

Thema 2

Das britische Stempelsteuergesetz von 1765 und die Boston Tea Party 1773 – der Konflikt zwischen den nordamerikanischen Kolonien und dem englischen Mutterland

Erarbeiten Sie eine Zeittafel, die die wichtigsten Ereignisse, Vorgänge und Handlungen dokumentiert, die zur Entfremdung zwischen den nordamerikanischen Kolonien und dem englischen Mutterland und schließlich zum Bruch geführt haben. Präsentieren Sie die Zeittafel und erläutern Sie die zentralen Daten sowie die Grundlinien der Konflikte zwischen den neuenglischen Kolonien und der britischen Krone.

Literaturtipps

Volker Depkat, Geschichte Nordamerikas. Eine Einführung, Böhlau, UTB, Köln 2008, S. 211 ff.

Charlotte A. Lerg, Die Amerikanische Revolution, A. Francke, UTB, Tübingen 2010, S. 30 ff.

Udo Sautter, Die Vereinigten Staaten. Daten, Fakten, Dokumente, A. Francke, UTB, Tübingen 2000

Thema 3

Menschenrechte und Demokratie – die Ideale der Amerikaner

Stellen Sie in einer Präsentation die folgenden Dokumente vor: die Unabhängigkeitserklärung der USA vom 4. Juli 1776, die *Bill of Rights* der Kolonie Virginia vom 12. Juli 1776 sowie die *13 Articles of Confederation*. Erläutern Sie dabei die gesellschaftspolitischen Leitvorstellungen, die diesen Verfassungsdokumenten zugrunde liegen.

Literaturtipps

Volker Depkat, Geschichte Nordamerikas. Eine Einführung, Böhlau, UTB, Köln 2008, S. 211 ff.

Charlotte A. Lerg, Die Amerikanische Revolution, A. Francke, UTB, Tübingen 2010, S. 30 ff.

Herbert Schambeck u. a. (Hg.), Dokumente zur Geschichte der Vereinigten Staaten von Amerika, Duncker & Humblot, Berlin 1993, S. 108 ff.

Thema 4

Freiheit – Gleichheit – Unabhängigkeit. Die Amerikanische Revolution – ein Meilenstein in der Geschichte der modernen Demokratie?

Vergleichen Sie moderne Interpretationen der Amerikanischen Revolution unter der Fragestellung, welche historische Bedeutung sie ihr zusprechen. Präsentieren Sie ihre Ergebnisse auf einer Wandzeitung in Form von kurzen und prägnanten Thesen. Leiten Sie anschließend ein Streitgespräch über diese kontroversen Positionen: Welche Stärken bzw. Schwächen haben die jeweiligen Interpretationen?

Literaturtipps

Willi Paul Adams, Die USA vor 1900, Oldenbourg, München 2000, S. 165 ff.

Charlotte A. Lerg, Die Amerikanische Revolution, A. Francke, UTB, Tübingen 2010, S. 88 ff.

Christof Mauch, Die 101 wichtigsten Fragen. Amerikanische Geschichte, C. H. Beck, München 2008, S. 22 ff.

Hans-Ulrich Wehler, Deutsche Gesellschaftsgeschichte, Bd. 1, C. H. Beck, München 1987, S. 347

Webcode:
KH641994-045

Ein historisches Urteil entwickeln

Urteilsfähigkeit

Die **Urteilskompetenz** gehört im Geschichtsunterricht zu den zentralen fachspezifischen Fähigkeiten. In nahezu jeder Geschichtsstunde wird von Ihnen verlangt, historische Ereignisse, Epochen, Prozesse oder Konflikte zu beurteilen. Wie jedoch gelangt man zu einem qualifizierten Urteil?

Urteilen bedeutet die Fähigkeit, eine eigenständige, begründete und nachvollziehbare Stellungnahme zu einer Fragestellung zu formulieren. **Kriterien** eines gelungenen Urteils sind

- sachliche Angemessenheit,
- logische Gedankenführung und
- differenzierte Argumentation.

Um einen historischen Gegenstand angemessen beurteilen zu können, ist es sinnvoll, ihn aus unterschiedlicher Sicht zu untersuchen:

- aus der Perspektive verschiedener historischer Zeitgenossen (Prinzip der **Multiperspektivität**)
- und/oder aus der Perspektive von Nachgeborenen, z. B. Historikern (Prinzip der **Kontroversität**).

Auf einer dritten Ebene erfolgt im Rahmen des Unterrichts, z. B. in der Gruppe oder im Plenum, die Auseinandersetzung mit den Wahrnehmungen der Zeitgenossen und den Deutungen der Nachgeborenen (Prinzip der **Pluralität**). Dies ist die Grundlage für eine selbstständige Stellungnahme zum historischen Gegenstand.

Bei der Urteilsbildung wird zwischen Sach- und Werturteil unterschieden: Während das **Sachurteil** ein Urteil auf der Ebene des historischen Gegenstandes ist, werden bei einem **Werturteil** gegenwärtige gesellschaftliche Normen auf historische Sachverhalte bezogen und eigene Wertmaßstäbe reflektiert. Die Fähigkeit, ein angemessenes Urteil abzugeben, bildet in der Schule den Anforderungsbereich III: *Urteilen*, um Sachverhalte als historisch bedeutsam zu erfassen, diese selbstständig zu untersuchen, Zusammenhänge herzustellen und zu deuten, gewonnene Erkenntnisse zu präsentieren sowie Schlussfolgerungen für die Gegenwart und Zukunft zu ziehen.

Der Prozess der Urteilsbildung

Wie gestaltet sich nun der Prozess der Urteilsbildung? **Das Urteilsmodell M 1** zeigt einen idealtypischen Prozess der Urteilsbildung, der von Ihnen auch variiert werden kann. So lässt sich beispielsweise eine Stellungnahme auf der Basis der Quellen formulieren, ohne Deutungen von Historikern für die Urteilsbildung heranzuziehen. Zunächst erfordert die Fähigkeit, ein Urteil zu bilden, sowohl Kenntnisse über den zu untersuchenden historischen Sachverhalt (**Sachkompetenz**) als auch methodische Verfahren, sich solche Kenntnisse anzueignen, diese mit vorhandenem Wissen zu vernetzen und auf neue Zusammenhänge anzuwenden (**Methodenkompetenz**). Mit methodischen Verfahren sind in erster Linie die Interpretation und der Vergleich von Quellen und Sekundärtexten anhand von Vergleichsaspekten gemeint.

M 1 Modell der Urteilsbildung

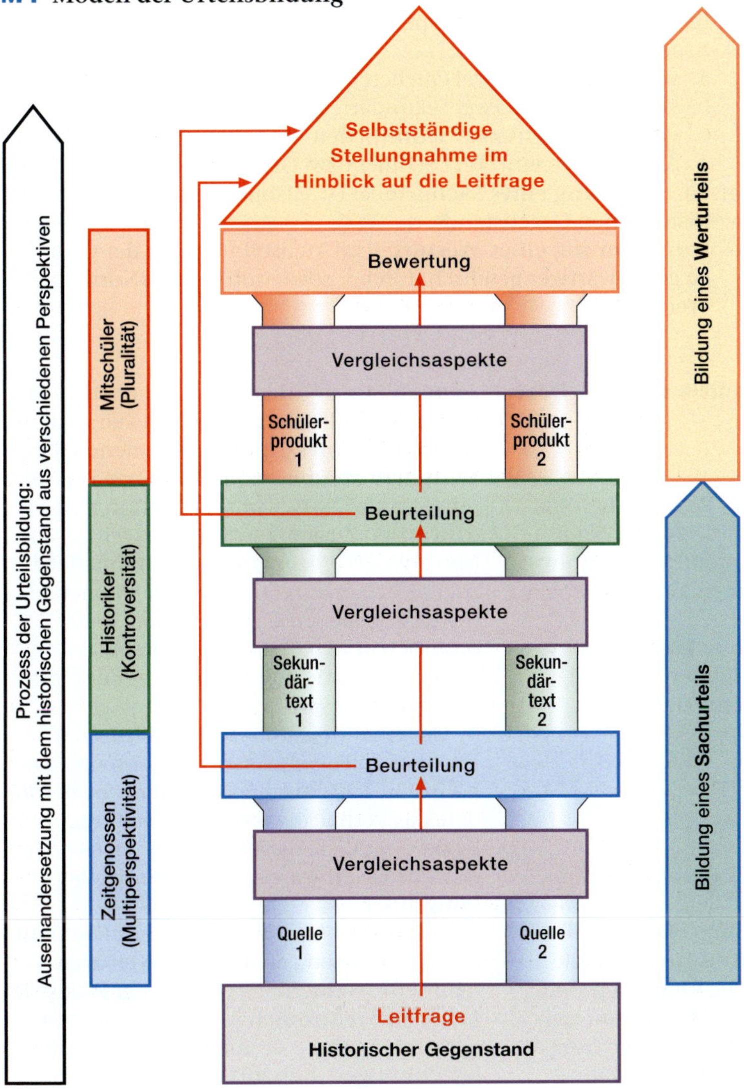

Der Prozess der Urteilsbildung verläuft in mehreren Phasen:

1. **Entwicklung einer Leitfrage:** Für die Untersuchung des historischen Gegenstandes wird eine Fragestellung entwickelt, die im Prozess der Urteilsbildung beantwortet werden soll.
2. **Erwerb von Kenntnissen:** Als Voraussetzung für die Beschäftigung mit dem historischen Sachverhalt ist es nötig, sich aus Fachliteratur, Schulbuchtexten, Lexika sowie aus Quellen Informationen (Grundwissen) zu beschaffen.

3. **Auseinandersetzung mit dem historischen Gegenstand** aus unterschiedlicher Sicht (Perspektiven): Vergleich anhand geeigneter Aspekte
   a. von mindestens zwei Quellen oder bzw. und
   b. von mindestens zwei Sekundärtexten oder
   c. von mindestens zwei schriftlichen Produkten oder mündlichen Äußerungen einzelner Schüler bzw. Gruppen.
4. **Formulierung eines Sachurteils:** Urteilsbildung auf der Ebene des historischen Gegenstands.
5. **Formulierung eines Werturteils:** Urteilsbildung auf der Grundlage gegenwärtiger gesellschaftlicher sowie subjektiver Normen und Werte.

Übungsbeispiel: Die Politik des New Deal

Quellen:

- s. S. 31, M 11: Aus einer Rede des für eine zweite Amtszeit kandidierenden republikanischen Präsidenten Herbert Hoover (Republikaner), gehalten am 31. Oktober 1932 in New York
- s. S. 31 f., M 12: Aus einer Wahlrede des Präsidentschaftskandidaten Franklin Delano Roosevelt (Demokrat) vom 23. September 1932

Sekundärtexte:

M 2 Der Historiker D. E. Baines (1977)

Wenn man die Entwicklung objektiv betrachtet, ist es schwer zu erklären, wie die *New Deal*-Maßnahmen die Industrieproduktion von 1933 bis 1934 um 15 Prozent steigern konnten. Besserte sich die Lage trotz der getroffenen Maßnahmen? Höchstwahrscheinlich hat die Wahl eines neuen Präsidenten, der offensichtlich entschlossen war zu handeln, die Unternehmer und andere davon überzeugt, dass die Lage durchaus nicht so hoffnungslos war, wie sie im Winter 1932/33 zu sein schien.

Jedenfalls war der *New Deal* kein voller Erfolg. Das Realeinkommen pro Kopf der Bevölkerung erreichte erst 1940 wieder den Stand von 1929 und zu dieser Zeit wurde das wirtschaftliche Wachstum durch die Aufrüstung angeregt […]. Die 1930er-Jahre waren wirtschaftlich gesprochen ein „verlorenes Jahrzehnt“. In jedem Winter gab es neun bis zehn Millionen Arbeitslose und noch 1941 hatten 5,5 Millionen Menschen keine Arbeit. Die privaten Investitionen, von denen die Wirtschaft abhing, waren die ganze Zeit über sehr gering. Die Gesamtproduktion ging bei dem ersten Zusammenbruch so weit zurück (um etwa 30 Prozent), dass die Industriekapazität sich erst steigerte, als die Wiederaufrüstung in vollem Gang war. Aber es ist natürlich denkbar, dass die Wirtschaftsdepression ohne den *New Deal* noch schlimmer gewesen wäre. […]

Um einer neuen derartigen Wirtschaftskrise vorzubeugen, versuchte Roosevelt das politische System zu reformieren – insbesondere das Verhältnis von Wirtschaft und Regierung. Viele dieser Ziele, die an sich alle erstrebenswert waren, schlossen sich gegenseitig aus. […]

Die *National Recovery Administration* stellt einen ähnlichen Fall dar. Roosevelt argumentierte, wenn die Regierung der Industrie helfe, die Preise durch Absprachen festzulegen, dann müsste sie auch die Gewerkschaften ermutigen, höhere Löhne zu fordern. Da es jedoch darum ging, die Gewinne der Unternehmen zu steigern, ließ sich beides nicht miteinander verbinden. […]

In Wirklichkeit war der *New Deal* keineswegs unternehmerfeindlich. Er setzte seine Bürokraten nur dort ein, wo die privaten Unternehmer versagt hatten, und auch nur so lange, bis sich die Privatwirtschaft wieder erholt hatte. Indem er einer radikaleren Lösung zuvorkam, war er der Retter und nicht der Zerstörer des Kapitalismus. Es gab keine kollektivistische Planung und keine klar umrissene Ideologie, weder eine sozialistische noch eine andere. Schon mit dem Schlagwort vom *New Deal* war gesagt, dass der Einzelne seine Karten selbst ausspielen sollte.

Eine der dauerhaftesten Nachwirkungen des *New Deal* bestand in dem Machtzuwachs der Bundesregierung im Allgemeinen und des Präsidenten im Besonderen. Vor 1933 war „die Regierung" für den Durchschnittsamerikaner die Regierung seines Einzelstaates oder gar der Bürgermeister und der Gemeinderat. Nun war die Bundesregierung bereit, die Dinge selbst in die Hand zu nehmen. Um das zu tun, musste sie den Zuständigkeitsbereich der Einzelstaaten und der privaten Wirtschaft einschränken. Der Präsident und die Behörden der Exekutive wurden anstelle des Kongresses die Initiatoren von Gesetzesvorlagen. Als diese Veränderungen fest etabliert waren, vollzog sich in der amerikanischen Gesellschaft ein grundlegender Wandel.

Dudley E. Baines, Die Vereinigten Staaten zwischen den Weltkriegen, 1919–1941, in: Willi Paul Adams (Hg.), Die Vereinigten Staaten von Amerika, Fischer, Frankfurt/M. 1977, S. 350ff.

M3 Der Historiker Detlef Junker (1995)

Bis heute ist die Frage umstritten, wie erfolgreich der *New Deal* gewesen sei. Es ist wahr, dass der *New Deal* Arbeitslosigkeit und Not zwar lindern, aber nicht beseitigen konnte und die sozialpolitischen Gesetze über bescheidene Anfänge nicht hinauskamen. Erst der Krieg brachte Vollbeschäftigung und sich überschlagende Produktionsrekorde. Die nicht organisierten Gruppen der Bevölkerung und die sozial deklassierten Minderheiten, auch die Schwarzen, blieben am Rande des *New Deal*, die ungleiche Vermögens- und Einkommensstruktur änderte sich nicht wesentlich, die Monopole und Konzerne verloren lediglich an Einfluss, nicht aber an Größe. Niemand kannte die Grenzen des *New Deal* besser als Roosevelt selbst, war er es doch gewesen, der für seine zweite Amtszeit den Kampf gegen die Armut des unteren Drittels der Nation angekündigt hatte. Was er nicht erreichte, lag weniger an ihm als an nicht übersteigbaren Schranken, die das politisch-wirtschaftliche System der USA auch dem führungsstärksten Präsidenten setzt. Seine beiden schwersten innenpolitischen Rückschläge, der Versuch einer Reorganisation des *Supreme Court*[1], der den zentralisierenden Tendenzen des *New Deal* Widerstand entgegengesetzt hatte, und die Ausschaltung der konservativen Opposition in der eigenen Partei nach dem überragenden Wahlsieg von 1936 sind dafür schlagende Beispiele. Beide Angriffe, die aus der Sicht Roosevelts den *New Deal* sichern und weitertreiben sollten, scheiterten, weil er das Durchsetzungsvermögen und die Macht des Präsidenten überschätzte.

Entscheidend war aber, dass Roosevelt einer entmutigten, verunsicherten und richtungslosen Nation neue Hoffnung gegeben hatte. Das Einzige, was die Nation zu fürchten habe, so hatte er schon bei seiner Amtseinführung ausgerufen, sei die Furcht selbst.

Detlef Junker, Franklin Delano Roosevelt 1933–1945. Visionär und Machtpolitiker, in: Jürgen Heideking (Hg.), Die amerikanischen Präsidenten. 42 historische Portraits von George Washington bis George W. Bush, C. H. Beck, München 1995, S. 316f.

---

1 *Supreme Court:* Oberster Gerichtshof der USA

M4 Der Historiker Jürgen Heideking (2003)

Der statistisch messbare Erfolg der Reformen war […] begrenzt: Ohne den Rüstungsboom des Zweiten Weltkriegs hätte es wohl noch eine ganze Weile gedauert, bevor die angestrebte durchschlagende Produktionssteigerung erreicht worden wäre, von der Vollbeschäftigung, soziale Sicherheit und eine gerechtere Einkommensverteilung abhingen. Signifikante strukturelle Veränderungen der amerikanischen Wirtschaft blieben ebenso aus wie die von Teilen der Arbeiterbewegung geforderte „Wirtschaftsdemokratie". Es trifft auch zu, dass die Bilanz des *New Deal* für Frauen und Minderheiten eher mager ausfiel. Der Aufstieg von immer mehr Frauen in höhere Regierungs- und Verwaltungspositionen spiegelte sich noch nicht in einer gezielten Verbesserung der Lage weiblicher Arbeitskräfte wider. […] Fortschritte in der Rassenintegration und der politischen Gleichberechtigung der Afro-Amerikaner ließen sich gegen den Widerstand der Südstaaten-Abgeordneten nicht durchsetzen [...]. Dafür profitierten die Schwarzen – insbesondere in den Städten – überproportional von den Hilfsprogrammen für arme Amerikaner, was dazu führte, dass sie ihre parteipolitische Loyalität mehrheitlich von der Partei Lincolns auf die Demokraten übertrugen. Je schwächer eine Gruppe organisiert war, desto geringere Aussicht hatte sie, von den *New Deal*-Programmen zu profitieren. [...]

Aus historischer Perspektive und vor dem Hintergrund der gleichzeitigen Ereignisse im Rest der Welt gesehen, fällt die Gesamtbewertung des *New Deal* aber dennoch positiv aus. Die Roosevelt-Administration beabsichtigte keine grundlegende, revolutionäre Umwälzung der amerikanischen Gesellschaft, und sie befand sich damit offenbar im Einklang mit der großen Mehrheit der Amerikaner. Zeitgenössische soziologische Untersuchungen lassen erkennen, dass das liberale Koordinatensystem von Individualismus, Eigeninitiative, Konkurrenz und Mobilität trotz der Depression weitgehend erhalten blieb. Es wurde auch ganz bewusst von der Unterhaltungsindustrie Hollywoods bestärkt, die sich 1934 eine Selbstzensur gegen die offene Darstellung von Sex, Gewalt und Unmoral verordnete und deren Produzenten bemüht waren, selbst realistische Gegenwartsschilderungen mit einem optimistischen *happy end* zu versehen. Die Mehrzahl der Bürger hielt offensichtlich am *American Dream* fest und gab die Hoffnung nicht auf, dass sich wirtschaftliche Leistungskraft und Fortschritt mit einem hohen Maß an individueller Freiheit, demokratischer Mitbestimmung und föderaler Selbstverwaltung vereinbaren ließen. Die Verfassung bildete immer noch eine Schranke gegen den allmächtigen Zentralstaat, und die Aversion gegenüber einem bürokratischen Wohlfahrtssystem mit hohen Steuerlasten reichte bis weit in die Mittelschicht hinein. [...]

Entscheidend war aber, dass der *New Deal* den Amerikanern das Gefühl nahm, einem schicksalhaften Verhängnis hilflos ausgeliefert zu sein, und dass er ihnen eine überzeugende demokratische Alternative zu allen autoritären und totalitären Versuchungen bot. Im praktischen Handeln und im Denken der Menschen setzte sich die neuartige Vorstellung durch, dass die Bundesregierung im Interesse der Wohlfahrt aller Bürger das Recht haben musste, helfend, regulierend und kontrollierend in die Wirtschaftsabläufe einzugreifen. Damit einher ging die Anerkennung einer hervorgehobenen Stellung des Präsidenten und der bundesstaatlichen Exekutive insgesamt nicht nur in der Außenpolitik, sondern jetzt auch in Fragen der Innen-, Wirtschafts- und Sozialpolitik.

Jürgen Heideking, Geschichte der USA, UTB, 3. Aufl., Tübingen 2003, S. 313 ff.

1 Informieren Sie sich über die wesentlichen Elemente der *New Deal*-Politik Roosevelts.

2 Entwickeln Sie eine Leitfrage, die Sie untersuchen möchten.

3 Vergleichen Sie die Äußerungen Roosevelts und Hoovers (S. 31 f., M 11 und M 12) mithilfe der Arbeitsschritte S. 35.

4 Vergleichen Sie die Sekundärtexte M 2 bis M 4 anhand geeigneter Vergleichsaspekte.

5 Formulieren Sie anhand der Leitfrage ein Sach- und ein Werturteil über die Politik des *New Deal.*

Lösungshinweise

1. Entwicklung einer Leitfrage
Mögliche Fragestellung: War die *New Deal*-Politik ein erfolgreicher Lösungsansatz zur Bewältigung der Wirtschaftskrise in den USA?

2. (Grund-)Kenntnisse über den historischen Gegenstand
New Deal: Regierungsprogramm des Präsidenten Franklin D. Roosevelt seit 1933:
- staatliches Konjunkturprogramm
- Arbeitsbeschaffungsprogramme
- staatliche Fürsorgezahlungen
- umfassende Hilfsmaßnahmen für die Landwirtschaft
- Regulierungsgesetze für Produktion und Preise

Historischer Kontext:
Weltwirtschaftskrise
- Oktober 1929 Börsenkrach, in der Folge Zusammenbruch der Banken
- Massenarbeitslosigkeit und Massenelend in den USA
- Ausweitung der Krise auf den gesamten Welthandel
- Präsidentschaftswahlen 1932; Franklin D. Roosevelt wird Präsident (1933)

3. Auseinandersetzung mit dem historischen Gegenstand aus verschiedenen Perspektiven
a) Quellen

Vergleichsaspekte	S. 31, M 11 (Hoover)	S. 31 f., M 12 (Roosevelt)
Autor: – Amt – Interessen	Herbert Hoover (1874–1964); 31. US-Präsident (1929–33); Republikaner. Er scheiterte in seiner Amtszeit innenpolitisch an den Problemen der Weltwirtschaftskrise. Außenpolitisch leitete er die „Politik der guten Nachbarschaft“ gegenüber Lateinamerika ein und verkündete 1931 das Hoover-Moratorium (Stundung aller Kriegsschulden und Reparationen für ein Jahr). Bei den Präsidentschaftswahlen 1932 unterlag er F. D. Roosevelt.	Franklin D. Roosevelt (1882–1945; Präs. 1933–1945): Demokrat; Initiator des *New Deal*
Inhalt		
Staat und Individuum	– Betonung von Individualismus und Freiheit des Einzelnen: Leitbild ist der Unternehmer mit seiner unbeschränkten Privatinitiative – Gleichheit ist Chancengleichheit	– Betonung des Rechtes auf Überleben als Grundlage von Individualität: Leitbild ist jeder einzelne Staatsbürger – Schutz des Individualismus durch seine Begrenzung – Gleichheit ist nicht nur Chancengleichheit, sondern beruht auch auf sozialer Fürsorge
Staat und Wirtschaft	– der Staat soll sich aus der Wirtschaft heraushalten – Vertrauen auf die Selbstheilungskräfte des Marktes	– Bekenntnis zu sozialem Interventionsstaat – der Staat muss den Markt regulieren
Selbstverständnis der US-Gesellschaft	Die US-Gesellschaft ist eine liberale Wirtschaftsgesellschaft, die sich selbst steuert.	Zur Sicherung der Freiheit der Amerikaner soll der Staat regulierend, steuernd, planend und verwaltend in den Alltag eingreifen.

b) Sekundärtexte

Vergleichsaspekte	M 2 (Baines)	M 3 (Junker)	M 4 (Heideking)
Autor:	Dudley E. Baines, britischer Wirtschaftshistoriker, geb. 1940er-Jahre	Detlef Junker, deutscher Professor für amerikanische Geschichte, geb. 1939	Jürgen Heideking (1947–2000), deutscher Professor für amerikanische Geschichte
Erscheinungsjahr	1977	1995	2003 (1. Aufl. 1996)
Inhalt:			
Erfolg der wirtschaftspolitischen Maßnahmen	*New Deal*-Politik war kein voller Erfolg: Die Realeinkommen erreichten erst 1940 wieder Niveau von 1929, Arbeitslosigkeit im Winter hoch, private Investitionen blieben gering. Erst die Aufrüstung seit Ende der 1930er-Jahre belebte Wirtschaft nachhaltig. Der Staat verfolgte mit seinen Eingriffen in die Wirtschaft zum Teil widersprüchliche Ziele.	Die Macht des *Big Business* wurde eingeschränkt, aber nicht gebrochen. Erst der Krieg brachte Vollbeschäftigung und Produktionsrekorde.	Die statistisch messbaren Erfolge der *New Deal*-Politik sind begrenzt. Die Produktionssteigerungen nahmen erst mit dem Rüstungsboom des Zweiten Weltkrieges deutlich zu. Erst dadurch gab es Vollbeschäftigung, mehr soziale Sicherheit und eine gerechtere Einkommens- und Vermögensverteilung.
Politische Folgen der *New Deal*-Gesetzgebung	Die Wahl Roosevelts gab der Nation Hoffnung und belebte das Wirtschaftsleben. Die Exekutive und nicht mehr der Kongress initiierte Gesetzesvorlagen. So wurde die Macht der Bundesregierung innenpolitisch gestärkt. Die *New Deal*-Politik rettete den Kapitalismus. Denn der Staat griff nur dort in die Privatwirtschaft ein, wo diese versagt hatte. Dadurch beugte er radikaleren Forderungen nach einem Systemwechsel (Sozialismus, Faschismus) vor.	Roosevelt gab entmutigter, verunsicherter, richtungsloser Nation neue Hoffnung. Die staatliche Sozialpolitik kam über bescheidene Ansätze nicht hinaus. Das System setzte dem Präsidenten Grenzen, z. B. bei der Reform des Obersten Gerichts und der Ausschaltung der Opposition in der Partei Roosevelts (Demokraten).	Die amerikanische Hochschätzung von Individualismus, Eigeninitiative, Wettbewerb und Mobilität blieb auch in der Weltwirtschaftskrise erhalten. Die Mehrheit der Amerikaner träumte trotz Wirtschaftskrise den *American Dream* weiter. Die Amerikaner gestanden der Bundesregierung zwar das Recht zu regulierenden Eingriffen in Wirtschaft und Gesellschaft zu. Damit einher ging die Anerkennung einer mächtigen Stellung des Präsidenten und der bundesstaatlichen Exekutive in der Innenpolitik. Doch die Verfassung bildete eine Schranke gegen einen allmächtigen Zentralstaat. Und die weitverbreitete Abneigung der Amerikaner gegen ein bürokratisches Wohlfahrtssystem mit hohen Steuerlasten blieb bestehen. Die *New Deal*-Politik vermittelte den Amerikanern das Gefühl, ihr Schicksal mitgestalten zu können. Sie fühlten sich als Subjekt der Politik, nicht als deren Objekt. Die USA blieben ein liberal-demokratisches Land und widerstanden allen autoritären wie totalitären Versuchungen. Die Regierung Roosevelt strebte in Einklang mit der Bevölkerungsmehrheit keine radikalen Veränderungen an.

Vergleichsaspekte	M 2 (Baines)	M 3 (Junker)	M 4 (Heideking)
Folgen für die Gesellschaft	Tatsächlicher Erfolg des *New Deal* schwer zu beweisen, 1930er-Jahre waren wirtschaftlich „verlorene Jahre"; Realeinkommen erreichte erst 1940 wieder Stand von 1929. Politisch: Machtzuwachs der Bundesregierung im Allgemeinen und des Präsidenten im Besonderen.	Die *New Deal*-Politik linderte Arbeitslosigkeit und Not, beseitigte sie jedoch nicht. Die Einkommens- und Vermögensverteilung änderte sich nicht wesentlich. Schwarze und nichtorganisierte Gruppen blieben am Rande des *New Deal*.	Es gab keine grundlegenden strukturellen Veränderungen in der US-Wirtschaft. Die Arbeiterbewegung konnte sich mit ihrer Forderung nach „Wirtschaftsdemokratie" nicht durchsetzen. Die Lage der Frauen auf dem Arbeitsmarkt verbesserte sich nicht wesentlich. Die Bilanz der *New Deal*-Politik für die Afroamerikaner ist zwiespältig. Dies zeigt, dass sozial schwächere Gruppen eine geringere Chance besaßen, von der *New Deal*-Politik zu profitieren. In den Städten profitierten zwar Schwarze von den staatlichen Fürsorgeleistungen für arme Amerikaner. Die Partei der Demokraten erhielt dadurch die Sympathie und Wählerstimmen von Schwarzen. Aber Fortschritte bei der Rassenintegration und bei der politischen Gleichberechtigung wurden durch die Abgeordneten der Südstaaten verhindert.

4. Sachurteil

Die Streitfrage über die Grenzen und die Notwendigkeit staatlicher Eingriffe in die Wirtschaft beherrschte die Präsidentschaftswahl 1932. Mit dem *New Deal*-Programm trat der neue Präsident Roosevelt für einen sozialen Interventionsstaat ein.

Der Erfolg des *New Deal* im Hinblick auf die Weltwirtschaftskrise ist schwer zu messen, da sich die wirtschaftliche Lage erst sichtbar besserte, als 1940 die Nachfrage nach Rüstungsgütern stieg.

Seine Bereitschaft, zugunsten des Staates in die freie Wirtschaft einzugreifen, stieß auf politischen Widerstand, deshalb gingen Reformvorhaben wie der Ausbau der staatlichen Fürsorge (Sozialgesetzgebung) über Ansätze nicht hinaus.

5. Werturteil

Aus heutiger Sicht hat die Politik des *New Deal* die amerikanische Gesellschaft nicht grundlegend verändert. Das Selbstverständnis der USA betonte weiterhin die freie Entfaltung des Individuums in Wirtschaft und Gesellschaft. Die Mehrheit der Amerikaner stand staatlichen Eingriffen in den Wirtschaftsprozess ablehnend gegenüber, befürwortete aber vorübergehend staatliche Reglementierungen während der Großen Depression.

Die Politik Roosevelts, die in der Bevölkerung auf breiten Konsens stieß, sich aber dennoch mit ihren innenpolitischen Gegnern auseinandersetzen musste, trug gemäßigte Züge. Sie schützte die liberal-demokratische Verfassung der USA vor einem Systemwechsel, der zu gleicher Zeit zum Beispiel in Deutschland (Nationalsozialimus) stattfand.

Erstellen Sie Text- und Bildreportagen

Thema 1
Eleanor Roosevelt

Eleanor Roosevelt (1884–1962), die Frau von US-Präsident Franklin Delano Roosevelt, war die erste „First Lady" der USA, die zahlreiche eigenständige politische Aktivitäten entfaltete. Als erste „First Lady" gab sie Pressekonferenzen, kämpfte für die Gleichberechtigung der schwarzen Bevölkerung und mischte sich in politische Debatten ein. So publizierte sie in der amerikanischen Tagespresse seit 1935 nahezu täglich die Kolumne „My Day". Wie sah ihre Arbeit an der Seite ihres Mannes aus? Welche Bedeutung hatte ihr Wirken in der US-amerikanischen Gesellschaft?

Literaturtipp

Eleanor Roosevelt, Wie ich es sah, übers. v. Felix Arnold, Humboldt, Wien 1951

M 1 Eleanor Roosevelt bei einer Radiosendung, Fotografie, ca. 1930

Webcode:
KH641994–054

Thema 2
The Dust Bowl – Klima und Wirtschaft zur Zeit des *New Deal*

Während der 1930er-Jahre verwüsteten verheerende Sandstürme weite Gebiete in den *Great Plains* im Mittleren Westen der USA. Zur Unterstützung der betroffenen Farmer wurde unter anderem die *Resettlement Administration* (M 2) gegründet, eine Maßnahme des *New Deal*. Recherchieren Sie Ursachen und Verlauf der *Dust Bowl* sowie die Reaktionen von Staat und Betroffenen darauf. Stellen Sie Ihre Ergebnisse in Form einer Präsentation vor.

Literaturtipps

Timothy Egan, The worst hard time. The untold story of those who survived the great American Dust Bowl, Boston 2006
Biografische Skizzen vom New-York-Times-Reporter und Pulitzer-Preisträger

Donald Worster, Dust Bowl. The Southern Plains in the 1930s, New York 2004

M 2 „Years of Dust", Werbeplakat der Resettlement Administration, 1937

Überprüfen Sie Ihre Kompetenzen

M 3 **Afroamerikanische Flutopfer in Louisville/Kentucky warten vor einem Werbeplakat für den „American Way" auf Hilfe, Fotografie von Margaret Bourke-White, 1. Februar 1937**

Zentrale Begriffe

American Dream
Big Business
Börsenkrach von 1929
Great Depression
New Deal

Sachkompetenz

1 Beschreiben Sie die Entwicklung der USA zur führenden Weltwirtschaftsmacht. Erläutern Sie die Rolle, die dem *Big Business* in diesem Prozess zukommt.

2 Nennen Sie Gründe für den Börsenkrach von 1929 und die sich daraus entwickelnde Weltwirtschaftskrise.

3 Erläutern Sie die Folgen der Weltwirtschaftskrise für die amerikanische Wirtschaft und Gesellschaft.

Methodenkompetenz

1 Analysieren Sie M 3. Interpretieren Sie zunächst das Plakat im Hintergrund anhand der Arbeitsschritte von S. 81. Beschreiben Sie dabei, welche zentralen Merkmale des *American Dream* das Plakat verwendet. Kontrastieren Sie diese Bildaussage dann mit den vor dem Plakat wartenden Menschen.

2 Die Karikatur auf dem Titel dieses Heftes erschien Anfang Oktober 1929 in einer New Yorker Zeitung unter dem Titel „Tail Holt". Zeichner war der New Yorker Rollin Kirby. Schlagen Sie die englischen Begriffe in einem Wörterbuch nach und analysieren Sie die Karikatur in ihrem historischen Kontext. Nehmen Sie Stellung zur Intention Kirbys.

Urteilskompetenz

1 Formulieren Sie ein eigenständiges Urteil über die Ergebnisse des *New Deal*. Ziehen Sie bei Bedarf dazu die Quellen M 2 bis M 4, S. 48 ff. heran.

3 Europa in der Weltwirtschaftskrise: das Beispiel Deutschland

Kompetenzen erwerben

Sachkompetenz:
- die internationalen Geldströme Ende der 1920er-Jahre beschreiben
- die Folgen des New Yorker Börsenkrachs für Europa analysieren
- die Auswirkungen der Bankenkrise 1931 in Deutschland erläutern
- den Zusammenhang zwischen der Weltwirtschaftskrise und dem Aufstieg der Nationalsozialisten erklären

Urteilskompetenz:
- die Deflationspolitik der Regierung Brüning analysieren und hinsichtlich ihrer Folgen beurteilen
- das wirtschaftspolitische Programm der Nationalsozialisten beurteilen

Methodenkompetenz:
- Sekundärtexte analysieren
- Wahlplakate analysieren

Aus den Memoiren von US-Präsident Hoover

„Man hat behauptet“, schrieb US-Präsident Herbert Hoover in seinen Erinnerungen (dt. 1951/52), „dass der Kurssturz auf dem amerikanischen Aktienmarkt die Welt mitgerissen habe. Aber das entspricht nicht den Tatsachen. Eine Untersuchung des amerikanischen Amtes für Wirtschaftsforschung stellt fest: ‚Mehrere Länder traten 1927 und 1928 in die Phase wirtschaftlichen Niedergangs ein, also lange vor dem Zeitpunkt, der für gewöhnlich als Zeichen der Krise in den Vereinigten Staaten angenommen wird, nämlich dem Börsenkrach in der *Wall Street* vom Oktober 1929.‘ In dem Bericht werden Bolivien, Australien, Deutschland, Brasilien, Indien und Bulgarien als diejenigen Länder aufgeführt, die vor dem amerikanischen Börsenkrach in das Stadium der Depression eingetreten waren. Der Generalkommissar für Reparationszahlungen stellt in seinem Bericht in Bezug auf Deutschland fest: ‚Seit Beginn des Jahres 1929 ist die Zahl der in Schwierigkeiten geratenen geschäftlichen Unternehmen erheblich gewachsen. In den ersten fünf Monaten des Jahres waren Geschäftszusammenbrüche um ungefähr 20 Prozent höher als in dem entsprechenden Zeitraum des Jahres 1928.‘“

Die Weltwirtschaftskrise in Europa

Hoovers Beobachtung war richtig. Sicherlich wollte Hoover die amerikanische Verantwortung für die Weltwirtschaftskrise relativieren. Er hatte jedoch insoweit Recht, als es in Deutschland bereits 1928 erste Zeichen einer Krise gab. Sie wurde durch den Zusammenbruch amerikanischer Großbanken und ihrer weltweiten Kreditverbindungen 1929 dramatisch verschärft. Der wirtschaftliche Niedergang beschränkte sich nicht auf Deutschland, sondern erfasste alle europäischen Volkswirtschaften. Deren wirtschaftliche Erholung in der zweiten Hälfte der 1920er-Jahre war weitgehend eine „Erholung auf Pump" gewesen. Die vor allem aus den USA nach Europa geflossenen Kredite hatten Auslandsverschuldung und Einfuhrüberschüsse der europäischen Staaten in die Höhe getrieben, während sich die USA selbst durch Schutzzölle gegen Importe abschotteten. **New York** bildete seit Ende des Ersten Weltkrieges (1914–1918) das **Weltfinanzzentrum**, das internationale Finanzsystem hing von amerikanischen Krediten ab. Als im Oktober 1929 an der New Yorker Börse die Kurse zusammenbrachen, hatte das weitreichende Folgen für Europa: In den USA wurden zahlreiche Banken zahlungsunfähig und forderten, dass das Ausland seine kurzfristigen Anleihen und Kredite sofort zurückzahle. Die **Kündigung der amerikanischen Auslandskredite** führte in Europa zur Geldverknappung und hatte eine Konkurswelle zur Folge, die besonders den Produktionsgüterbereich betraf. Massenarbeitslosigkeit und soziales Elend bestimmten daher auch in Europa das Leben. Gerade die von Arbeitslosigkeit überdurchschnittlich betroffene Jugend erfuhr die wirtschaftliche Depression als Lebenskatastrophe. Die Wirtschaftskrise der USA hatte sich mit all ihren ökonomischen und sozialen Konsequenzen zur Weltwirtschaftskrise ausgeweitet.

M1 Schema der internationalen Geldströme 1919–1933

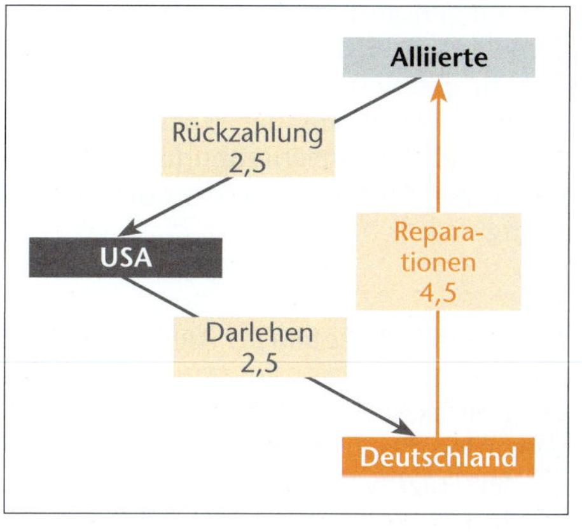

Die Regierung Brüning: Deflationspolitik gegen die Krise

Bis 1931 betrachteten viele Zeitgenossen die Wirtschaftskrise als Fortsetzung der bekannten zyklischen Auf- und Abschwünge, die die konjunkturelle Entwicklung seit dem Ersten Weltkrieg geprägt hatten. In Deutschland wuchs Anfang 1931 die Zuversicht, dass die wirtschaftliche Talfahrt zu Ende sei. Die **Bankenkrise** im Frühjahr/Sommer **1931** zerstörte diese Hoffnung jedoch nachhaltig. Nur unter großen Anstrengungen konnte die Regierung einen völligen Zusammenbruch des Banken- und Kreditwesens verhindern.

Aber nicht nur die Erschütterungen des Finanzsektors verschärften die Wirtschaftskrise in Deutschland zur Großen Depression. Dazu trug auch die Regierung selbst mit ihrer **Deflationspolitik** maßgeblich bei.

Literaturtipp
Ursula Büttner, Weimar – die überforderte Republik 1918–1933, Stuttgart 2010 (= Gebhardt. Handbuch der deutschen Geschichte, 10., völlig neu bearb. Aufl., Bd. 18)

Heinrich von Brüning (1885–1970), Fotografie, 1930

So bezeichnen Historiker und Wirtschaftswissenschaftler die auf eine Senkung der Kosten und der Preise ausgerichtete Politik, die in Deutschland mit dem Namen des Zentrumspolitikers und Reichskanzlers **Heinrich von Brüning** (Reg. 30. März 1930 bis 30. Mai 1932) verbunden ist. Oberstes Ziel der Regierung war ein ausgeglichener Staatshaushalt. Zur Konsolidierung des Budgets verminderte sie die Staatsausgaben, setzte unter anderem durch den Abbau von Sozialleistungen drastische Einsparungen durch und erschloss sich durch Steuererhöhungen neue Einnahmequellen. Weil sie nicht mehr genügend Geld zur Verfügung hatten, stellten die Verbraucher das Konsumieren ein. Entsprechend führte die sinkende öffentliche und private Nachfrage dazu, dass die Unternehmen ihre Investitionen einschränkten. Massenarbeitslosigkeit war die Folge.

Die Sanierung des Staatsetats war für Brüning jedoch nicht Endzweck, sondern Voraussetzung für das Wiedererlangen wirtschaftlicher und politischer, damit nationaler Stärke des Deutschen Reiches. Die nationalpolitische Vision eines starken und mächtigen Deutschland diente ihm als Legitimation für seine Politik des „Durchhungerns“, des Sparens um jeden Preis, die der Bevölkerung schwerste Entbehrungen zumutete. Durch „nationale“ Erfolge wollte er das rechte Bürgertum beeindrucken und die Nationalsozialisten schwächen. Ein erster wichtiger Schritt war dabei die Beseitigung der Reparationen. Brüning betrachtete seine konsequente Sparpolitik und die durchaus in Kauf genommene **Verschärfung der wirtschaftlichen Lage** als geeignetes Mittel, das Deutsche Reich endgültig von Reparationszahlungen zu befreien. Aus seiner Sicht hatten sie den Mechanismus der Selbstheilungskräfte der Wirtschaft außer Kraft gesetzt. Diese Auffassung fand mit fortschreitender Wirtschaftsdepression auch bei vielen damaligen Unternehmern und Wirtschaftswissenschaftlern Zustimmung.

Die politische Krise und der Aufstieg der Nationalsozialisten

Große Koalition
SPD (Sozialdemokratische Partei Deutschlands)
Zentrum
DVP (Deutsche Volkspartei)
DDP (Deutsche Demokratische Partei)
BVP (Bayerische Volkspartei)

Die politische Krise der Weimarer Republik war bereits 1930 deutlich geworden. Nachdem die **Große Koalition** unter Reichskanzler Müller an der Frage gescheitert war, wie die staatlichen Leistungen an die Millionen von Arbeitslosen finanziert werden sollten, ernannte Reichspräsident Hindenburg die erste **Präsidialregierung** unter Reichskanzler Brüning. Brünings Deflationspolitik verschärfte nicht nur die Wirtschaftskrise, sondern schwächte auch das Vertrauen in die politischen Institutionen (Regierung, Parlament und Parteien) und deren Fähigkeit zur Lösung der ökonomischen und sozialen Probleme. In den Augen vieler Zeitgenossen war es nicht der anonyme Markt, der eine Herabsetzung der Arbeitnehmereinkommen, der Mieten und der Preise bewirkte, sondern der konkret fassbare staatliche Beamte und die vom Wählerwillen abhängigen Regierungen. Indem die Deflationspolitik diese Meinung bestärkte, bereitete sie entscheidend den Boden für eine **politische Radikalisierung**, von der die **Nationalsozialistische Deutsche Arbeiterpartei (NSDAP)** profitierte. Diese nach dem Ersten Weltkrieg gegründete Splitterpartei am rechten Rand des politischen Spektrums stieg während der Weltwirtschaftskrise zu einer Massenbewegung auf. Die Nationalsozialisten fanden zunehmend

Glauben mit ihrer Propaganda, dass das bestehende „Weimarer System" beseitigt werden müsse. Nur ein „starker Mann" an der Spitze des Deutschen Reiches, als der sich ihr „Führer" **Adolf Hitler** präsentierte, sei in der Lage, Deutschland aus der Wirtschaftskrise herauszuführen und den nationalen Wiederaufstieg des Reiches durchzusetzen.

Die konservative Präsidialregierung **Franz von Papens** hatte seit ihrem Amtsantritt (30. Mai/1. Juni 1932) versucht, die Konjunktur mithilfe staatlicher Investitions- und Arbeitsbeschaffungsprogramme und Steuererleichterungen anzukurbeln und dabei bescheidene Erfolge erzielt. Die Nationalsozialisten setzten nach ihrer Machtübernahme 1933 bis 1936 zum Teil diesen Kurs direkter **Arbeitsbeschaffung** und der Förderung privatwirtschaftlicher Investitionstätigkeit durch ein System von Anreizen und Prämien bei gleichzeitiger Kontrolle der Preise und Löhne fort – allerdings mit erheblich größeren Finanzmitteln. Der eigentliche Weg aus der Krise, den das NS-Regime beschritt, war die Vorbereitung ihres imperialistischen Programms der sogenannten „Lebensraumgewinnung" im Osten, das sich nur mit Krieg verwirklichen ließ und in einer weltgeschichtlich einmaligen Vernichtungs- und Ausrottungspolitik mündete. Von Anfang an verknüpfte Hitler Arbeitsbeschaffung mit **Aufrüstung**.

Artikel 48
Nach Artikel 48 der Weimarer Verfassung (Notverordnungsrecht) konnte der Reichspräsident ohne Parlamentsbeschluss Verordnungen mit Gesetzeskraft erlassen und Grundrechte außer Kraft setzen.

Literaturtipp
Adam Tooze, Ökonomie der Zerstörung. Die Geschichte der Wirtschaft im Nationalsozialismus. Aus dem Englischen v. Yvonne Badal, München 2007.

1 Skizzieren Sie den Verlauf der Wirtschaftskrise in Deutschland seit 1928.
2 Beschreiben Sie die Wirtschaftspolitik der deutschen Regierungen in den 1930er-Jahren.
3 Erläutern Sie den Zusammenhang zwischen wirtschaftlicher und politischer Krise in Deutschland.

M2 NS-Aufmarsch zur Verkündung der „Wehrfreiheit" im Berliner Lustgarten, Fotografie, 16. März 1935

Die Wiederaufrüstung Deutschlands gehörte von Anfang an zu einem der zentralen Inhalte nationalsozialistischer Politik. Im März 1935 wurde die Wehrpflicht im Deutschen Reich wieder eingeführt, nachdem der Versailler Vertrag 1919 sie verboten hatte.

Hinweise zur Arbeit mit den Materialien

Dieses Kapitel beschäftigt sich mit Ursachen, Verlauf und Folgen der Großen Depression in Europa während der 1930er-Jahre mit dem Schwerpunkt auf Deutschland.
Die **Vorgeschichte der Weltwirtschaftskrise** mit ihren Verflechtungen beleuchten M 1 und M 3. Die Krisenmerkmale zeigen die Statistiken M 4 bis M 9.
Der Sekundärtext M 10 und die Statistik M 11 beschreiben die **Ursachen und den Verlauf der Großen Depression im Deutschen Reich** nach der Bankenkrise. Wie die deutsche Regierung darauf reagierte, dokumentieren M 12 bis M 15. Im Mittelpunkt steht die **Deflationspolitik Brünings**.
Die **sozialen Folgen der Weltwirtschaftskrise** in Deutschland zeigen M 16 bis M 20, eine zeitgenössische Kontroverse über die Sozialpolitik geben M 21 und M 23 wieder.
Eine politische Folge der Großen Depression in Deutschland war die **Zerstörung der Weimarer Republik**. Die Kontroversen darüber zeigt M 1 auf der **Methodenseite** S. 75 ff. mit Arbeitsschritten für die Analyse von Sekundärtexten.
Der **Aufstieg der Nationalsozialisten**, die 1933 die Macht in Deutschland übernahmen, gehört zu den verhängnisvollsten politischen Folgen der Weltwirtschaftskrise. Mit welchen Mitteln das NS-Regime unter Adolf Hitler in Deutschland die Konjunktur belebte und die Arbeitslosigkeit beseitigte, zeigen M 25 bis M 27 sowie M 1, S. 85. Dieser Text ermöglicht außerdem vertiefte Einsichten in die Herrschaftsstruktur der Nationalsozialisten und eine intensive Auseinandersetzung mit dem Begriff der **„charismatischen Herrschaft"**.
Die Weltwirtschaftskrise hat das **Verhältnis von Staat und Wirtschaft** verändert. Diesen Wandel verdeutlicht abschließend M 28. Der Text regt gleichzeitig zu einer **vergleichenden Betrachtung europäischer Länder** an.
Wie Planwirtschaften mit Wirtschaftskrisen umgehen, lässt sich anschaulich am Beispiel der DDR in den 1970er- und 1980er-Jahren studieren. Die **Vertiefungsseiten** 88 ff. beschäftigen sich mit der **wirtschaftlichen Krise und dem politischen Umbruch in der DDR**.

Strukturprobleme der Weltwirtschaft in den 1920er-Jahren

M 3 Die Historiker Jürgen Osterhammel und Niels P. Petersson (2003)

Nach Kriegsende [des Ersten Weltkrieges] bemühte man sich um die Rekonstruktion der Weltwirtschaft der „Belle Epoque" vor 1914. Doch die multilaterale, arbeitsteilige Interdependenz[1] der Weltwirtschaft war im Krieg so nachhaltig erschüttert worden, dass sie sich nicht einfach wieder in Gang setzen ließ. Mehrere Strukturprobleme standen einer Rekonstruktion im Wege:

(1) Aufgrund der Kriegskosten und Wiederaufbaulasten sowie im deutschen Fall der Reparationsverpflichtungen waren alle kriegführenden Staaten hoch verschuldet. Die USA dagegen waren durch den Krieg nicht nur wichtigster Gläubigerstaat und wichtigster Kapitalexporteur geworden, sondern erzielten auch beim Export von Agrar- und Industrieerzeugnissen Überschüsse, während sie gleichzeitig ihre Märkte durch hohe Zölle abschotteten. Den Schuldnern der USA war es daher anders als den Schuldnern Großbritanniens vor 1914 nicht möglich, durch Exporte in das Gläubigerland Geld zur Rückzahlung ihrer Kredite zu verdienen. Bald war die Weltwirtschaft darauf angewiesen, dass beständig amerikanische Dollars als Kredite ins Ausland flossen. Die Kapitalströme erreichten aber nicht mehr das Niveau von vor 1914.

(2) Auf den Weltmärkten herrschte eine nicht zu überwindende Absatzschwäche, und der Welthandel wuchs deutlich langsamer als die Produktion – eine Umkehrung der Verhältnisse des 19. Jahrhunderts.

In der Schwerindustrie waren während des Krieges Produktionskapazitäten aufgebaut worden, die nun nicht mehr ausgelastet werden konnten. In der Landwirtschaft sorgten die Ausweitung der Anbaufläche, Mechanisierung und der verstärkte Einsatz künstlicher Dünger für eine seit der Mitte der 1920er-Jahre zunehmende Überproduktion; die Weltmarktpreise verfielen daher zusehends.

(3) Während des Krieges hatten die Regierungen der kriegführenden Staaten de facto die Kontrolle über Produktion, Preise und über die Währung übernommen. Der Staat galt nun als direkt verantwortlich für Wohlstand, Wachstum und den Ausgleich der Interessen. Weltwirtschaftliche Krisenerscheinungen waren nicht nur wesentlich zahlreicher geworden, sondern es wurde auch erwartet, dass der Staat etwas dagegen unternahm. Angesichts solcher immer kostspieligeren Verpflichtungen versuchten politische Eliten überall, die Kosten innenpolitischen Interessenausgleichs zu „exportieren". Überall betrieb man eine „nationale" Wirtschaftspolitik.

(4) Als wichtigster Bestandteil und geradezu als Symbol der Weltwirtschaft des 19. Jahrhunderts galt der Goldstandard. Im Krieg war die Goldbindung aufgegeben worden. Bis Mitte der 1920er-Jahre wurden alle wichtigen Währungen wieder an das Gold gekoppelt. Seit jedoch allein die USA über hinreichende Goldreserven verfügten, der Welthandel und damit die Deviseneinnahmen schwach blieben und die innenpolitischen Konsequenzen währungspolitischer Entscheidungen immer wichtiger genommen wurden, wirkte der Goldstandard als Krisenmechanismus, als eine „goldene Fessel".

Dass aus dem New Yorker Börsenkrach vom 25. Oktober 1929 rasch eine Weltwirtschaftskrise von bis dahin unvorstellbarem Ausmaß werden konnte, zeigt, dass die Güter- und Kapitalmärkte weiterhin einen globalen Systemzusammenhang bildeten. Die Mechanismen, welche die Krisenerscheinungen nach und nach in alle Volkswirtschaften übertrugen, waren vielfältig. Die wichtigsten waren die Kreditverknappung durch den scharfen Rückgang der amerikanischen Kapitalexporte, Nachfrageausfälle, ein verschärfter Protektionismus und schließlich die durch den Goldstandard erzwungene Deflationspolitik. Versuche, auf internationaler Ebene eine Lösung für die Krise zu finden, scheiterten.

Jürgen Osterhammel, Niels P. Petersson, Geschichte der Globalisierung. Dimensionen, Prozesse, Epochen, C. H. Beck, München 2003, S. 80–82.

---

1 mulitlaterale Interdependenz: Abhängigkeit mehrerer Seiten voneinander

---

1 Kurzreferat: Informieren Sie sich im Lexikon über den Begriff „Goldstandard" und referieren Sie Ihre Ergebnisse im Unterricht. Gehen Sie dabei auf den Zusammenhang zwischen Goldstandard und Deflation ein.

2 Partnerarbeit:

a) Klären Sie Ihnen unbekannte Begriffe in M 3.

b) Stellen Sie die in M 3 genannten Strukturprobleme der Weltwirtschaft in einem Mind Map dar.

3 Diskutieren Sie die These, der Goldstandard habe als „eine goldene Fessel" gewirkt (Z. 73 ff.).

M4 Arbeitslose und Beschäftigte in der Welt 1929 bis 1938 (in Prozent)

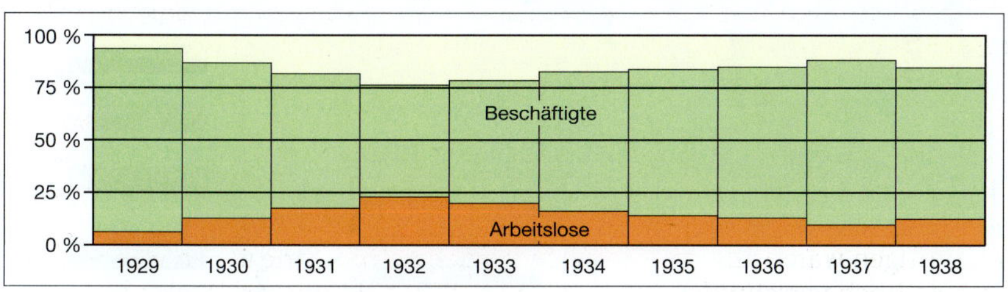

1 a) Untersuchen Sie anhand der Grafik (M 4) die sozialen Folgen der weltweiten Wirtschaftskrise.
b) Erläutern Sie, inwieweit das Verhältnis von Beschäftigten und Arbeitslosen ein wichtiger Indikator für die sozialen Folgen der Weltwirtschaftskrise ist.

M5 Die Entwicklung des Welthandels 1927 bis 1932

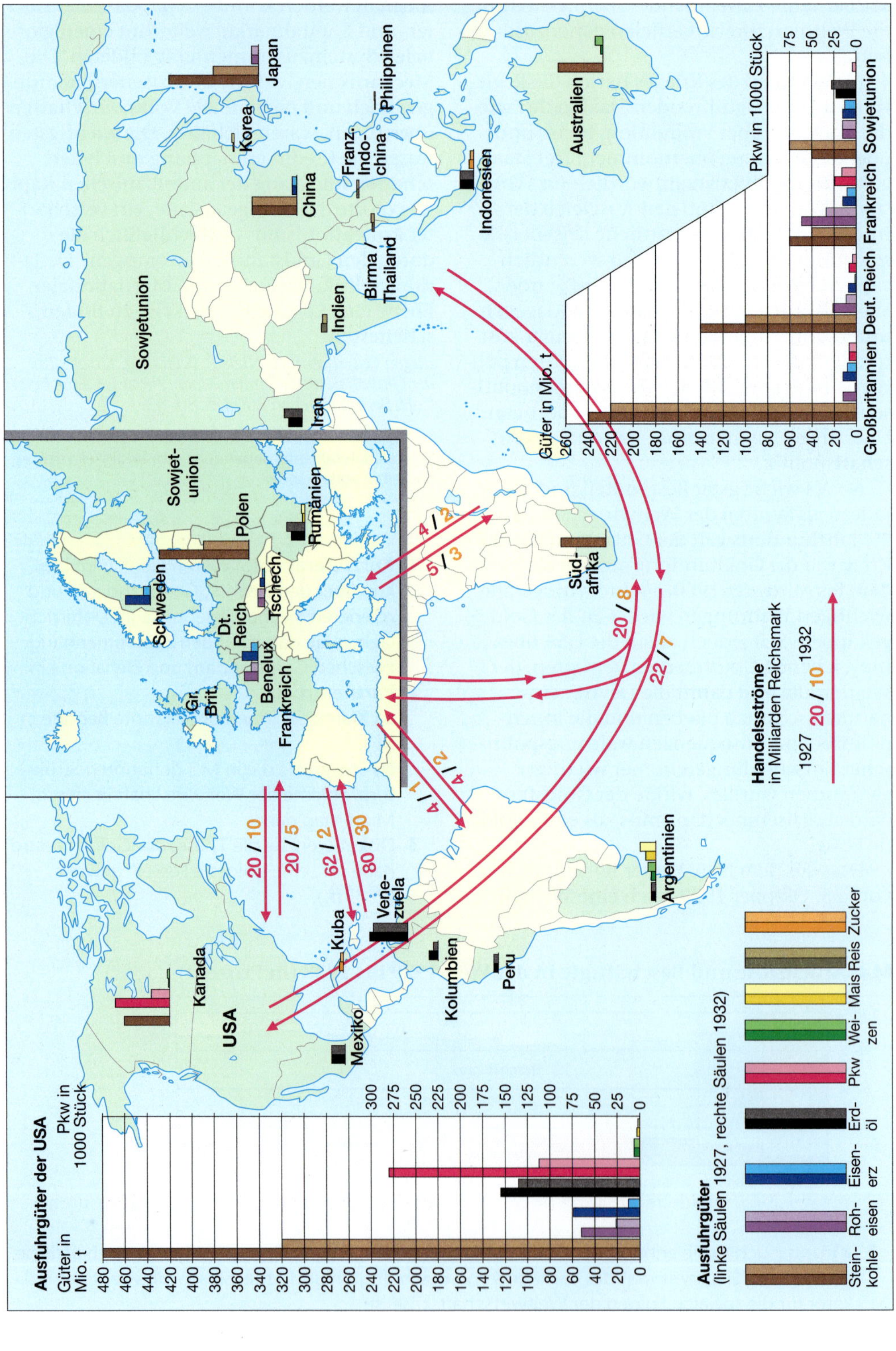

M6 Index der Industrieproduktion (1925–1929 = 100)

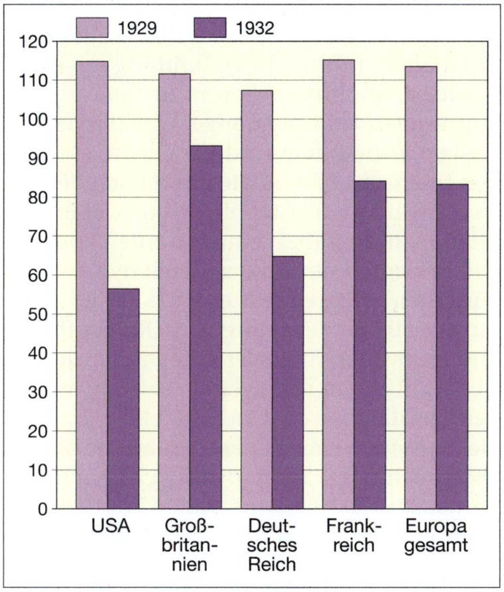

M8 Index der Beschäftigten (1937 = 100)

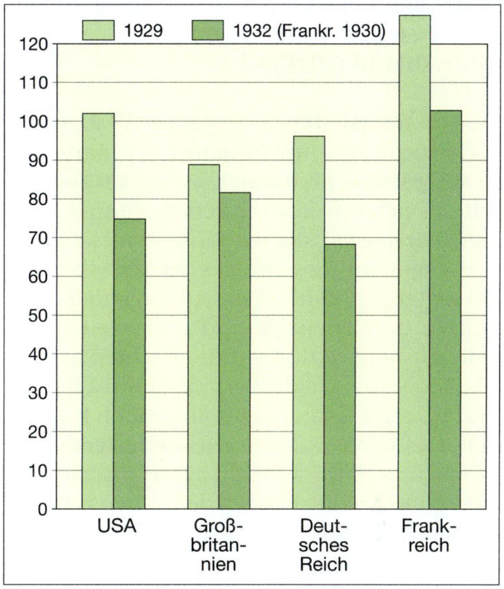

M7 Index des Pro-Kopf-Einkommens (1925–1929 = 100)

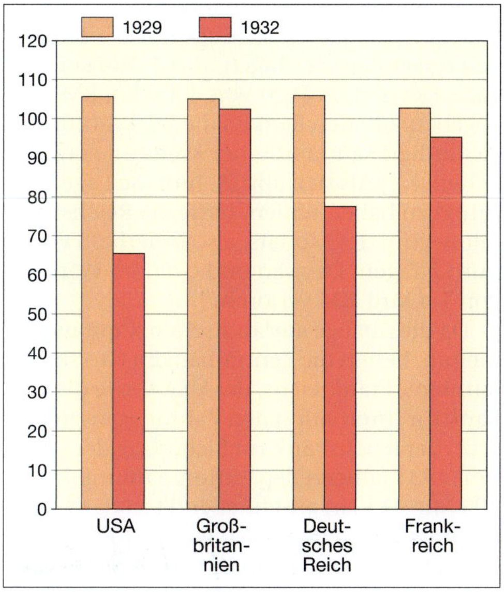

M9 Außenhandel: Importe und Exporte

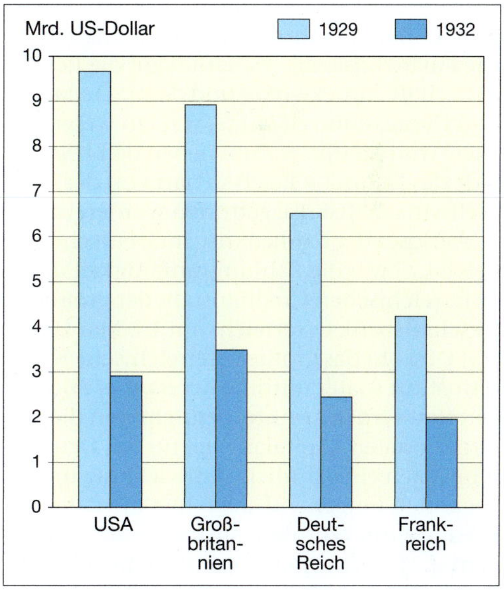

1 Analysieren Sie mithilfe der Karte (M 5) die Entwicklung des Handels Ende der 1920er- und Anfang der 1930er-Jahre.

2 Arbeiten Sie mithilfe der Grafiken M 6 bis M 9 die Auswirkungen der Weltwirtschaftskrise auf die USA und Europa heraus.

Deutschland in der Weltwirtschaftskrise

M 10 Die Historikerin Heike Knortz über Ursachen und Verlauf der Krise in Deutschland (2010)

[Bis] in die erste Hälfte des Jahres 1930, wenn nicht sogar bis zum Frühjahr 1931 [hatte es] so ausgesehen, als handele es sich im Deutschen Reich um eine typische konjunkturelle Abwärtsbewegung der Binnenwirtschaft. [...] Angesichts des Erfolges der NSDAP bei der Reichstagswahl im darauf folgenden September, durch den die [...] Partei zweitstärkste Reichstagsfraktion wurde, erschien den ausländischen Geldgebern die politische Stabilität der Weimarer Republik jedoch fraglich. Deshalb wurden bereits in den ersten Wochen nach dieser Wahl ausländische Einlagen und Kredite bei den deutschen Großbanken gekündigt. [...] Im Ergebnis jedenfalls war die Geldmenge im Deutschen Reich bereits zwischen Sommer 1930 und Juni 1931 um 17 % geschrumpft. [...]

Es war schließlich die deutsche Bankenkrise, die [...] sich zur internationalen Finanzkrise entwickelte und den Zerfall des internationalen Währungssystems einleitete. Die Finanzkrise, die wiederum auf die Realwirtschaft zurückwirkte und damit Deflation und Depression verstärkte, war ein wesentlicher Grund dafür, warum neben den USA gerade das Deutsche Reich so hart von der Weltwirtschaftskrise getroffen worden ist.

Auslöser der Bankenkrise im Deutschen Reich [...] war die Zahlungsunfähigkeit der Österreichischen Creditanstalt, der größten Geschäftsbank Österreichs am 13. Mai 1931. [...] Obwohl das größte österreichische Kreditinstitut später mithilfe der *Bank of England* gerettet werden konnte, befürchteten die internationalen Kapitalanleger für das Deutsche Reich eine ähnliche Entwicklung und begannen umgehend, auch hier die fälligen Kredite zurückzurufen, anstatt sie zu verlängern. [...] Nach einem Verlust fremder Gelder in Höhe von 870 Mio. RM im Jahr 1930 verloren die deutschen Großbanken so alleine in der ersten Juni-Hälfte für 1,4 Mrd. RM Gold und Devisen. [...] Als die Banken dann Mitte 1931 zum Schutz ihrer Liquidität den Geldmarktzins erhöhten und ihre Kreditvergabe reduzierten, gerieten – zur schnellen Kreditrückzahlung gezwungen – selbst als stabil zu bezeichnende Firmen in Schwierigkeiten.

Die Versuche der Banken, ihre Liquidität zu erhalten, führten in Verbindung mit der Reichsbankpolitik wiederum zu einer schrumpfenden Geldmenge. Weil die Großbanken insbesondere industrielle Investitionen finanziert hatten, die mit fortschreitender Krise unausgelastet blieben und damit nicht mehr rentabel genutzt werden konnten, beklagten sie ferner generell nicht pünktlich getilgte Kredite. Auch hatten sie industrielle Betriebsmittel, also Rohstoffe und Halbwaren finanziert, die infolge der Deflation einem massiven Preisverfall anheimgefallen waren. Und schließlich hatten die deutschen Großbanken genau wie die Österreichische Creditanstalt in Zeiten guter Konjunktur Aktien- und andere Wertpapierkäufe getätigt, deren Kurse zwischenzeitlich erheblich an Wert verloren hatten. [...]

Der Abzug ausländischer Gelder beschleunigte sich mit der Krise der Realwirtschaft. [...] Die Regierungserklärung Brünings vom 5. Juni 1931, in der der Reichskanzler scharf gegen weitere Reparationszahlungen polemisierte, verschärfte die Lage noch: allein in den folgenden vier Tagen musste die Reichsbank Devisen im Wert von 400 Mio. RM abgeben, um den Banken die Rückzahlung gekündigter ausländischer Kredite zu ermöglichen. [...] Als sich am 18. Juni die Lage beruhigt zu haben schien, hatte die Reichsbank seit Beginn des Monats, also innerhalb von nur 17 Tagen, Devisen und Gold im Wert von 1,4 Mrd. RM verloren. [...]

Da die Abzüge ausländischen Kapitals anhielten, liehen die Zentralbanken Großbritanniens, Frankreichs, der USA sowie die Bank für Internationalen Zahlungsausgleich (BIZ) der Reichsbank zur Sicherung der Ende Juni 1931 fälligen Reparationszahlung 100 Mio. Dollar; anschließend trat das vom US-amerikanischen Präsidenten Hoover verkündete Moratorium in Kraft, das die Reparationszahlungen bis 30. Juni 1932 aussetzte. Diese an sich wünschenswerte internationale Hilfsaktion zur Stabilisierung des deutschen Banken- und internationalen Finanzsystems schürte jetzt aber das Misstrauen der inländischen Sparer, die nunmehr ihrerseits ihre Bank- und Sparkasseneinlagen zu kündigen begannen. Weil viele Kommunen ihre Kredite nicht mehr bedienen konnten, gerieten Anfang Juli 1931 auch die besonders für das regionale Finanzgeschäft zuständigen Sparkassen samt deren Zentralinstituten, den Girozentralen, in Bedrängnis. [...]

Als die alte und angesehene Danat-Bank am Montag, den 13. Juli 1931 ihre Auszahlungen einstellte, setzte ein panikartiger Ansturm auf alle Banken und Sparkassen des Reiches ein. Schätzungen zufolge wurde etwa 1 Mrd. Reichsmark, ein Fünftel der umlaufenden Geldmenge, dem Kreislauf entzogen, indem das Geld unter Matratzen verschwand oder anderweitig gehortet wurde. Nach nur wenigen Stunden konnten die Berliner Banken nur noch 20% der verlangten Beträge auszahlen, die Sparkassen zahlten schließlich nur noch bis zu 100 RM aus. Viele von ihnen hätten selbst bald die Schalter schließen müssen. Doch dazu kam es nicht mehr, weil die Reichsregierung kurzerhand den folgenden 14. und 15. Juli zu Bankfeiertagen erklärte, an denen alle Kreditinstitute geschlossen blieben. [...] Um eine zu starke Entwertung der Aktien und Kurseinbrüche bei den Staatspapieren zu verhindern, wurden auch die Börsen sofort ausgesetzt. Nach der staatlich angeordneten Zwangspause blieben die Abhebungen bei Banken und Sparkassen zunächst auf dringende Fälle, wie etwa Lohnzahlungen, beschränkt [...]. Mit Beschränkungen für Auslandsreisen sollte zudem verhindert werden, dass beispielsweise deutsche Kurgäste auf ihren Reisen in schweizerische Sanatorien Koffer voller Geld mitnahmen und dieses damit dem Geldkreislauf, aber auch der Besteuerung durch das Reich entzogen.

Die Banken mussten ihre Kreditvergabe infolge der erlittenen Verluste an Eigen- und Fremdkapital von nun an erheblich einschränken, und auch die meisten der bis dahin abgehobenen Gelder standen dem Kreditsektor nicht mehr als Investitionsmittel zur Verfügung, weil sie entweder im Sparstrumpf gehortet wurden oder sogar in das Ausland transferiert worden waren. Der fast zum Stillstand gekommene Zahlungsverkehr und die daraus folgende Bargeldnot mit steigenden Zinsen ließen wiederum allgemein die Preise nachgeben: so belief sich der Preissturz bei Getreide infolge der jetzt sehr geringen Nachfrage auf 30%. Die Finanzkrise sollte so den Konjunkturabschwung der Realwirtschaft noch einmal beschleunigen. [...]

Noch in der Krise ist schließlich auch mit einer umfassenden Reformierung des Finanzsystems begonnen worden. [...] Mit der Novelle des Aktienrechts also, mit der zugleich eine staatliche Bankenaufsicht eingeführt wurde, sollten künftig Spekulationen der Banken mit eigenen Aktien unterbunden werden, was zu den immensen finanziellen Schwierigkeiten der Banken in der Krise beigetragen hatte. [...]

Ohne Hilfe des Reiches hätten die Banken ihre Verluste nicht schultern können [...].

[Das Deutsche Reich] hielt [...] fortgesetzt an seiner Goldparität[1] fest. Die Reichsmark ist dadurch gegenüber anderen Währungen stark [...] aufgewertet worden. [...] Durch die Beibehaltung der Goldparität aber standen Deutschlands Exporteure auf dem Weltmarkt Konkurrenten gegenüber, die ihre Produkte ausschließlich aufgrund der abgewerteten heimischen Währungen wesentlich billiger anbieten konnten. Die Abwertungsspirale [...] schlug so mit ganzer Wucht auf die bis dahin noch einigermaßen ertragreiche deutsche Exportwirtschaft durch. [...]

Durch die unzureichende Kreditversorgung hatte der Staat seit Ende 1931 auch damit begonnen, sich an der Rettung von Industrieunternehmen zu beteiligen. So übernahm das Reich Bürgschaften für hohe Kredite der beiden größten deutschen Reedereien Hapag und Norddeutscher Lloyd oder half mit direkten Finanzhilfen bei der Sanierung beispielsweise der Suhler Waffenfabriken in Zella-Mehlis, des Röchling- und Borsig-Konzerns oder der Oberschlesischen Hütten AG.

Heike Knortz, Wirtschaftsgeschichte der Weimarer Republik. Eine Einführung in Ökonomie und Gesellschaft der ersten Deutschen Republik, Vandenhoeck & Ruprecht, UTB, Göttingen 2010, S. 219–232.

1 Goldparität: festgelegter Wert einer Währungseinheit gegenüber dem Goldpreis

1 Entwerfen Sie anhand von M 10 einen Zeitstrahl mit den wichtigsten Entwicklungen und Ereignissen der Bankenkrise 1931.

2 Geben Sie wieder, welche Faktoren die Autorin als krisenverschärfend benennt.

M11 Produktion und Preise im Deutschen Reich während der Weltwirtschaftskrise (1928 = 100)

	1929	1930	1931	1932	1933	1934
Produktion						
Investitionsgüter	103	84	54	35	45	75
Rohstoffe und Halbfabrikate	103	86	61	46	54	77
Konsumgüter (des täglichen Bedarfs)	101	101	95	85	88	98
Luxusgüter	97	91	87	74	80	90
Preise						
Rohstoffe und Halbfabrikate	101	101	96	86	83	83
Konsumgüter	98	91	80	67	64	67

Heike Knortz, Wirtschaftsgeschichte der Weimarer Republik. Eine Einführung in Ökonomie und Gesellschaft der ersten Deutschen Republik, Vandenhoeck & Ruprecht, UTB, Göttingen 2010, S. 218.

M12 Aus der Erklärung des deutschen Reichskanzlers Heinrich Brüning (1885 bis 1970) vom 16. Oktober 1930

Die Grundlinien des Reformplanes der Reichsregierung sind ein vollkommen ausgeglichener Haushaltsplan für 1931, Selbstständigmachen der Arbeitslosenversicherung, Sparsamkeit auf allen Gebieten, auch an den Gehältern, Vereinfachung des behördlichen Apparates, insbesondere auf dem Gebiete der Steuerverwaltung, eine Steuerpolitik, die den Produktionsprozess nicht unerträglich belastet, vielmehr die Kapitalbildung, namentlich auch bei den kleinen Sparern, fördert und schließlich die Vorbereitung eines endgültigen Finanzausgleichs zwischen Reich, Ländern und Gemeinden. Dieser endgültige Finanzausgleich soll Ländern und Gemeinden die Verantwortung, die sie im Wesentlichen nur für die Ausgaben haben, auch für die Einnahmen wiedergeben.

Die Gehalts- und Preispolitik der Reichsregierung verfolgt, was ich mit Nachdruck betonen möchte, in ihrem auf längere Sicht eingestellten Plan keine dauernde Senkung des Reallohns; sie will vielmehr das sachlich vielfach nicht gerechtfertigte und daher unhaltbare deutsche Preisgebäude unter allen Umständen ins Wanken bringen. Dieses Ziel ist nicht zu erreichen, ohne dass auch nur eine gewisse Beweglichkeit in die Gehälter und Löhne gebracht wird, die in Deutschland zu etwa 75 Prozent, sei es durch Gesetz, sei es durch Tarifverträge, gebunden sind. Die Aufgabe, die deutschen Preise der Weltpreislage anzugleichen, ist für unsere wirtschaftliche Gesundung so wichtig und dringend, dass sie selbst dann durchgeführt werden muss, wenn alle Schichten des deutschen Volkes unbequeme Opfer tragen müssen.

Bei solchen Maßnahmen bedarf die Reichsregierung vor allem auch der tatkräftigen Mithilfe der Beamtenschaft. […] Bei der besonderen Schicksalsverbundenheit zwischen Beamten und Staat ist es nicht zu vermeiden, dass auch die Beamtenschaft materielle Opfer bringt. Die Beamtenschaft wird und muss es verstehen, dass sie nicht unberührt bleiben kann, wenn es gilt, die Sanierung der Finanzen der gesamten öffentlichen Hand in die Wege zu leiten. […] Die Reichsregierung nimmt für sich in Anspruch, dass sie sich in sozialer Gesinnung von keiner ihrer Vorgängerinnen übertreffen lässt. Aber Sozialpolitik um ihrer selbst willen ist kein Gebilde im luftleeren Raum […]. Eine blutleere deutsche Wirtschaft und ein zusammengebrochener Staatshaushalt wären nicht mehr in der Lage, die Durchführung noch so schöner sozialpolitischer Gesetze weiterhin zu gewährleisten. […]

Höchstes Ziel jeder deutschen Innen- und Außenpolitik ist die Erringung der nationalen Freiheit sowie der moralischen und materiellen Gleichberechtigung Deutschlands.

Zit. nach: Ursachen und Folgen. Vom deutschen Zusammenbruch 1918 und 1945 bis zur staatlichen Neuordnung Deutschlands in der Gegenwart. Eine Dokumentensammlung zur Zeitgeschichte, Bd. 8, Berlin o. J., S. 107 ff.

M 13 Reichskanzler Heinrich Brüning über seine Wirtschaftspolitik am 5. November 1931

Ich werde mich bis zum Letzten dagegen wehren, irgendeine inflatorische Maßnahme irgendeiner Art zu treffen, und zwar nicht nur aus Gerechtigkeit, nicht nur zum Schutze der Schwachen, sondern weil ich der Ansicht bin, dass die ehrliche Bilanz in der deutschen Wirtschaft trotz aller Bitternisse wiederhergestellt werden muss und dass jeder Versuch und jedes Verlangen nach inflatorischen Maßnahmen letzten Endes nur noch den Zweck haben kann, diesen Prozess der klaren Bilanz der gesamten deutschen Wirtschaft zuschanden zu machen und wiederum einen Schleier über die Fehler der Vergangenheit zu ziehen.

Erfolge in der Außenpolitik sind umso eher zu erreichen, wenn wir die Bilanz der deutschen Finanzen und der deutschen Wirtschaft klar und ehrlich jedermann in der Welt zur Einsicht vorlegen. Das ist die stärkste und durchschlagendste Waffe, die die Reichsregierung haben konnte, und diese Waffe zu schmieden war die Aufgabe des ersten Jahres der Tätigkeit dieser Reichsregierung.

Das hat dazu geführt, dass die Frage der Reparationen durch die Öffentlichkeit in der ganzen Welt ohne Ausnahme völlig anders beurteilt wird als in früheren Jahren. So muss es auch nach innen sein.

Viele soziale und berufliche Spannungen würden nicht die Schärfe angenommen haben, auch der politische Radikalismus würde nicht so hoch gekommen sein, wenn man früher gewisse Heilprozesse betrieben und in der Privatwirtschaft wie in der öffentlichen Wirtschaft das Messer des Chirurgen rechtzeitiger und radikaler angesetzt hätte.

Zit. nach Wolfgang Michalka/Gottfried Niedhart (Hg.), Die ungeliebte Republik. Dokumente zur Innen- und Außenpolitik Weimars 1918–1933, dtv, München 1980, S. 307 f.

1 Analysieren Sie M 12 und M 13 unter folgenden Gesichtspunkten:
a) Ursachen der Krise
b) Maßnahmen zur Krisenbekämpfung
c) politische Begründungen
Beachten Sie den historischen Kontext.

M 14 Die Historikerin Heike Knortz über den Begriff und die Entstehung einer Deflation (2010)

Eine Deflation ist das Gegenteil einer Inflation, also das über einen längeren Zeitraum zu beobachtende Sinken des Preisniveaus. Im Falle einer Deflation sinken nicht die Preise einzelner Güter, vielmehr sinken die Preise im Durchschnitt und über eine längere Zeit hinweg spürbar. Das ist insofern gesamtwirtschaftlich problematisch, als der Wert laufender Kredite im Vergleich zu den damit angeschafften Sachwerten – und damit die Gefahr der Überschuldung eines Kreditnehmers – steigt, und die Unternehmen deshalb immer weniger zu investieren bereit sind. [...]

Die originäre Ursache einer Deflation ist in einer hinter der Wachstumsrate der Produktion zurückbleibenden Geldmengenexpansion, gleichsam in einer Verminderung der Geldmenge zu sehen [...]. Dabei kann die Geldmenge durch eine restriktive Geldpolitik, beispielsweise über die Erhöhung des Leitzinssatzes[1], schrumpfen. In die gleiche Richtung wirkt eine sinkende Umlaufgeschwindigkeit des Geldes, wenn also mit Geld keine Nachfrage realisiert, sondern gehortet wird.

Das Abweichen vom monetären Gleichgewicht ist bei einer Deflation jedoch zugleich mit einer Abweichung vom gesamtwirtschaftlichen Gütergleichgewicht verbunden. Weil die Auslastung des Produktionspotenzials anhaltend unter dem der Vollbeschäftigungssituation liegt, ist die Deflation schließlich auch durch eine Abnahme der Beschäftigung gekennzeichnet. Der Beschäftigungsrückgang ist also Folge einer ungenügenden Gesamtnachfrage, wobei sich der Absatzmangel zu Beginn einer deflatorischen Situation im Schrumpfen der Auftragsbestände, der Verkürzung der Lieferfristen und einer zunehmenden, unfreiwilligen Lagerbildung ausdrücken kann. [...]

Deflationäre Tendenzen können durch unterschiedliche, vom Wirtschaftsgeschehen selbst hervorgerufene Impulse ausgelöst werden. So gehen etwa vom Arbeitskräfte substituierenden technischen Fortschritt und den damit verbundenen Produktivitätszuwächsen grundsätzlich deflationäre Impulse aus, wenn beispielsweise die Kostensenkungen in Preisnachlässen weitergegeben werden. […]

Vor allem aber kann eine die Geldmenge drastisch begrenzende Geld- und Kreditpolitik zu deflatorischen Tendenzen führen. In einem solchen Fall ist die Finanzierung wirtschaftlicher Transaktionen, die für einen höheren Beschäftigungsgrad erforderlich wäre, nicht möglich, was sich wiederum auf Preise und Beschäftigung auswirkt. Auch die Haushaltspolitik der öffentlichen Hand kann deflatorisch wirken oder die Krise in ihrer deflatorischen Entwicklung sogar noch verstärken, wenn der Staat in einer Rezession oder gar Depression seine Ausgaben reduziert. Neben der privaten kommt es dadurch auch noch zu einem Ausfall staatlicher Nachfrage, was neben der Nachfragelücke die Beschäftigungs- und Preisrückgänge vergrößert. Ebenso können Handelsrestriktionen wichtiger Handelsnationen deflatorische Impulse auslösen, wenn die dadurch wegbrechenden (globalen) Absatzmärkte im Inland in einem Überangebot mit anschließend sinkenden Preisen und rückläufiger Beschäftigung münden.

Schließlich besteht die Möglichkeit einer Deflation auch im Falle einer nicht funktionstüchtigen internationalen Währungsordnung. Deflatorische Wirkungen können beispielsweise bei festen Wechselkursen dann entstehen, wenn ein Land an einem überhöhten Wechselkurs dauerhaft festhält. Weil bei freiem Handels- und Kapitalverkehr schließlich der festgesetzte Wechselkurs nicht mehr dem freien Spiel der marktwirtschaftlichen Kräfte entspricht, verteuern sich Exporte, während Importe günstiger werden.

Heike Knortz, Wirtschaftsgeschichte der Weimarer Republik. Eine Einführung in Ökonomie und Gesellschaft der ersten Deutschen Republik, Vandenhoeck & Ruprecht, UTB, Göttingen 2010, S. 215–217.

---

1 Leitzinssatz: Zinssatz der Zentralbank für Geschäftsbanken; der Leitzins ist ein Instrument der Geldpolitik, der das allgemeine Zinsniveau beeinflusst.
2 monetär: geldlich, die Finanzen betreffend

---

1 Stellen Sie mithilfe des Textes (M 14) die wichtigsten Merkmale und Ursachen der Deflation zusammen.

2 Erörtern Sie, ausgehend von dieser Definition, ob die Politik Brünings als Deflationspolitik bezeichnet werden kann. Berücksichtigen Sie die Materialien M 12 und M 13 sowie die Statistiken M 1 und M 2 auf der Methodenseite S. 17 sowie den Darstellungstext, S. 56 ff.

M 15 „Preisabbau“, Karikatur aus der kommunistischen Zeitschrift „Eulenspiegel“, Dezember 1930.

Der Karikaturist war der kommunistische Zeichner Alfred Beier-Red (geb. 1902). Bildunterschrift: „Brüning: Sehen Sie nur immer gut nach oben; dann wird es Ihnen schon leichter werden.“ Auf dem Messer rechts steht: „Lohnabbau“. Auf den beiden Luftballons links steht: „Preisabbau“.

1 Interpretieren Sie die Karikatur:

a) Identifizieren Sie die Personen. Informieren Sie sich dazu über die Machtverhältnisse während der Regierungszeit Brünings (Lexikon).

b) Arbeiten Sie die zentrale Aussage der Karikatur heraus. Gegen wen oder welche Politik richtet sich die Kritik?

c) Nehmen Sie Stellung zur Kernaussage der Karikatur.

M16 Aus den 1936 erschienenen Memoiren des früheren SPD-Reichstagsabgeordneten und Leiters des „Vorwärts", Friedrich Stampfer

Es gab in Deutschland keine Klasse und keinen Stand, die nicht von der Krise in Mitleidenschaft gezogen waren.

Die Kapitalisten hatten ungeheure Verluste und sie zitterten vor weiteren wirtschaftlichen oder politischen Ereignissen, die sie vor das Nichts stellen würden. Die Großgrundbesitzer waren in Bedrängnis und schrien nach Staatshilfe. Die mittleren und kleinen Landwirte waren bis über die Ohren verschuldet und wussten nicht mehr aus und ein. Die kleinen Ladenbesitzer, müßig hinter dem Verkaufstisch stehend, bildeten einen statistisch nicht erfassbaren und sozial vernachlässigten Teil der ungeheuren Arbeitslosenarmee. Die Beamten mussten eine Gehaltsreduktion nach der anderen über sich ergehen lassen. Die Masse der tätigen Arbeiterschaft sah von ihren sozialen Errungenschaften, die sie sich bei Konjunktur mithilfe ihres politischen Einflusses erkämpft hatte, ein Stück nach dem anderen dahinschwinden.

Hinter all dem stand die ungeheure Armee der Arbeitslosen, deren Unterstützung immer geringer und immer unsicherer wurde. Es war ein hoffnungsloses Absinken in drei Etappen: von der Arbeitslosenversicherung, die auf erworbenen Ansprüchen beruhte, in die öffentlich subventionierte Krisenfürsorge, von da in die gemeindliche Wohlfahrtsfürsorge und schließlich in das Nichts.

Hatten in guten Zeiten alle erwachsenen Mitglieder einer Arbeiterfamilie verdient und es zu einem respektablen Gesamteinkommen gebracht, so war jetzt der Fall nicht mehr selten, dass neben einem erwerbslosen Vater die Söhne und Töchter in eine anscheinend lebenslängliche Arbeitslosigkeit hineinwuchsen. Millionen junger Menschen sahen keine Möglichkeit mehr vor sich, in geordnete Erwerbsverhältnisse zu kommen und einen eigenen Hausstand aufzubauen.

Walter Steitz (Hg.), Quellen zur deutschen Wirtschafts- und Sozialgeschichte vom Ersten Weltkrieg bis zum Ende der Weimarer Republik, Wissenschaftliche Buchgesellschaft, Darmstadt 1993, S. 528.

M17 Bericht über die Haushaltsrechnung einer Arbeitslosenfamilie (1932)

Als wir zu Maxens Behausung kamen, blieb er stehen und zeigte uns, wo sie an dem Tag, an dem die Schießerei begann, der Polizei zum Trotz eine große rote Fahne herausgesteckt hatten. Aus seiner sauber gefegten und nett gehaltenen Küche schob seine Frau das Wägelchen mit dem jüngsten Familienmitglied in den Flur hinaus und bemühte sich, uns zu erklären, wie sie es zu Wege brachte, ihren Mann, fünf Kinder – ein vier Monate altes, ein vier-, ein sechs-, ein neun- und ein elfjähriges – und sich selbst von der Arbeitslosenunterstützung ihres Mannes von 15 RM 85 Pf in der Woche, zu erhalten. Während des Sprechens kochte sie in einem Topf ein Getränk, das Kaffee sein sollte.

„Zuallererst, bevor ich ans Essen denke, muss ich 85 Pfennig vorne wegnehmen, die Max in der Woche für Tabak kriegt. Für die Miete müssen wir 3 Mark wöchentlich zahlen; Gas 70 Pfennig; 50 Pfennig in der Woche Ratenzahlung für den Sweater von Max und 30 Pfennig in der Woche Handtuchmiete; 1 Mark 30 für Zeitungen und 1 Mark Parteibeitrag. Das macht 6 Mark 80, übrig bleiben 8 Mark 20, und davon müssen sieben Menschen essen."

„Aber warum", rief ich aus, „warum denn 1 Mark 30, fast 10 Prozent von Ihrem Einkommen, für Zeitungen?"

„Wir haben die ‚Rote Fahne', die ‚Rote Post' und die ‚Arbeiter-Illustrierte'. Als gute Kommunisten müssen wir die Parteiorgane lesen."

Das schien mir schon an sich höchst bemerkenswert zu sein. Noch bemerkenswerter aber war die absolute Selbstverständlichkeit, mit der sie davon sprach, dass 2 Mark 30 von 15 Mark 85, also 15 Prozent des Einkommens, an die Partei gingen.

„Und wie kaufen Sie von 8 Mark 20 in der Woche Essen für sieben Menschen?"

„Brot und Kartoffeln", antwortete sie. „Zum größten Teil Brot. An dem Tag, an dem wir das Geld kriegen, kaufen wir uns Wurst. Einmal in der Woche will doch der Mensch ein bisschen Fleisch haben. Dafür hungern wir aber die beiden letzten Tage von der Woche. Das heißt – vor allem hungert Max."

Es ist sehr wichtig, darauf hinzuweisen,

M 18 **Arbeitslose durchsuchen Abfälle vor einer Berliner Markthalle, Fotografie, um 1930**

dass Maxens Unterstützung, die rund 63 RM im Monat beträgt, weil er fünf Kinder hat, erheblich über dem Durchschnitt liegt. Nach den Angaben des Arbeitsamtes in Neukölln beträgt der Reichsdurchschnitt der Unterstützung, die ein beschäftigungsloser Arbeiter mit Frau und Kind bezieht, 51 RM im Monat.

Werner Abelshauser, Anselm Faust, Dietmar Petzina (Hg.), Deutsche Sozialgeschichte 1914–1945. Ein historisches Lesebuch, C.H.Beck, München 1985, S. 334 f.

M 19 Der Publizist Siegried Kracauer schildert in der „Frankfurter Zeitung“ den Besuch in einer Berliner Wärmehalle (18. Januar 1931)

In der Ackerstraße liegt die große Wärmehalle des Wohlfahrtsamts Mitte, die jedermann ohne Ausweis betreten kann. […]

Wo einst die Wagen geputzt wurden, wimmelt es jetzt von Menschen, die schon lange nicht mehr geblinkt haben. Trübe und Armut sind bis auf Weiteres Geschwister. Wie viele Leute sich hier täglich versammeln? „Ungefähr 1 800 bis 2 500“, bedeutet mir der Hallenleiter, ein wohlmeinender Mann, der sein Stammpublikum kennt und mit den Besuchern anscheinend auf gute Art fertig wird. Sie stehen – junge Burschen, Männer und Greise – in Gruppen zusammen, sitzen wie in den Arbeitsnachweisen auf Wartesaalbänken und genießen die Wärme, die eine Voraussetzung nackten Lebens ist, als besondere Wohltat. […]

Ausgesteuerte[1] und Leute, die in der Wohlfahrt sind, bilden das Gros. Auch Doktoren seien unter ihnen zu finden, betont der Leiter nicht ohne einen Anflug von Trauer und Stolz. […]

„Wie leben diese Leute?“, erkundige ich mich beim Leiter. „Viele von ihnen“, erwidert er, „verbringen hier die Zeit zwischen 7 und 3; so lange ist die Halle täglich, auch sonntags, geöffnet. Um 5 Uhr suchen sie das Asyl auf, wo sie schlafen können und verköstigt werden. Das Asyl schließt um 6 Uhr in der Frühe und dann kommen sie wieder zu uns."

Nach einer Pause: „Arbeit zu finden ist schwer. Und wenn sie gefunden wäre, müssten die Leute erst noch eine Zeit lang unterstützt werden, um sich wieder an ein menschenwürdiges Dasein zu gewöhnen."

Geboten wird den Besuchern ein halber Liter Kaffee für 5 Pfennige und vier Brötchen zu 10 Pfennigen. Eine Kostprobe überzeugt mich davon, dass der Kaffee anständig schmeckt. Die mehr geistigen Ansprüche werden durch einen Radioapparat und eine Bibliothek zu befriedigen gesucht. [...]

Am meisten Gewicht haben die pensionierten Zeitschriftenbände von „Nord und Süd" und der „Gartenlaube" aus den Achtzigerjahren. Die Unterhaltung, die sie liefern, ist den Interessen der Gegenwart nicht minder entrückt wie die Halle selber und ihre Besucher.

Werner Abelshauser, Anselm Faust, Dietmar Petzina (Hg.), Deutsche Sozialgeschichte 1914–1945. Ein historisches Lesebuch, C.H. Beck, München 1985, S. 343 f. (© Suhrkamp Verlag, Frankfurt/M.)

1 Ausgesteuerte: Arbeitslose, die aus dem Leistungsbezug ausgeschieden sind

M 20 Arbeitslose in Hamburg vor der Auszahlungsstelle für Unterstützungsgelder, Fotografie, 12. Dezember 1930

1 Erörtern Sie die Auswirkungen der Weltwirtschaftskrise auf verschiedene Bevölkerungsgruppen (M 16 bis M 20).
2 Wählen Sie die Perspektive eines Arbeitslosen während der Großen Depression der 1930er-Jahre (M 16 bis M 20) und schreiben Sie einen Leserbrief an eine Zeitung.
3 Vergleichen Sie die Lage der Arbeitslosen in den 1930er-Jahren mit der von Arbeitslosen in der heutigen Bundesrepublik Deutschland. Wo sehen Sie Gemeinsamkeiten, wo Unterschiede? Informieren Sie sich ggf. bei einer örtlichen Arbeitsloseninitiative bzw. bei den Gewerkschaften oder Wohlfahrtsverbänden.

Geschichte kontrovers: Wie muss die deutsche Regierung die Arbeitslosigkeit bekämpfen?

M21 Aus einem Schreiben des Reichsverbands der Deutschen Industrie an Reichskanzler Brüning (4. Mai 1931)

Nur auf der Grundlage eines weit gehenden Vertrauens in eine verantwortliche Regierung, die willens ist, auch unpopuläre Maßnahmen zu ergreifen, wenn sie von ihrer Notwendigkeit überzeugt ist, kann der Weg aus der Krisis gefunden werden.

Nur eine Regierung, die auch im Ausland Vertrauen und Anerkennung genießt, wird in der Lage sein, das anlagesuchende ausländische Geld und Kapital nach Deutschland wieder heranzuziehen, die Kapitalflucht zu hindern und darüber das nach dem Ausland geflossene deutsche Geld wieder zurückzuführen.

Die seit Herbst vorigen Jahres unternommenen positiven Schritte haben offensichtlich auch dazu geführt, dass sich die Zahl der Zweifler verringert hat. Es darf aber nicht übersehen werden, dass auf der anderen Seite weite Kreise der deutschen Wirtschaft in ihrer Einstellung zu den Maßnahmen der Regierung wieder wankend geworden sind. Die Erklärung hierfür liegt vor allen Dingen darin, dass sich die Wirtschaftslage weiter verschärft hat und dass die Senkung der Gestehungskosten bisher noch nicht in dem Ausmaß und in dem Tempo durchgeführt worden ist, wie es die Wirtschaftslage erfordert hätte. Diese Feststellung bezieht sich nicht nur auf das Ausmaß und die Höhe der bisher erfolgten Lohnsenkungen, sondern auch auf das große Gebiet der öffentlichen Finanzen einschließlich der öffentlichen Betriebe und auf das Gesamtgebiet der Sozialversicherung und der Arbeitslosenversicherung. Tatsächlich sind die bisher durchgeführten Maßnahmen noch sehr unzureichend. […]

Die deutsche Sozialpolitik muss endlich den seit Jahren von ihr eingehaltenen verhängnisvollen Weg der fortgesetzten Erhöhung der Einnahmen und der Leistungen der Sozialversicherungsträger aufgeben und das Ziel verfolgen, die Ausgaben ohne Zuschüsse aus dem Reichsetat zu decken. Das kann aber nur durch eine Senkung der jetzt weit überhöhten Leistungen geschehen. […]

Wir halten, wie wir es oben ausgesprochen haben, die bisher durchgeführten Lohnsenkungen in ihren Auswirkungen noch nicht für zureichend. Die Selbstkosten müssen von der Lohnseite eine weitere Entlastung erfahren. Nur auf diesem Wege kann auf die Dauer eine Verringerung der Arbeitslosigkeit […] erzielt werden.

Jens Flemming u. a. (Hg.), Die Republik von Weimar. Band 2: Das sozialökonomische System, Athenäum/Droste, Düsseldorf 1979, S. 325–327.

M22 Arbeitslose in Hamburg, Fotografie, 1931.

In einer billigen Unterkunft schlafen Arbeitslose für wenige Pfennige „an der Leine", d. h. nur auf ein Seil gestützt.

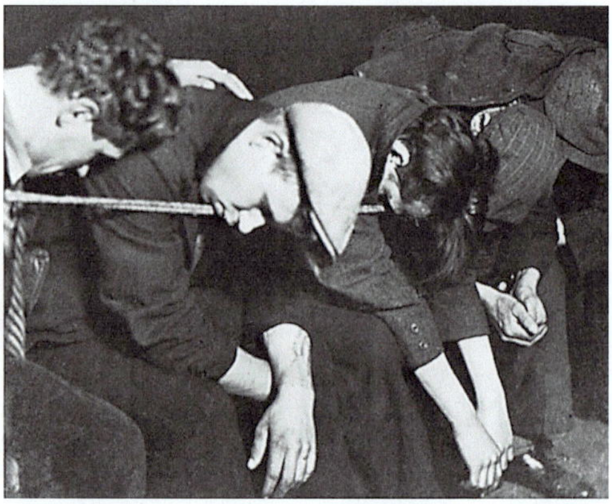

M23 Entschließung des Außerordentlichen Kongresses der Gewerkschaften Deutschlands zur Verminderung der Arbeitslosigkeit (3. April 1932)

Der Kongress richtet an die Reichsregierung die Forderung, unverzüglich Anordnungen zur Inangriffnahme öffentlicher Arbeiten und zur Vergebung öffentlicher Aufträge sowie zur Förderung geeigneter Privataufträge zu treffen in einem Umfange, dass eine fühlbare Entlastung des Arbeitsmarktes eintritt. Zu diesem Zweck müssen solche zusätzlichen Arbeiten in Gang gebracht werden, die wirtschaftlich nützlich sind und von deren Kostenaufwand ein möglichst großer Teil auf die Löhne entfällt. […]

Bei der Durchführung der Arbeiten müssen die beschäftigten Arbeitskräfte den üblichen Tariflohn erhalten; die Arbeitszeit darf höchstens 40 Stunden in der Woche betragen.

Der Kongress verkennt nicht die Schwierigkeiten, die der Finanzierung der Arbeiten entgegenstehen. Die Lage erfordert jedoch, dass die Anstrengungen zu ihrer Überwindung gesteigert werden. Alle noch auftreibbaren Mittel, auch gewisse Steuermittel, wie die durch die Reichsfluchtsteuer erfassten Beträge und die Hauszinssteuer, sind vorübergehend zur Arbeitsbeschaffung zu verwenden, ferner die beträchtlichen Summen der durch die Wiederbeschäftigung von Arbeitslosen ersparten Unterstützungen sowie der von den Wiederbeschäftigten aufzubringenden Steuern und Beiträge zur Arbeitslosenversicherung.

Darüber hinaus unterstützt der Kongress die Forderung der sozialdemokratischen Reichstagsfraktion nach einer volkstümlichen Arbeitsbeschaffungsanleihe, die so auszugestalten ist, dass sie die von der Bevölkerung gehorteten Gelder anzieht. […]

Durch scharfe Preisüberwachung in Verbindung mit einer zweckmäßigen Zoll- und Einfuhrpolitik muss jeder spekulativen Preisbildung vorgebeugt werden.

Wolfgang Michalka, Gottfried Niedhart (Hg.), Die ungeliebte Republik. Dokumentation zur Innen- und Außenpolitik Weimars 1918–1933, dtv, 3. Aufl., München 1984, S. 321–323.

1 **Arbeitsteilige Gruppenarbeit:** Analysieren Sie die Positionen der Industrie (M 21) und der Gewerkschaften (M 23).

2 Führen Sie ein Streitgespräch über die in der Überschrift genannte Frage (S. 72).

M 24 Arbeitslosenschlange im Hof des Arbeitsamtes Hannover, Fotografie, um 1930

Sekundärtexte analysieren

Historiker präsentieren die Ergebnisse ihrer Quellenforschungen in selbst verfassten Darstellungen, den sogenannten **Sekundärtexten**. Darin veröffentlichen sie unter Beachtung wissenschaftlicher Standards ihre Schlussfolgerungen und Bewertungen.
Grundsätzlich lassen sich Sekundärtexte in **zwei große Gruppen** gliedern:

- in fachwissenschaftliche und
- in populärwissenschaftliche bzw. „nicht wissenschaftliche" Darstellungen.

Die **fachwissenschaftlichen Texte** wenden sich an ein professionelles Publikum, bei dem Grundkenntnisse des Faches, der Methoden und der Begrifflichkeit vorausgesetzt werden können.

Populärwissenschaftliche Darstellungen, die sich an ein breiteres Publikum wenden, verzichten auf detailliert belegte Erkenntnisse historischer Befunde und Interpretationen. Ihnen geht es vor allem darum, komplexe historische Zusammenhänge anschaulich und vereinfacht zu präsentieren. Zu dieser Gruppe werden beispielsweise publizistische Texte und historische Essays in Zeitungen und Magazinen sowie Schulbuchtexte gezählt.

Arbeitsschritte für die Analyse

1. Leitfrage	– Welche Fragestellung bestimmt die Untersuchung des Sekundärtextes?
2. Analyse	*Formale Aspekte* – Wer ist der Autor/die Autorin (ggf. Informationen über den Historiker/die Historikerin, z. B. Vertreter/in eines bestimmten Teilbereiches der Geschichtswissenschaft, Veröffentlichungen)? – Um welche Textart handelt es sich? – Wann und wo ist der Text veröffentlicht worden? – Mit welchem Thema bzw. welcher Fragestellung setzt sich der Autor/die Autorin auseinander? – An welche Zielgruppe richtet sich der Text? *Inhaltliche Aspekte* – Welche These(n) vertritt der Autor/die Autorin? – Werden diese mit Argumenten belegt bzw. begründet? – Welche Fachbegriffe verwendet der Autor/die Autorin?
3. Historischer Kontext	– Auf welchen historischen Sachverhalt (Epoche, Ereignis, Prozess bzw. Konflikt) bezieht sich das Thema des Textes?
4. Urteilen	*Sachurteil* – Ist der Text überzeugend (u. a. Schlüssigkeit der Darstellung, Stichhaltigkeit der Argumentation)? – Welche Überzeugungen, Interessen oder Intentionen lässt der Autor/die Autorin in den Text einfließen? – Welche Rolle spielt die Entstehungszeit des Textes? – Was ergibt ggf. ein Vergleich mit anderen Darstellungen zum gleichen Thema? *Werturteil* – Wie lässt sich der historische Gegenstand im Hinblick auf die Leitfrage aus heutiger Sicht bewerten? – Werden z. B. Gesichtspunkte des Themas vom Autor kaum oder gar nicht berücksichtigt?

Übungsbeispiel

M 1 Die Historikerin Ursula Büttner über die Ära Brüning (2010)

Dieser Textauszug ist einem der wichtigsten Handbücher der deutschen Geschichte, dem „Gebhardt", entnommen.

Die Ära Brüning gehört zu den umstrittensten Abschnitten in der Geschichte der Weimarer Republik, weil im Hintergrund die Frage auftaucht: Hätte die nationalsozialistische Diktatur verhindert werden können? So entstand bereits Mitte der 1950er-Jahre eine erste große wissenschaftliche Kontroverse um den Stellenwert von Brünings Regierungszeit im Prozess der Zerstörung der Weimarer Demokratie. Nach der zunächst vorherrschenden Auffassung, die am entschiedensten von Werner Conze vertreten wurde, hatte der Zentrumskanzler nur eines im Sinn, den funktionsunfähig gewordenen Parteienstaat mit außergewöhnlichen, aber in der Verfassung für solche Notstände vorgesehenen Methoden zu retten und den Ansturm der Radikalen abzuwehren. Dagegen arbeitete Karl Dietrich Bracher in seinem 1955 erschienenen bahnbrechenden Werk *Die Auflösung der Weimarer Republik* heraus, dass Brüning aus eigener Überzeugung und auf Betreiben des Reichspräsidenten und der alten Machteliten die Instrumente der Verfassung nutzte, um die 1919 geschaffene parlamentarische und föderalistische Ordnung in ein autoritäres, zentralistisches System umzuwandeln. Damit bestätigte er im Wesentlichen die Deutung, die Arthur Rosenberg schon 1935 vertreten hatte, dass mit der Septemberwahl von 1930 die Geschichte der Weimarer Demokratie endete und die Vorgeschichte der Diktatur begann. Durch das Erscheinen von Brünings Memoiren im Jahr 1970 wurde der Streit weitgehend im Sinne Brachers entschieden; denn in ihnen schrieb sich der einstige Kanzler ein umfassendes Gesamtkonzept zur Überwindung der Versailler Friedensordnung und der Weimarer Parteiendemokratie zu mit der Errichtung einer konstitutionellen Monarchie nach der Art Bismarcks als Fernziel. Auch wenn sich für diese letzte Absicht in den zeitgenössischen Quellen kein Beleg finden lässt, kann es seither keinen Zweifel mehr geben, dass die maßgebenden Kräfte in der Ära Brüning den dauernden Verfassungswandel wollten und betrieben.

Eine zweite große Kontroverse bezog sich auf den wirtschaftspolitischen Spielraum der Regierung Brüning. Historiker hatten seine Deflationspolitik zunächst für sachgerecht gehalten, dann aber die in der wirtschaftswissenschaftlichen Literatur vorherrschende Kritik an ihren verheerenden prozyklischen Wirkungen übernommen. Ungewollt habe Brüning durch seine verfehlte Wirtschaftspolitik das Elend verschlimmert, den Nationalsozialisten in die Hände gearbeitet und zum Untergang der Weimarer Republik beigetragen. Diesem allgemeinen Konsens widersprach 1979 Knut Borchardt und untermauerte seine Thesen in den folgenden Jahren mit zahlreichen eigenen Studien […]. Ganz im Sinne Brünings argumentierte er, dass es wegen der seit Jahren weitergeschleppten öffentlichen Finanzmisere und wegen der schlechten Rentabilität der deutschen Wirtschaft infolge zu hoher Löhne keine Alternative zum harten Sanierungskurs des „Hungerkanzlers" gegeben habe. Außerdem hätten die verbreitete Inflationsfurcht, die währungspolitischen Vorschriften des Young-Plans und das Fehlen des nötigen theoretischen Wissens den Wechsel zu einer aktiven Konjunkturpolitik verhindert. Die Einwände haben die oft nicht genügend beachteten Schwierigkeiten einer wirtschaftspolitischen Wende ins Bewusstsein gebracht. Aber Brüning selbst hielt eine Anti-Deflationspolitik seit dem Herbst 1931 für möglich und aussichtsreich, nur wegen seiner übergeordneten außen- und innenpolitischen Ziele für verfrüht. Obwohl er sah, welche Last er einem Großteil der Bevölkerung aufbürdete, entschied er sich für die Fortsetzung und Verschärfung seiner Abbaupolitik. Wie [der Staatssekretär im Reichsfinanzministerium Hans] Schäffer gewarnt hatte, überforderte er damit die Leidensfähigkeit des deutschen Volkes und verwandelte einen möglichen Erfolg in eine Niederlage.

Ursula Büttner, Weimar – die überforderte Republik 1918–1933, Klett-Cotta, Stuttgart 2010 (= Gebhardt. Handbuch der deutschen Geschichte, 10., völlig neu bearb. Aufl., Bd. 18), S. 666–668.

1 Analysieren Sie diesen Text mithilfe der Arbeitsschritte, S. 74.

Lösungshinweise

1. Leitfrage

Mögliche Fragestellung: Wie sind die Maßnahmen der Regierung Brüning in politischer wie wirtschaftlicher Hinsicht zu bewerten?

2. Analyse

Formale Aspekte

Autor: Ursula Büttner (geb. 1946), deutsche Historikerin, Forschungsschwerpunkte: Weimarer Republik, NS-Zeit, deutsche Nachkriegsgeschichte und Hamburger Regionalgeschichte. Seit 1990 lehrt sie als Professorin am Institut für Sozial- und Wirtschaftsgeschichte der Universität Hamburg. Zudem ist sie wissenschaftliche Referentin an der Forschungsstelle für Zeitgeschichte in Hamburg.
Textart und Veröffentlichung: Auszug aus der wissenschaftlichen Darstellung von Ursula Büttner, Weimar – die überforderte Republik 1918–1933, Klett-Cotta, Stuttgart 2010. Der Titel ist Band 18 der renommierten Reihe „Gebhardt. Handbuch der deutschen Geschichte" in der 10., völlig neu bearbeiteten Auflage. Der „Gebhardt" ist als anspruchsvolles Handbuch gleichermaßen für das Fach- wie Laienpublikum konzipiert. Er bietet eine umfassende Einführung in das jeweilige Thema auf aktuellem Forschungsstand.
Thema: Die Ära Brüning, d. h. die Jahre 1930 bis 1932, in denen Heinrich Brüning deutscher Reichskanzler war
Adressaten: Historiker, Studenten, Schüler sowie interessierte Öffentlichkeit

Inhaltliche Aspekte

These: Brüning überforderte die „Leidensfähigkeit des deutschen Volkes und verwandelte damit einen möglichen Erfolg seiner Politik in eine Niederlage" (Z. 90–92).
Argumentation: Büttner gibt einen kurzen Abriss der Forschungsbewertung über die Ära Brüning. Es geht bei dieser Bewertung vor allem um die Frage, inwiefern die nationalsozialistische Diktatur hätte verhindert werden können. Büttner unterscheidet dabei zwei Haupt-Kontroversen:

1. Kontroverse (= politische Ebene): Stellenwert von Brünings Regierungszeit im Prozess der Zerstörung der Weimarer Demokratie (Z. 8–10)
   1. Phase: 1950er-Jahre, Hauptvertreter: Werner Conze, These: Brüning wollte den „funktionsunfähig gewordenen Parteienstaat mit außergewöhnlichen, aber in der Verfassung für solche Notstände vorgesehenen Methoden retten und den Ansturm der Radikalen abwehren" (Z. 14–18).
   2. Phase: seit 1955, Hauptvertreter: Karl Dietrich Bracher, These: Brüning nutzte „aus eigener Überzeugung und auf Betreiben des Reichspräsidenten und der alten Machteliten die Instrumente der Verfassung, um die 1919 geschaffene parlamentarische und föderalistische Ordnung in ein autoritäres, zentralistisches System umzuwandeln" (Z. 22–28).
   3. Phase: Durch Erscheinen von Brünings Memoiren wurde der Streit weitgehend im Sinne Brachers entschieden; denn in ihnen schrieb sich Brüning ein „umfassendes Gesamtkonzept zur Überwindung der Versailler Friedensordnung und der Weimarer Parteiendemokratie zu mit der Errichtung einer konstitutionellen Monarchie nach der Art Bismarcks als Fernziel" (Z. 33–42).
   Seitdem vorherrschende Forschungsmeinung: Die maßgebenden Kräfte in der Ära Brüning wollten und betrieben den dauernden Verfassungswandel (Z. 47).
2. Kontroverse (= wirtschaftspolitische Ebene): wirtschaftspolitischer Spielraum (Z. 50)
   - Die Mehrheit der Historiker hatte Brünings Deflationspolitik zunächst für sachgerecht gehalten, dann aber die in der wirtschaftswissenschaftlichen Literatur vorherrschende Kritik an ihren verheerenden prozyklischen Wirkungen übernommen. Ungewollt habe Brüning durch seine verfehlte Wirtschaftspolitik das Elend verschlimmert, den Nationalsozialisten in die Hände gearbeitet und zum Untergang der Weimarer Republik beigetragen. (Z. 51–61)
   - Knut Borchardt vertrat seit 1979 die These, dass es wegen der seit Jahren weitergeschleppten öffentlichen Finanzmisere und schlechten Rentabilität der deutschen Wirtschaft infolge zu

hoher Löhne keine Alternative zum harten Sanierungskurs des „Hungerkanzlers" gegeben habe. Außerdem hätten die verbreitete Inflationsfurcht, die währungspolitischen Vorschriften des Young-Plans und das Fehlen des nötigen theoretischen Wissens den Wechsel zu einer aktiven Konjunkturpolitik verhindert. (Z. 61–74)
- Aber Brüning selbst hielt eine Anti-Deflationspolitik seit dem Herbst 1931 für möglich und aussichtsreich, nur wegen seiner übergeordneten außen- und innenpolitischen Ziele für verfrüht; letztendlich verwandelte er also sehenden Auges einen möglichen Erfolg in eine Niederlage.

3. Historischer Kontext

Epoche: Weimarer Republik (1919–1933)
Konkreter Zeitraum (Zäsuren): Kanzlerschaft Heinrich Brünings 1930–1932
Prozesse: Brüning versuchte als Reichskanzler die Folgen der Weltwirtschaftskrise seit 1929 im Deutschen Reich mit Deflationspolitik, also einem harten Sparkurs, zu bekämpfen. Gehaltskürzungen im öffentlichen Dienst, Leistungsabbau im sozialpolitischen Bereich (z. B. Leistungsbezug der zahllosen Arbeitslosen) sowie Steuererhöhungen führten dabei zu außerordentlichen Belastungen für die Bevölkerung. Da diese Sparpolitik keine parlamentarische Mehrheit fand, setzte Brüning sie mithilfe des Notverordnungsrechts des Reichspräsidenten durch. Mit diesem Instrument versuchte Brüning, die Rolle des Parlaments auf eine beratende Funktion zu reduzieren.

4. Urteilen

Sachurteil

Schlüssigkeit der Darstellung: Büttner zeichnet die Entwicklung der Forschungsmeinung über die Regierung Brüning mit den jeweiligen Hauptthesen klar nach. Ein eigenes Fazit formuliert sie am Ende des Abschnittes auf der Basis des gegenwärtigen Forschungsstandes.

Werturteil

Möglicher Bewertungsansatz im Hinblick auf die Leitfrage: Mit seinem harten Sparkurs, der die deutsche Bevölkerung überforderte, verspielte Brüning einen möglichen Erfolg seiner Politik. Er nahm das bewusst in Kauf, um seine übergeordneten außen- und innenpolitischen Ziele durchzusetzen. Damit trägt er nach der Argumentation Büttners – ohne dass sie dies explizit formuliert – einen entscheidenden Anteil am Aufstieg der nationalsozialistischen Diktatur.
Ob sich der Aufstieg der Nationalsozialisten durch eine andere Wirtschaftspolitik verhindern lassen hätte, lässt Büttner bewusst offen mit dem Verweis auf die „oft nicht genügend beachteten Schwierigkeiten einer wirtschaftspolitischen Wende" (Z. 77–79).
Unberücksichtigte Gesichtpunkte: keine

M 25 Hitlers Anweisungen in der Sitzung des Ausschusses der Reichsregierung für Arbeitsbeschaffung am 9. Februar 1933

Für die Wiederaufrüstung Deutschlands seien Milliardenbeträge erforderlich. [...] Die Zukunft Deutschlands hänge ausschließlich und allein vom Wiederaufbau der Wehrmacht ab. Alle anderen Aufgaben müssten hinter der Aufgabe der Wiederaufrüstung zurücktreten.

Mit der Geringfügigkeit der vom Reichswehrministerium jetzt angeforderten Mittel könne er sich nur abfinden aus der Erwägung heraus, dass das Tempo der Aufrüstung im kommenden Jahr nicht stärker beschleunigt werden könne. Jedenfalls stehe er auf dem Standpunkt, dass in Zukunft bei einer Kollision zwischen Anforderungen für die Wehrmacht und Anforderungen für andere Zwecke die Interessen der Wehrmacht unter allen Umständen vorzugehen hätten. [...]

Er halte die Bekämpfung der Arbeitslosigkeit durch Vergebung öffentlicher Aufträge für die geeignetste Hilfsmaßnahme. Das 500-Millionen-Programm sei das größte seiner Art und besonders geeignet, den Interessen der Wiederaufrüstung dienstbar gemacht zu werden. Es ermögliche am ehesten die Tarnung der Arbeiten für die Verbesserung der Landesverteidigung. Auf diese Tarnung müsse man gerade in der nächsten Zukunft besonderen Wert legen, denn er sei überzeugt davon, dass gerade die Zeit zwischen der theoretischen Anerkennung der militärischen Gleichberechtigung Deutschlands und der Wiedererreichung eines gewissen Rüstungsstandes die schwierigste und gefährlichste sein werde.

Erst wenn Deutschland so weit aufgerüstet habe, dass es für den Zusammenschluss mit einer anderen Macht bündnisfähig werde, nötigenfalls auch gegen Frankreich, werde man die Hauptschwierigkeiten der Aufrüstung überwunden haben.

Zit. nach: Magnus Brechtken, Die nationalsozialistische Herrschaft 1933–1939, Wissenschaftliche Buchgesellschaft, Darmstadt 2004, S. 44.

M 26 Indizes der industriellen Produktion im Deutschen Reich 1932 bis 1939

Jahr	Gesamtindex	Produktionsgüter[1]	Investitionsgüter[2]	Konsumgüter
1932	59	46	35	78
1933	66	54	45	83
1934	83	77	75	85
1935	96	99	102	91
1936	107	113	117	98
1937	117	126	128	103
1938	125	136	140	107
Juni 1939	133	147	152	113

Nach: Charles Bettelheim, Die deutsche Wirtschaft unter dem Nationalsozialismus, München 1974, S. 225.

1 Rohstoffe, Maschinen, Werkzeuge etc.
2 nur Maschinen und Werkzeuge

M 27 Rüstungsausgaben und Volkseinkommen im Deutschen Reich 1932 bis 1938 (in Mrd. RM) – *Die Steigerung der Rüstungsausgaben 1938 ist auch darauf zurückzuführen, dass Aufträge der Vorjahre erst 1938 erfüllt wurden, weil die Produktionskapazität der Rüstungsindustrie in den Anfangsjahren der NS-Herrschaft begrenzt war.*

Haushaltsjahr	Rüstungsausgaben	Volkseinkommen	Rüstung in % des Volkseinkommens
1932	0,6	45,2	1,3
1933	0,7	46,5	1,5
1934	4,1	52,8	7,8
1935	5,5	59,1	9,3
1936	10,3	65,8	15,7
1937	11,0	73,8	15,0
1938	17,21	82,1	21,0

Nach: Fritz Blaich, Wirtschaft und Rüstung im „Dritten Reich", Düsseldorf 1987, S. 83.

1 a) Analysieren Sie mithilfe von M 25 Hitlers politische und wirtschaftspolitische Ziele.
b) Untersuchen Sie mithilfe von M 26 und M 27, wie Hitler seine Ziele durchgesetzt hat.

2 a) Interpretieren Sie M 26 und M 27.
b) Fassen Sie Ihre Ergebnisse zusammen unter dem Gesichtspunkt: Welche politischen und wirtschaftspolitischen Prioritäten setzte das NS-Regime?

M28 Der Historiker Wolfram Fischer über das Verhältnis von Staat und Wirtschaft während der Großen Depression der 1930er-Jahre (1987)

Durch [die Weltwirtschaftskrise] wurde der Staat in einer bisher in Friedenszeiten nicht gekannten Weise zu einem gesamtwirtschaftlichen Engagement herausgefordert. Je nach wirtschaftlicher und innenpolitischer Konstellation ging diese Herausforderung in den einzelnen Ländern von unterschiedlichen Kräften und Interessengruppen aus, verlief zeitlich nicht parallel und führte zu unterschiedlichen Lösungsversuchen. [...]

Die meisten Nachfolgestaaten der Habsburger Monarchie und auch die Republik Österreich selbst hatten sich wirtschaftlich in der Zwischenkriegszeit kaum konsolidiert. Mit nur geringfügiger Übertreibung kann man sagen, dass die Nachkriegskrise hier in die Weltwirtschaftskrise einmündete. Das galt am meisten für die auf Agrarexporte angewiesenen Länder Südosteuropas, da die Agrarkrise schon Mitte der 1920er-Jahre einsetzte. Wenn sie überdies noch ihre nationalwirtschaftliche Unabhängigkeit und die Industrialisierung forcierten, war Staatsintervention ohnehin selbstverständlich.

Auch bei den internationalen Kreditverflechtungen Südosteuropas vermengten sich staatliche und private Institutionen und Zwecke unaufhörlich, und als 1931 die Kredite aus dem Ausland abrupt stoppten, traf das die Regierungen dieser Länder nicht weniger als die privaten Firmen [...].

Nicht viel anders stand es in Mitteleuropa, das im Frühjahr und Sommer 1931 zum Zentrum der Krise wurde, als einige der größten österreichischen und deutschen Banken zusammenbrachen. Nur staatlich verordnete Bankfeiertage, die Übernahme der Aktienmehrheit von bedrohten Kreditinstitutionen durch die öffentliche Hand und staatliche Devisenbewirtschaftung konnten den Zusammenbruch des gesamten Kreditsystems verhindern. In einigen Ländern, so in Deutschland und Ungarn, folgte darauf die Reglementierung des gesamten Außenhandels [...]. [...]

Solche dramatischen Staatseingriffe waren in Nord-, West- und auch Südeuropa nicht nötig. In vielen Ländern sah man sich jedoch veranlasst, die Banken, Börsen und zum Teil auch die Versicherungen unter strengere Staatsaufsicht zu stellen. Das geschah auch in Mitteleuropa. Seitdem gehört der Kreditsektor in fast allen Ländern zu den stärker reglementierten Bereichen, denn auch nach dem Zweiten Weltkrieg wurden die Gesetze der 1930er-Jahre meist beibehalten bzw. weiterentwickelt.

Am weitesten verbreiteten sich staatliche Interventionen in Form von Zöllen und Subventionen. [...] Am deutlichsten war dies wieder bei den Nachfolgestaaten der Habsburger Monarchie. [...] Deutschland waren bis zum Inkrafttreten des Dawes-Planes die Hände gebunden, danach langte das Reich kräftig in den Instrumentenkasten der Zollpolitik. [...]

In den folgenden Jahren [nach 1933] machten die Eingriffe des Staates in die Wirtschaft in vielen Ländern schnelle Fortschritte. Was als Notmaßnahme begonnen worden war, um der Depression Herr zu werden, verdichtete sich insbesondere in Italien und Deutschland zur Ideologie. In Italien ging der korporative[1] Staat mit seinen Zwangsvereinigungen von Arbeitgebern und Arbeitnehmern und dem Staat als Mittler zwischen ihnen schon auf ein Gesetz von 1926 zurück. In der Krise machte Italien nun reichlich von den altbekannten Interventionsmethoden wie Zöllen, Kontingenten, Einfuhrverboten und Ausfuhrsubventionen Gebrauch. [...]

In Deutschland begann die nationalsozialistische Regierung schon bald nach der Machtübernahme mit den Maßnahmen zu einer staatlichen Kontrolle der Wirtschaft ohne Enteignung. Im Frühjahr 1933 wurde ein erster Vierjahresplan verkündet, dem freilich kein eigentlicher Plan zur Lenkung der Wirtschaft zugrunde lag. Arbeitsbeschaffung war die wichtigste Parole. Das „Gesetz zur Vorbereitung des organischen Aufbaus der deutschen Wirtschaft“ vom 27. Februar 1934 schuf Überwachungsstellen, die zunächst vor allem die Importe kontrollierten.

Im Herbst 1934 entstand dann die „ständische“ Gliederung der Wirtschaft. Alle Bereiche mit Ausnahme der Landwirtschaft, die schon im September 1933 im „Reichsnährstand“ organisiert worden war, wurden in sieben Reichsgruppen eingeteilt: Industrie, Handel, Handwerk, Banken, Versicherungen, Energie und Fremdenverkehr. Sie gliederten sich wiederum in zahlreiche Wirtschaftsgruppen, Fachgruppen und weitere Untereinheiten. Gleichzeitig entstanden regionale Wirtschaftskammern, in denen die Bezirksgruppen der Fachorganisationen, die Industrie- und Handelskammern und die Handwerkskammern vertreten waren. Die Spitze der regionalen wie der fachlichen Gliederung bildete die Reichswirtschaftskammer, die unmittelbar dem Reichswirtschaftsministerium unterstellt wurde.

Über die Aufgabenteilung zwischen Staat und Wirtschaft äußerte sich Hitler in seiner Denkschrift für den (2.) Vierjahresplan, das Wirtschaftsministerium habe nur die nationalwirtschaftlichen Aufgaben zu stellen, die Privatwirtschaft sie zu erfüllen; wenn diese aber glaube, dazu nicht fähig zu sein, werde der nationalsozialistische Staat aus sich heraus diese Aufgabe zu lösen wissen. Sozialisierung nach sowjetischem Vorbild schien unnötig, um staatliche Kontrolle zu gewährleisten. Sie wurde nur als *ultima ratio*[2] in Betracht gezogen.

Den stärksten Staatseinfluss übte die NS-Regierung in den ersten Jahren auf dem Gebiet der Außenwirtschaft aus, wo man an die Notmaßnahmen der Vorgänger anknüpfen konnte. Hier entwickelte Schacht mit seinem *Neuen Plan* vom September 1934 ein Instrument fast vollständiger Kontrolle von Außenhandel und Devisenverkehr, das es auch erlaubte, die Wirtschaftsbeziehungen zu Südost- und Nordeuropa sowie zu Lateinamerika auf Kosten von Westeuropa und Nordamerika auszubauen. [...]

Auch andere Länder suchten ihren Weg aus der Krise im Wesentlichen im Rückzug von der Weltwirtschaft. Keynes empfahl der britischen Labour-Regierung ausdrücklich Subventionen für die Ausfuhr und Kontingente für die Einfuhr. Projekte wie ein internationales Arbeitsbeschaffungsprogramm scheiterten daran, dass niemand die Maßnahmen anderer finanzieren helfen wollte, worauf vor allem Länder wie Polen gehofft hatten. Im Sommer 1933 kam noch einmal eine Weltwirtschaftskonferenz in London zustande. Sie konnte sich weder auf neue feste Wechselkurse noch auf Zollsenkungen und Stillhalteabkommen oder sonstige Kooperation einigen und ging ergebnislos auseinander, nachdem Präsident Roosevelt telegrafisch hatte erklären lassen, das gesunde innere Wirtschaftssystem einer Nation wäre ein größerer Faktor für ihren Wohlstand als der Kurs ihrer Währung.

Frankreich versuchte vor allem seine Landwirtschaft durch Importbeschränkungen und -verbote, Subventionen, Mindestpreise und andere Eingriffe in den Marktmechanismus zu stützen. Es untersagte gelegentlich ausländische Investitionen, um einheimische Produzenten zu schützen.

Wolfram Fischer, Wirtschaft, Gesellschaft und Staat in Europa 1914–1980, in: Handbuch der europäischen Wirtschafts- und Sozialgeschichte, hg. v. Wolfram Fischer u. a., Bd. 6, Klett-Cotta, Stuttgart 1987, S. 177–180.

---

1 korporativ: auf berufsständischen Vereinigungen basierende Staatsorganisation
2 *ultima ratio:* letztes Mittel

---

1 Beschreiben Sie mithilfe von M 28, wie nach Fischer die Weltwirtschaftskrise das Verhältnis von Staat und Wirtschaft in Europa verändert hat.

2 Vergleichen Sie die europäischen Verhältnisse mit denen in den USA, als US-Präsident Franklin D. Roosevelt die Politik des *New Deal* durchsetzte. Untersuchen Sie, inwieweit auch in den USA staatliche Eingriffe in die Wirtschaft zunahmen. Berücksichtigen Sie S. 20 bis S. 31.

Wahlplakate interpretieren

Plakate dienen der **öffentlichen Information** oder **Werbung**. Sie arbeiten mit **„plakativen" Gestaltungsmitteln**: Das Dargestellte soll auffällig und schnell zu verstehen sein und möglichst lange in Erinnerung bleiben. Um die Aufmerksamkeit des Betrachters zu erlangen, muss der Inhalt dabei verdichtet und zugespitzt werden. Aufgrund ihres appellativen Charakters sind Plakate weniger dokumentarisch als andere Bildquellen, sie geben dafür jedoch Auskunft über die **Absichten und Positionen des Auftraggebers**. Deshalb sind politische Plakate eine wichtige historische Quelle.

In Deutschland begann die große Zeit der politischen Plakate in der Weimarer Republik. Ermöglicht vor allem durch die Durchsetzung der Pressefreiheit und unterstützt durch neue künstlerische Ausdrucksformen kämpften die Parteien in einer Zeit, in der es noch keine Internet- und TV-Wahlspots gab, vor allem mit Plakaten um Wählerstimmen. Sie wecken mit ihren Plakaten einerseits Hoffnungen, indem sie Konzepte zur Lösung politischer, sozialer und wirtschaftlicher Probleme anbieten, und andererseits Ängste und Befürchtungen, indem sie den politischen Gegner angreifen und Feindbilder heraufbeschwören. Die Wirkung von Plakaten auf das Wahlverhalten der Bürger ist umstritten, doch geben die Wahlplakate Aufschluss über das Selbstverständnis der Parteien und verweisen auf politische Grundhaltungen ihrer Zeit.

Arbeitsschritte für die Interpretation

1. Leitfrage	– Welche Fragestellung bestimmt die Untersuchung des Plakates?
2. Analyse	*Formale Aspekte* – Wer ist der Autor bzw. Auftraggeber? – Wann ist das Plakat erschienen? – Aus welchem Anlass wurde das Plakat veröffentlicht? – Was wird auf dem Plakat thematisiert? – Welche Zielgruppe soll umworben werden? *Inhaltliche Aspekte* a) Beschreibung – Welche Gestaltungsmittel (Schrift, Personen, Gegenstände, Symbol, Farbgebung, Perspektive, Komposition, Proportionen, Verhältnis Bild/Text) wurden verwendet? b) Deutung – Was bedeuten die einzelnen Gestaltungsmittel? – Was ist die zentrale Bildaussage („Botschaft") des Plakates? – Welche Fragen bleiben bei der Deutung offen?
3. Historischer Kontext	– In welchen historischen Zusammenhang (Epoche, Ereignisse, Prozesse bzw. Konflikte) lässt sich das Plakat einordnen?
4. Urteilen	– Welche Intention verfolgte der Autor bzw. Auftraggeber? – Welche Wirkung sollte beim zeitgenössischen Betrachter erzielt werden? – Mit welchen anderen Wahlplakaten lässt sich das Plakat ggf. vergleichen? – Welche Gesamtaussage lässt sich im Hinblick auf die Leitfrage formulieren? – Wie lässt sich das Wahlplakat aus heutiger Sicht bewerten?

M1 Wahlplakat der NSDAP zur Reichstagswahl 1936

1 Interpretieren Sie M1 mithilfe der Arbeitsschritte, S. 81.

Lösungshinweise

1. Mögliche Leitfrage
Welches Thema stellt die NSDAP in den Mittelpunkt ihrer Propagandakampagne vor der Reichstagswahl 1936?

2. Formale Aspekte
Auftraggeber: NSDAP
Erscheinungsdatum: 1936
Anlass: die Reichstagswahl am 29. März 1936
Thema: die NS-Wirtschaftspolitik
Zielgruppe: deutsche Bevölkerung, darunter besonders die NSDAP-Mitglieder

3. Inhaltliche Aspekte
Beschreibung und Deutung:
Gegenstände:
- zwei Industrieanlagen mit Fabrikgebäuden und Schornsteinen; die linke ist klein dargestellt, scheint nicht zu arbeiten, in der rechten, groß dargestellt, pulsiert das Arbeitsleben (Rauch, Lieferwagen, Güterzüge)
- Personen sind nicht abgebildet

Text:
- „24 Milliarden RM industrielle Mehrerzeugung“: fungiert als Überschrift des Plakats und korreliert farblich mit der Fußzeile des Plakats: „Stimmt am 29. März 1936 für den Führer“
- Unter der linken Abbildung: „1932 34,8 Milliarden RM“
- Unter der rechten Abbildung: „1935 58,5 Milliarden RM“
- Unten als Kommentar in schwarzer Schrift: „Beispielloser Aufstieg der Industriearbeit durch des Führers Wirtschaftspolitik. In diesem Tempo weiter!“

Komposition:
Die kleinere Abbildung weist auf die vergleichsweise niedrigere Wirtschaftsleistung in der Weimarer Republik hin, die sich 1932 in der Weltwirtschaftskrise befand. Durch die größere Abbildung rechts (1935) wird der industrielle Produktionsanstieg unterstrichen.
Die Farbgebung in rot und schwarz gruppiert den Text zu der Aussage, dass Adolf Hitler für die industrielle Mehrerzeugung verantwortlich ist und deshalb in seiner Regierungsarbeit bestätigt werden sollte.
Auffällig ist, dass es keinen Hinweis auf die NSDAP gibt, sondern dass das Plakat auf die Person Adolf Hitlers zugeschnitten ist.

4. Historischer Kontext
Epoche: nationalsozialistische Herrschaft in Deutschland
Ereignis: Reichstagswahl 29. März 1936, dient nur zur Bestätigung der NSDAP, da keine anderen Parteien erlaubt waren und der Reichstag faktisch nicht mehr zusammentrat
Hintergrund: Politik der Aufrüstung und Kriegsvorbereitung
Der Wirtschaftsaufschwung war gekennzeichnet durch:
- staatliche Investitionen in die Rüstungsproduktion
- Arbeitsbeschaffungsmaßnahmen durch Rüstungsvorhaben, 1936 Vollbeschäftigung
- Lohnstopp: durch die Ausschaltung der Gewerkschaften und staatliche Lohn- und Preispolitik werden Löhne gesenkt.

5. Urteilen
Die Analyse zeigt, dass die Überwindung der Weltwirtschaftskrise mit sozialem Elend und Massenarbeitslosigkeit in Deutschland ein zentrales Element der NS-Propaganda darstellte. Das Plakat suggerierte, dass die Fortsetzung des Wirtschaftsaufschwungs nur durch die Bestätigung Adolf Hitlers gesichert werden konnte.
Aus heutiger Sicht: Die Aufrüstungspolitik, mit der der Wirtschaftsaufschwung in Gang gesetzt wurde, endete mit der rassistischen Vernichtungspolitik Deutschlands im Zweiten Weltkrieg.

Das nationalsozialistische „Wirtschaftswunder“ – ein Erfolg Hitlers?

Hans-Ulrich Wehler, Fotografie, 2007

„Ohne Hitler wäre“, schreibt der Historiker Hans-Ulrich Wehler in seinem Buch „Der Nationalsozialismus“ (2009), „der Nationalsozialismus aller Wahrscheinlichkeit nach eine ordinäre autoritär-nationalistische Partei mit diffusen Zielen geblieben, wie es sie vielerorts gab, ohne aber in dieser Gestalt zu einer der verhängnisvollsten Destruktivkräfte des zwanzigsten Jahrhunderts aufsteigen zu können. Erst Hitler hat diese aberwitzige Konzentration der Zerstörungsimpulse zu bewerkstelligen vermocht, getragen freilich von einer ebenso atemberaubenden Resonanz, Zustimmung und Gehorsamsbereitschaft in der deutschen Gesellschaft. In der Erfassung der Wechselwirkung zwischen diesem welthistorischen Individuum und der deutschen Gesellschaft liegt daher der Schlüssel zu einer rationalen Analyse des Nationalsozialismus.“

Wie lässt sich der Aufstieg Adolf Hitlers zum unumstrittenen „Führer“ der nationalsozialistischen Bewegung in den 1920er- und zu Beginn der 1930er-Jahre sowie seine unumschränkte Herrschaft über Staat und Gesellschaft in Deutschland während der NS-Diktatur in den Jahren von 1933 bis 1945 erklären? Der entscheidende Schlüssel zum Verständnis dieser Ausstrahlung und Machtfülle liegt nach Wehler in der Struktur der Herrschaft, die er als **charismatische Herrschaft** bezeichnet.

Der Begriff stammt aus der politischen Soziologie Max Webers. Die Legitimität der charismatischen Herrschaft basiert, wie dieser Wissenschaftler in seinem Werk „Wirtschaft und Gesellschaft“ (zuerst 1921/22) erläutert hat, „auf der außeralltäglichen Hingabe an die Heiligkeit oder die Heldenkraft oder die Vorbildlichkeit einer Person und der durch sie offenbarten oder geschaffenen Ordnungen“. Nach Wehler beruhte die „Sonderstellung des deutschen Diktators“ allerdings „nicht nur auf seinem Personalcharisma, das ihm als politisches Talent eigen war, sondern auch und vor allem auf dem zugeschriebenen Charisma des Wundertäters, des Erlösers, des ‚zweiten Bismarck‘, das ihm aus breiten Segmenten der deutschen Gesellschaft erwartungsvoll angetragen wurde, als sich ihre Hoffnung zur Überwindung der existentiellen Krise zwischen 1918 und 1932 auf einen nationalen Messias und politischen Heiland als Retter aus aller Not richtete.“

Ein Grund für den massenwirksamen Erfolg Hitlers nach der Machtübernahme 1933 war die überraschend schnelle Überwindung der Arbeitslosigkeit von acht Millionen und der Wiedergewinn der sozialen Sicherheit als Folge der Vollbeschäftigung. Wie gelang dieser wirtschaftliche Aufschwung? Welchen Anteil hatte Hitler an ihm?

M1 Der Historiker Hans-Ulrich Wehler über die Legitimation der NS-Herrschaft durch Konjunkturpolitik (2009)

[Über die Krise der Weimarer Republik]

Die existentielle Krise, deren Überwindung der Charismatiker den Zeitgenossen stets verheißt, besaß in Deutschland unterschiedliche Dimensionen. Die schmerzhaften Folgen der Kriegsniederlage, der Zerfall erst des Kaiserreichs, dann der weithin verhassten Republik, die institutionelle Desintegration[1], gehörten gewiss zu ihnen. Aber seit 1929/30 drängte sich die mörderische Depression unstreitig in den Vordergrund. Als innenpolitischer Imperativ musste daher für die Regierung vorrangig sein, die Massenarbeitslosigkeit zu beseitigen, möglichst sogar die Vollbeschäftigung zu gewinnen. Davon hing, nachdem die drei vorhergehenden Präsidialkabinette an eben dieser Aufgabe gescheitert waren, die Glaubwürdigkeit der Behauptung ab, dass die Regierung der „nationalen Konzentration" die Krise endlich meistern werde. In einem fundamentalen Sinn hingen überhaupt die Herrschaftsstabilisierung des NS-Regimes und die Gewinnung einer breiten Legitimationsbasis von ihrem beschäftigungspolitischen Erfolg ab.

Hitler hat mit sicherem Instinkt erfasst, welche immense Bedeutung einer aktiven Politik gegen die Geißel der vergangenen vier Jahre, die millionenfache Arbeitslosigkeit, im Zeichen hochgespannter, von ihm selber verstärkter Erwartungen seit dem Februar 1933 zukam, auch und gerade im Hinblick auf den Zugewinn an persönlichem Prestige, das in der schwierigen Phase der Übertragung seiner charismatischen Herrschaft über die Partei auf den gesamten Staat eindrucksvoller Bestätigung und Verstärkung bedurfte. Hitler verfügte über alles andere als solide ökonomische Kenntnisse; dass auch diese nicht weiterhalfen, hatte freilich soeben Brüning demonstriert. Doch Hitler besaß eine schnelle Auffassungsgabe, ein stupendes[2] Gedächtnis und die vielfach erprobte kommunikative Fähigkeit, auch erfahrene, sachkundige, selbstsichere Männer trotz ihrer anfänglichen Opposition in seinem Sinn umzustimmen. […]

Im April 1933 unterstützte er den Vorschlag von Arbeitsminister Seldte, öffentliche Aufträge als Stimulans[3] einzusetzen. Finanzminister Schwerin v. Krosigk und Reichsbankpräsident Schacht sprangen ihm […] bei. Schacht wusste am besten, dass Hitler kein volkswirtschaftlicher Experte, doch in seiner Zielbesessenheit unorthodoxer Einfälle fähig war. Hitler, urteilte er rückblickend, „war ein Genie der Findigkeit. Er wusste für die schwierigsten Situationen oftmals Lösungen, die überraschend einfach waren, auf die andere aber nicht kamen". Seine Vorschläge seien „oft brutal, aber fast immer wirksam" gewesen.

[Maßnahmenbündel der NS-Wirtschaftspolitik]

Hitler verließ sich in dieser prekären Situation auf eine „wirksame Mischung" von Anreizen und populistischer Rhetorik. Da die Regierung nicht darauf achten konnte, bis sich eine Belebung des Arbeitsmarktes durch die unverzüglich in Gang gesetzte Rüstungswirtschaft einstellte, wurde zwischen Mai und September 1933 ein Bündel von staatlichen Maßnahmen zur Ankurbelung der Konjunktur und zur Bekämpfung der Arbeitslosigkeit initiiert. Nachdem Fritz Reinhardt, ehemals Gauleiter von Oberbayern und seit April 1933 als einer der wenigen überzeugten Nationalsozialisten auf der Führungsebene der Reichsministerien energischer Staatssekretär des Finanzministeriums, Ende Mai mit einer Milliarde aus Staatsmitteln 800000 Arbeitsplätze zu schaffen versprochen hatte, wurde am 1. Juni das sog. erste „Reinhardt-Programm" verabschiedet, dem dieser Betrag für Arbeitsbeschaffungsmaßnahmen zur Verfügung gestellt wurde.

Am 22. Juni wurde der Bau der Reichsautobahn als propagandistisch hochgejubelter staatlicher Auftrag eingeleitet. Bis 1935 flossen drei Milliarden in dieses Projekt, das insgesamt aber nur 250000 Arbeiter absorbierte. Darüber hinaus wurden weitere Infrastrukturaufträge an die Reichsbahn und die Post, für den Bau von Flughäfen und Kanälen vergeben. Mitte Juni kamen spürbare Steuererleichterungen hinzu. Auch der Wohnungsbau wurde nachdrücklich gefördert. Innerhalb des folgenden Jahres wuchs er bis zum Februar 1934 um 270 Prozent und zog mehr Investitionen an sich, als das dieser wichtige Wachstumssektor je nach 1918 getan hatte. Die neuen Ehestandsdarlehen erwiesen sich gleichfalls als schneller Erfolg. Ein zinsfreier Zuschuss von bis zu 1 000 Mark wurde für die nachfrageanregenden Haushaltseinrichtungen gewährt, für jedes Kind die Rückzahlung um ein Viertel gekürzt. Bereits 1933 wurden 200 000 Darlehen in Anspruch genommen. Seither stieg die Zahl noch weiter rasch an. 1935 waren bereits 370 000 Darlehen in der Höhe von 206 Millionen Mark abgerufen worden.

Nach der Sommerpause folgte am 21. September das zweite „Reinhardt-Programm“, das vor allem die saisonale Winterarbeitslosigkeit vermeiden helfen sollte. Bis Ende 1934 erreichten die Finanzmittel für diese Arbeitsbeschaffungsmaßnahmen die Höhe von 5,2 Milliarden Mark (das entsprach einem Prozent des Bruttosozialprodukts), bis 1935 stiegen sie auf 6,2 Milliarden Mark. Außerdem war für Papen und Schleicher bereits eine Milliarde Mark für denselben Zweck mobilisiert worden, die sich wegen der Wirkungsverzögerung erst seit 1933 zugunsten der neuen Regierung vorteilhaft geltend machten. Seit 1934/35 wirkte sich dann vollends der kräftige Nachfragesog der Rüstungswirtschaft auf dem Arbeitsmarkt aus.

Bereits nach einem Jahr nahm das Regime triumphierend für sich in Anspruch, die Arbeitslosenzahl von offiziell sechs Millionen auf 3,7 Millionen gesenkt zu haben. Nach anderthalb Jahren hatte es angeblich schon eine Reduktion um 60 Prozent erreicht. Ungeniert wurde allerdings auch die Statistik manipuliert, indem 2,2 Millionen Arbeitslose auf dem Papier wegdefiniert wurden. 1936 erübrigten sich aber solche propagandistisch wirksamen Tricks, denn das „Dritte Reich“ erreichte seit 1936 als erstes Industrieland mit der Überwindung der Depression auch die ersehnte Vollbeschäftigung, während sich etwa in den Vereinigten Staaten eine Arbeitslosenquote von 24 Prozent bis 1939 hielt.

[Der internationale Vergleich]

Im internationalen Vergleich [...] beruhte der Erfolg der nationalsozialistischen Konjunkturpolitik auf ihren neuartigen Elementen: auf dem großen Volumen des antizyklischen Konjunkturprogramms, auf der expansiven Kreditschöpfung [...], auf der Rücksichtslosigkeit der Durchführung und auf dem missionarischen Eifer, mit dem Hitler und seine Regierung den wirtschaftlichen Aufschwung zu ihrer Sache machten. Vor allem aber beruhte die effektive Konjunkturankurbelung auf dem Nexus[4] mit der Rüstungspolitik, für die schon bis zum März 1936 mit 10,6 Milliarden Mark doppelt so viel ausgegeben wurde wie für alle zivilen Arbeitsbeschaffungsmaßnahmen. Diese Kombination von Antriebsfaktoren fand sich nirgendwo sonst, und der verblüffende Erfolg schien ihr zunächst im Urteil der Öffentlichkeit Recht zu geben.

Wenige Erfolge haben den Nimbus[5] Hitlers als eines heilbringenden Erlösers, welcher der unsäglichen Misere von mehr als acht Millionen Arbeitslosen ein Ende machte, so gesteigert [...] wie dieser „Sieg in der Arbeitsschlacht“. Noch Jahrzehnte nach dem Zweiten Weltkrieg konzedierten zahlreiche Deutsche zwar bereitwillig das Unheil, das Hitlers Krieg über die Welt gebracht hatte, bestanden aber weiter darauf: „Er hat doch die Leute von der Straße gebracht.“ Wie konnte das gelingen?

[Wirkung der einzelnen Maßnahmen]

1. Die konjunkturpolitischen Maßnahmen der Regierung demonstrierten ihre Handlungsbereitschaft, auch im Hinblick auf ungewöhnliche Maßnahmen, in großem Stil. Außerdem gewann sie dadurch zunehmend Stabilität für den Wirtschaftsprozess zurück. Beides wussten viele Unternehmer zu schätzen, wenn sie über Neueinstellungen entschieden, mochten prominente Repräsentanten auch dem liberalen Aberglauben von der reinigenden Kraft der ohne Staatshilfe selbsttätig endenden Krise noch immer anhängen.

2. Tatsächlich hatte die Depression in Europa 1932 ihren absoluten Tiefpunkt erreicht, und erste Signale der zyklischen Erholung wurden 1933 auch von der deutschen Industriewirtschaft, verstärkt seit 1934, aufgenommen. Ein sachte einsetzender Aufschwung begann daher, ungeachtet der Staatskonjunktur, belebende Impulse auszusenden.

3. Für die Beschäftigungspolitik der Unternehmen war die Tatsache von grundlegender Bedeutung, dass sie mit keinem von den Arbeitnehmern erzwungenen Lohnan-

stieg, nicht einmal mit einer einzigen gewerkschaftlichen Tarifforderung mehr zu rechnen hatten. Nicht nur herrschte faktisch ein kompletter Lohnstopp, die Basisgröße der Lohnquote schrumpfte sogar, wie es die Arbeitgeber seit Jahren gefordert hatten, von 1932 = 68 auf 1938 = 55 Prozent. Schon dieser genau vermerkte Umstand wirkte investitions- und beschäftigungsfördernd, zumal gleichzeitig die Unternehmerprofite bis 1939 jährlich im Durchschnitt um 36,5 Prozent kräftig anstiegen.

4. Der zügige Ausbau großer Bürokratien durch die NSDAP, die „Arbeitsfront", den „Arbeitsdienst", zahlreiche Ämter und Stäbe, entlastete spürbar den Arbeitsmarkt, insbesondere von Angestellten und Akademikern. Auch die Wehr- und die Arbeitsdienstpflicht zogen seit 1935 Hunderttausende aus dem Arbeitsmarkt.

5. Seit 1934/35 ging eine drastisch steigende Nachfrage nach Arbeitskräften von der Rüstungswirtschaft aus, da enorme Summen in sie hineingepumpt wurden. Das löste einen machtvollen Multiplikatoreffekt aus, der namentlich in den klassischen Industrierevieren die Zahl der Arbeitslosen scharf reduzierte. In gewisser Hinsicht war daher die Vollbeschäftigung ein „Sekundärerfolg von Hitlers Entschluss, Deutschland kriegsfähig zu machen".

[Hitlers Rhetorik und „Charisma"]

6. Dennoch ist es fraglich, ob diese Konstellation sich so schnell und so durchschlagend ausgewirkt hätte, wenn nicht Hitler selber im Verein mit Goebbels' Propagandaapparat die Rhetorik der „Arbeitsschlacht", die es so schnell wie nur irgend möglich zu gewinnen gelte, mithin die populistische Beschwörung des nationalen Aufschwungs unentwegt in Gang gehalten hätte. Der modernen Konjunkturpolitik ist längst bewusst, welche bedeutende Rolle die Psychologie der Krisenbekämpfung und die Semantik[6] der beanspruchten Steuerungskompetenz spielt. [...]

Damals jedoch war ein derart massives, geradezu bedenkenlos optimistisches Engagement von Regierungsvertretern noch eine Innovation, die allerdings ganz auf der Linie der zu dieser Zeit von Keynes suggerierten Konjunkturtherapie lag. Jedenfalls ging von dem Engagement, das die Regierung Hitler und vor allem der Reichskanzler selber so anhaltend der Öffentlichkeit einhämmerten, eine ansteckende Dynamik aus. Überdies verstärkte die Arbeitsbeschaffungspolitik das „Bewusstsein volksgemeinschaftlicher Solidarität". Diese „Bewusstseinstatsache", und sie „erfasste Hitler sehr genau", wirkte aber „naturgemäß auch volkswirtschaftlich stimulierend".

Insofern darf man die „eigentliche Leistung" Hitlers, mit seinen rhetorischen Fähigkeiten und dem Beschwörungsgestus des charismatischen Demagogen die Erholung gleichsam herbeigeredet zu haben, nicht unterschätzen. Als sich dann der Erfolg relativ schnell einstellte und Abermillionen die Sicherheit ihres Arbeitsplatzes und Lohnes zurückgewannen, konnte Hitler sich mit guten Gründen öffentlich rühmen, dass seiner Führerherrschaft eine „Autorität" zugewachsen sei, „wie sie noch kein Regime vor uns besessen hat".

Hans-Ulrich Wehler. Der Nationalsozialismus. Bewegung, Führerherrschaft, Verbrechen 1919–1945, C.H.Beck, München 2009, S. 91–96.

---

1 Desintegration: Auflösung
2 stupende: verblüffend
3 Stimulans: Anreiz
4 Nexus: Zusammenhang
5 Nimbus: besonderes Ansehen
6 Semantik: Bedeutung von Worten und Sätzen, Teilgebiet der Sprachwissenschaft

---

1 Arbeitsteilige Gruppenarbeit: Bearbeiten Sie M 1 unter folgenden Fragestellungen:
a) Mit welchen Mitteln kurbelte Hitler die Konjunktur an?
b) Welchen Anteil besaß die Wirtschaftspolitik der Nationalsozialisten an der Beseitigung der Arbeitslosigkeit?
c) Welchen persönlichen Anteil hatte Hitler an der Belebung der Konjunktur und wie wirkte sich die Beseitigung der Arbeitslosigkeit auf die Legitimität seiner diktatorischen Herrschaft aus? Erläutern Sie dabei den Begriff der „charismatischen Herrschaft".

Wirtschaftlicher Niedergang und Systemkrise in der DDR

Die Systemkrise der DDR

Planwirtschaft
Wirtschaftsordnung, in der Produktion, Preise und Löhne nach Mehrjahresplänen vom Staat festgelegt werden. Es gibt keinen freien Wettbewerb von Angebot und Nachfrage.

Staatliche Subventionen
Hilfsleistungen des Staates an die Wirtschaft, um die Marktpreise für politisch erwünschte Zwecke künstlich zu senken. In der DDR z. B. Nahrungsmittel (mit 46 %), Verkehrsleistungen (mit 65 %), Wohnungsmieten (mit 70 %).

Vergleichsaspekt
Krise und Umbruch in der Sowjetunion und den Ostblockstaaten (z. B. Baltikum, Polen)

Der politische, wirtschaftliche und soziale Niedergang der DDR seit den ausgehenden 1970er-Jahren mündete in den 1980er-Jahren in eine allgemeine **Systemkrise**. Sie konnte lange Zeit verschleiert werden durch die Routine des Partei- und Staatsapparats. Dieser milderte die wirtschaftlichen Schwierigkeiten durch die Wirtschaftsbeziehungen zur Bundesrepublik, denen die Europäische Gemeinschaft (EG) einen privilegierten Status eingeräumt hatte.

1. Die Systemkrise zeigte sich zuerst als **Wirtschaftskrise**. Schon 1982 drohte der DDR ein finanzieller Ruin, der 1983 und 1984 durch Milliardenkredite bundesdeutscher Banken, für die die Bundesregierung bürgte, abgewendet werden konnte. Diese materielle Unterstützung verhinderte jedoch nicht den ökonomischen Niedergang der veralteten und technologisch rückständigen DDR-Industrie und auch nicht die sich ausweitende Umweltkatastrophe, weil in den Umweltschutz nicht investiert wurde. Hochwertige Konsumgüter waren teuer und nur schwer zu bekommen.

2. Die Unzufriedenheit der DDR-Bürger mit der wirtschaftlichen und sozialen Situation führte zu einer **Glaubwürdigkeitskrise**. Viele Bürger gaben die Hoffnung auf bessere Verhältnisse auf. Die politische Distanz zum Staat wuchs, vor allem bei den Jüngeren. Mitverantwortlich dafür waren die „bedarfsgerecht" gelenkte Berufsausbildung und die eingeschränkte Möglichkeit zu studieren. 1972 gab es insgesamt rund 150 000 Studierende in der DDR, 1984 nur noch 130 000. Junge Menschen fühlten sich um ihre Zukunft betrogen: Weder sozialen Aufstieg noch die Verwirklichung individueller Lebensentwürfe gestand ihnen das SED-Regime zu. Es wurde immer deutlicher, dass die kommunistischen Machthaber nicht in der Lage waren, die Versprechungen auf eine Verbesserung der allgemeinen Lage einzulösen.

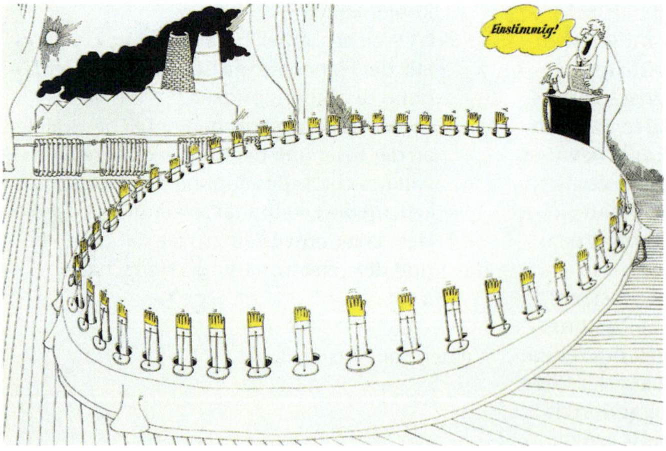

M1 „Abstimmungsmaschine", Karikatur des DDR-Künstlers Hans-Joachim Jordan, 1979.
Die Zeichnung entstand für die Ausstellung „Karikatur und Cartoon" 1979 in Leipzig. Die SED-Funktionäre verlangten beim Rundgang vor der Eröffnung ihre Entfernung. Das Werk durfte gezeigt werden, nachdem Jordan es durch Ergänzung in einen westdeutschen Aufsichtsrat verlegt hatte.

3. Die innere Krise wurde zudem verstärkt durch die zunehmende **außenpolitische Isolierung der DDR**. Ängstlich auf ihre Macht bedacht, vergaß die kommunistische Elite, wer diese Macht garantierte: die Sowjetunion. Zwar begrüßte die SED die vom sowjetischen Parteichef **Michail Gorbatschow** 1985 eingeleitete neue Runde der Entspannungspolitik, weigerte sich aber, die innenpolitischen Reformen, **„Perestroika" und „Glasnost"**, auf die DDR zu übertragen. Staats- und Parteichef Honecker war bewusst, dass eine Öffnung der DDR das Ende dieses Staates einläuten würde. Er propagierte den „Sozialismus in den Farben der DDR", also die Fortsetzung eines dogmatischen Staatssozialismus. Damit begab sich die DDR-Führung in einen ideologischen Zweifrontenkrieg. Wie sollte sie ihren Bürgern klarmachen, dass nicht nur der „imperialistische Westen", sondern auch die „brüderliche Schutzmacht" Sowjetunion eine Gefahr für die DDR darstellte?

Erich Honecker (1912 bis 1994), Fotografie, o. J.

Die Planwirtschaft in der Krise

Die Unzufriedenheit der DDR-Bürger mit der wirtschaftlichen und sozialen Situation war eine wesentliche Ursache für den Zusammenbruch des Systems 1989/90. Zwar verbesserte sich der Lebensstandard in der DDR seit den 1950er-Jahren kontinuierlich, er blieb jedoch weit hinter dem der Westdeutschen zurück. Die Planwirtschaft der DDR mit ihren staatlichen Subventionen für Waren des täglichen Bedarfs blieb eine Mangelwirtschaft. Um die Unzufriedenheit der DDR-Bürger abzubauen, beschritt **Erich Honecker** in den 1970er-Jahren neue Wege. Die von ihm propagierte **„Einheit von Wirtschafts- und Sozialpolitik"** sollte die Versorgungslage und den Lebensstandard der Bevölkerung anheben. So stiegen der allgemeine Wohlstand in der DDR, doch gleichzeitig auch die Staatsverschuldung. Diese wurde zusätzlich vergrößert durch die wirtschaftlichen Veränderungen seit der Ölkrise 1973/74. Die Sowjetunion verlangte jetzt von der „Brudernation" DDR für Erdöl- und Erdgaslieferungen den Weltmarktpreis in Dollar. Die DDR musste aus diesem Grund den Westhandel einschränken, sodass auch die ohnehin knappen Devisenvorräte für eine Modernisierung der DDR-Industrie zurückgingen.

Gegen Ende der 1980er-Jahre hatten die Wirtschaftsprobleme in der DDR Ausmaße erreicht, die ohne grundlegende Strukturreformen nicht mehr zu bewältigen waren. Die Planwirtschaft erwies sich als unfähig, die Bevölkerung flexibel mit den benötigten Gütern und Waren zu versorgen. Ohne den Lebensstandard der Bevölkerung drastisch abzusenken, hätte die DDR ihre hohen Schulden im Westen nicht mehr bezahlen können. Hinzu kam, dass viele Wohnungen kaum oder nicht mehr bewohnbar waren und die Städte zunehmend verfielen. Außerdem nahmen aufgrund der wachsenden Umweltprobleme die Sorgen vieler Menschen um ihre Gesundheit zu. Dieser Niedergang von Wirtschaft und Gesellschaft beschleunigte das Ende der kommunistischen Diktatur in der DDR dramatisch.

Mangelwirtschaft
Westlicher Begriff für die Wirtschaftsordnung realsozialistischer Staaten. Während nachgefragte Waren fehlen, ist Geld zum Kauf von Waren genügend vorhanden.

Literaturtipps
Christian Kleinschmidt, Konsumgesellschaft, Göttingen 2008
Knappe, gut lesbare Geschichte der Konsumgesellschaft in Deutschland von der Frühen Neuzeit bis zur Gegenwart.

Siegfried Wittenburg, Stefan Wolle, Die sanfte Rebellion der Bilder. DDR-Alltag in Fotos und Geschichten, Darmstadt 2008

1 Skizzieren Sie die staatliche Lenkungsfunktion in einer Planwirtschaft.
2 Stellen Sie die Situation der DDR in den 1980er-Jahren, ausgehend vom Begriff der „Krise", mithilfe eines Mind Map dar.

Daten zur Wirtschaftsgeschichte der DDR

Sommer 1945	Bodenreform
1945/46	Schwerindustrielle Betriebe in Sowjetische Aktiengesellschaften überführt, Verstaatlichungen
Okt. 1947	Deutsche Wirtschaftskommission (DWK): erste zentrale Planungsbehörde der SBZ
Juni 1948	Währungsreform
Okt. 1949	Gründung der DDR: Planwirtschaft, Recht auf Arbeit
1951	Erster Fünfjahresplan
1952–1960	Zwangskollektivierung der Landwirtschaft
Mai 1953	Normerhöhung um 10%
1963	„Neues System der ökonomischen Planung und Leitung"
1968	„Ökonomisches System des Sozialismus"
1971	Ausbau der Sozialpolitik unter Honecker
1973/74	Weltweite Ölkrise
1980	Zwangsumtausch für westliche Reisende in die DDR erhöht
1982	Finanzkrise der DDR
1983/84	Milliardenkredite der BRD

Der politische Umbruch in der DDR 1989/90

1989	
2. Mai	Ungarn beginnt die Grenzanlagen zu Österreich abzubauen; erste Fluchtwelle von DDR-Bürgern
7. Mai	Kommunalwahlen in der DDR: Bürgerrechtler weisen zahlreiche Fälle von Wahlbetrug nach.
Sommer	Massenflucht von DDR-Bürgern über Ungarn oder die deutschen Botschaften in Budapest, Warschau und Prag
4. September	Beginn der „Montagsdemonstrationen" in Leipzig
9. September	Gründung des „Neuen Forum"
30. September	Genehmigte Ausreise der Botschaftsflüchtlinge in Prag über das Territorium der DDR
2. bis 4. Okt.	Gewalttätiges Vorgehen gegen Demonstranten in Dresden, Leipzig und anderen Orten
7. Oktober	Feierlichkeiten zum 40. Jahrestag der Gründung der DDR unter Teilnahme von Gorbatschow
9. Oktober	Montagsdemonstration in Leipzig mit ca. 70000 Teilnehmern, in den folgenden Tagen und Wochen Demonstrationen auch in anderen DDR-Städten
18. Oktober	Rücktritt Erich Honeckers als SED-Generalsekretär
7./8. November	Rücktritt der DDR-Regierung
9. November	„Fall der Mauer": Öffnung der DDR-Grenze zur Bundesrepublik
13. November	Hans Modrow wird von der Volkskammer zum neuen Ministerpräsidenten gewählt.
26. November	Aufruf „Für unser Land" von Intellektuellen und anderen Prominenten
28. November	Bundeskanzler Helmut Kohl legt sein „Zehn-Punkte-Programm" zur Wiedervereinigung vor.

1990

7. Februar	Die Bundesrepublik bietet der DDR Verhandlungen über eine Wirtschafts- und Währungsunion an.
10. Februar	Der sowjetische Staats- und Parteichef Gorbatschow stimmt einer Vereinigung der beiden deutschen Staaten prinzipiell zu.
18. März	Wahl der DDR-Volkskammer
12. April	Lothar de Maizière (CDU) wird zum Ministerpräsidenten einer Großen Koalition (CDU, DSU, Demokratischer Aufbruch, SPD, Liberale) gewählt.
21. Juni	Zustimmung zur Einführung der Währungs-, Wirtschafts- und Sozialunion in beiden Parlamenten; Entschließung zur endgültigen Anerkennung der Oder-Neiße-Grenze als Westgrenze Polens
1. Juli	Vertrag über die Währungs-, Wirtschafts- und Sozialunion tritt in Kraft; u. a. Einführung der Deutschen Mark in der DDR
23. August	Die Volkskammer beschließt den Beitritt der DDR zum Geltungsbereich des Grundgesetzes zum 3. Oktober.
12. September	Zwei-plus-Vier-Vertrag wird von den Außenministern der beteiligten Staaten unterzeichnet.
3. Oktober	Beitritt der DDR zur Bundesrepublik

M2 Grenzübergang Checkpoint Charlie in Berlin am Morgen nach der Maueröffnung, Fotografie, 10. November 1989

M3 Der SED-Pressesprecher Günter Schabowski gibt vor demonstrierenden DDR-Bürgern den Rücktritt der SED-Parteispitze bekannt, Fotografie, 3. Dezember 1989

M4 Konsumgüter in Privathaushalten der DDR 1960 bis 1987 im Vergleich zur Bundesrepublik (in %)

Nach: Werner Weidenfeld/Hartmut Zimmermann (Hg.), Deutschland-Handbuch, Bonn 1989, S. 300.

Konsumgut	DDR				BRD
	1960	1970	1980	1987	1987
Pkw	3	16	37	50	95
Fernseher, davon – Farbfernseher	17 –	69 0	88 17	95 47	100 91
Kälteschränke, davon – Gefrierschränke	6 –	56 1	99 13	99 38	100 76
Waschmaschinen	6	54	80	97	98
Telefone	–	10	12	16	97

M5 Käuferschlange vor einer Fleischerei in Leipzig, Fotogafie, 1980

M6 Aus einem Bericht der „Frankfurter Rundschau“ über die DDR-Wirtschaft (1980)

„Aushalten“ und „Durchstehen“: Daran haben sich die Bürger […] in 30 Jahren DDR durchaus gewöhnt. Man weiß längst, dass die beste Qualitätsarbeit der Betriebe des Landes nie auf den heimischen Markt kommt. Beliefert wird in der Regel in dieser Reihenfolge: Armee, NSW (nicht sozialistisches Wirtschaftsgebiet, also westliche Länder), Sowjetunion, SW (sozialistisches Wirtschaftsgebiet), DDR. Mit anderen Worten: Die DDR-Betriebe liefern ihre beste Qualitätsware […] für den Westexport oder in die Sowjetunion, sieht man einmal von der Armee ab.

Frankfurter Rundschau, 18. Februar 1980.

1 a) Beschreiben Sie mithilfe von M 6 die Entwicklung der Verbreitung von Konsumgütern in der DDR.
b) Vergleichen Sie mit der Bundesrepublik.

M7 Wolfgang Hinkeldey (geb. 1952 in Jena), Zwei Gedichte zur Planwirtschaft, undatiert

„ERFOLGSMELDUNG“
Auch in diesem Jahr traten
Beim Zersägen unserer Bretter
Keinerlei Späne auf

„ERFOLG UNSER“
ERFOLG UNSER, der
Du stehst in der Zeitung
Geheiligt werde dein Wortlaut
Deine Ziffer melde
Dein Optimismus blühe
Wie im Rundfunk
Also auch im Fernsehen
Unser ruhiges Gewissen
Gib uns täglich
Und vergib uns unsere Kritik
Wie wir vergeben
Unseren Kritikern
Und führe uns
Nicht in Versuchung
Sondern erlöse uns
Von allen Zweifeln
Denn dein ist die Genehmigung
Und unsere Karriere
Also auch unser Beifall
In Ewigkeit
Hurra

Thomas Auerbach, DDR-Konkret, Olle & Wolter, Berlin 1984, S. 61.

1 Skizzieren Sie die Kritik in den Gedichten von Wolfgang Hinkeldey (M 7).
2 Erklären Sie die Ursachen für die Unzufriedenheit der DDR-Bürger (M 4 bis M 7).

M8 Der Historiker Günther Heydemann über die Wirtschafts- und Sozialpolitik von Erich Honecker (2003)

Tatsächlich bestand in der Steigerung sozialpolitischer Leistungen durchaus eine gewisse Chance, sich die Loyalität oder zumindest Neutralität der Bevölkerungsmehrheit zu sichern. Auf dieser Basis beschloss der VIII. Parteitag im Juni 1971 ein ganzes Bündel derartiger Maßnahmen. Es sah als Kernstück die Verbesserung der Wohnbedingungen durch ein umfassendes Bauprogramm vor. Weiterhin gehörten dazu: die Erhöhung der Mindestlöhne und Mindestrenten; die Arbeitszeitverkürzung für Frauen, insbesondere mit Kindern, einschließlich verlängertem Mutterschaftsurlaub und Geburtenbeihilfe, um Berufstätigkeit und Mutterschaft besser vereinbaren zu können; großzügige, z. T. zinslose Kredite sowie bevorzugte Wohnungszuteilung bei Eheschließungen; eine Verbesserung der medizinischen Versorgung und Betreuung und schließlich Ausbau und Ausweitung des Erholungswesens.

Das eigentliche Problem dieses sozialpolitischen Leistungskonzeptes lag jedoch in seiner Finanzierbarkeit. Denn das Ansinnen, durch Intensivierung des Arbeitseinsatzes und des Produktionsprozesses, „sozialistische Rationalisierung“ genannt, den erhöhten Finanzbedarf abzudecken, war mit einem enormen Risiko behaftet. Bereits im Herbst 1971, nur ein halbes Jahr nach Honeckers Machtübernahme, hatte die Staatliche Plankommission (SPK) zu konstatieren, dass der Export von DDR-Waren in westliche, Devisen bringende Länder wahrscheinlich um 390 Millionen Mark verfehlt werden würde, Importe in die DDR aber um 100 Millionen

Valutamark über dem Plan lägen. Zunächst jedoch wurde das Defizit durch Kredite aus dem nicht sozialistischen Wirtschaftsbereich (NSW) gedeckt.

Im Frühjahr 1972 ließ Honecker die rasche Verstaatlichung der letzten noch bestehenden, rund 11 400 mittelständischen Industriebetriebe durchführen. Zwar besaßen diese – unter ihnen ca. 6 500 halbstaatliche Betriebe – nur noch etwa 10 Prozent Anteil an der Gesamtproduktion, aber in der Textil- und Bekleidungsindustrie, bei Leder-, Schuh- und Rauchwaren nahmen sie mit ca. 30 Prozent noch immer eine beachtliche Position ein. Das Ziel einer verbesserten Versorgung durch Unterstellung dieser Betriebe unter die staatliche Planung wurde jedoch verfehlt.

Günther Heydemann, Die Innenpolitik der DDR, Oldenbourg, München 2003, S. 29.

1 Erläutern Sie anhand von M 8 die Konzeption von Honeckers „Einheit von Wirtschafts- und Sozialpolitik“.

2 Erörtern Sie anhand der Thesen Heydemanns, ob Honeckers Konzeption von der „Einheit von Wirtschafts- und Sozialpolitik“ (M 8) zur Stabilisierung oder zur Krise der DDR beitrug.

Die wirtschaftliche und soziale Situation der DDR Ende der 1980er-Jahre

M 9 Bericht führender Wirtschaftsfunktionäre der DDR (Gerhard Schürer, Gerhard Beil, Alexander Schalck-Golodkowski, Ernst Häfner, Arno Donda) am 27. Oktober 1989

Infolge der Konzentration der Mittel [auf den Wohnungsneubau] wurden […] dringendste Reparaturmaßnahmen nicht durchgeführt und in solchen Städten wie Leipzig und besonders in Mittelstädten wie Görlitz u. a. gibt es Tausende von Wohnungen, die nicht mehr bewohnbar sind. […]

Die Feststellung, dass wir über ein funktionierendes System der Leitung und Planung verfügen, hält einer strengen Prüfung nicht stand. [Es] entwickelte sich ein übermäßiger Planungs- und Verwaltungsaufwand. Die Selbstständigkeit der Kombinate und wirtschaftlichen Einheiten sowie der Territorien wurde eingeschränkt. […] Die vorgegebene Strategie, dass die Kombinate alles selbst machen sollten, führte zu bedeutenden Effektivitätsverlusten. […] Dadurch trat u. a. eine Tendenz der Kostenerhöhung ein, wodurch die internationale Wettbewerbsfähigkeit abnahm. Das bestehende System der Leitung und Planung hat sich hinsichtlich der notwendigen Entwicklung der Produktion der „1 000 kleinen Dinge“ sowie der effektiven Leitung und Planung der Klein- und Mittelbetriebe […] nicht bewährt, da ökonomische und Preis-Markt-Regelungen ausblieben. […] Im […] Vergleich der Arbeitsproduktivität liegt die DDR gegenwärtig um 40 % hinter der BRD zurück. […] Die Verschuldung im nicht sozialistischen Wirtschaftsgebiet [NSW] ist seit [1971] auf eine Höhe gestiegen, die die Zahlungsfähigkeit der DDR infrage stellt. […]

Die Konzentration der ohnehin zu geringen Investitionen auf ausgewählte Zweige hat zum Zurückbleiben in anderen Bereichen, darunter der Zulieferindustrie, geführt. Dazu kommt, dass große Investitionsobjekte mit bedeutendem Aufwand nicht den geplanten Nutzen erbracht haben. […] In bestimmten Bereichen der Volkswirtschaft sind die Ausrüstungen so verschlissen, woraus sich ein überhöhter und ökonomisch uneffektiver Instandhaltungs- und Reparaturbedarf ergibt. […] Im Zeitraum seit [1971] wuchs insgesamt der Verbrauch schneller als die eigenen Leistungen. [Die Verschuldung im NSW erhöhte] sich von 2 Mrd. VM 1970 auf 49 Mrd. VM 1989. [Die] Sozialpolitik seit [1971 basierte] nicht in vollem Umfang auf eigenen Leistungen [und führte] zu einer wachsenden Verschuldung im NSW. […]

Die Spareinlagen einschließlich Versicherungssparen erhöhten sich von 136 Mrd. M 1985 auf 175 Mrd. M Ende 1989. […] Das Wachsen der Spareinlagen ist einerseits Ausdruck […] des Wunsches, mit wachsendem Lebensstandard über persönliche Reserven zu verfügen, hängt aber andererseits zum Teil mit nicht realisierbaren Kaufwünschen, besonders nach langlebigen und hochwertigen Konsumgütern, zusammen […].

Die Verbindlichkeiten des Staatshaushaltes gegenüber dem [inländischen] Kreditsystem entwickelten sich aufgrund der höheren Ausgaben gegenüber den erreichten Einnahmen von rd. 12 Mrd. M 1970 auf […] 123 Mrd. M 1988. In den Jahren 1989 und 1990 können die höheren Ausgaben des Staatshaushaltes gegenüber den Einnahmen nur durch zusätzliche Kreditaufnahme in Höhe von 20 Mrd. M erreicht werden, sodass die Gesamtverschuldung 1990 insgesamt 140 Mrd. M beträgt. […] Die ungenügende Erhöhung der Effektivität im volkswirtschaftlichen Reproduktionsprozess, die Angleichung der Industrieabgabepreise an den im internationalen Vergleich zu hohen Aufwand sowie die wachsende Verschuldung des Staatshaushaltes hat zu einer Schwächung der Währung der DDR geführt. […]

[In] den Jahren 1971 bis 1980 wurden [Waren im Werte von] 21 Mrd. VM mehr [aus dem NSW] importiert als [dorthin DDR-Waren] exportiert. [Die daher notwendige Kreditaufnahme und die erforderlichen Zinszahlungen] sind die Hauptursache des heutigen außergewöhnlich hohen Schuldenberges. […] Exportüberschüsse [in den Jahren 1981 bis 1986] ermöglichten es, den [Schuldensaldo in diesen Jahren] etwa auf gleichem Niveau in Höhe von 28 Mrd. VM zu halten. [Eine] grundlegende Änderung der ökonomischen Situation in der DDR [trat ein, als die] Exportziele des Fünfjahrplanes 1986 bis 1989 […] aufgrund der fehlenden Leistung und ungenügenden Effektivität mit 14 Mrd. VM unterschritten und der Import mit rd. 15 Mrd. VM [darunter 6,9 Mrd. VM für Importe zur Leistungssteigerung in der metallverarbeitenden Industrie und der Mikroelektronik] überschritten [wurden. Anstelle] des geplanten [NSW-] Exportüberschusses von 23,1 Mrd. VM [trat] ein Importüberschuss im Zeitraum 1986–1989 von 6 Mrd. VM [ein]. […] Die DDR hat, bezogen auf den NSW-Export, 1989 eine Schuldendienstrate von 150 %. Die Lage in der Zahlungsbilanz wird sich […] 1990 weiter verschärfen. [Zur] Aufrechterhaltung der Zahlungsfähigkeit [der DDR müssten hohe] Exportüberschüsse erreicht werden. […]

1. […] Es ist eine grundsätzliche Änderung der Wirtschaftspolitik der DDR, verbunden mit einer Wirtschaftsreform, erforderlich. […] 2. Durchführung einer Wirtschaftsreform: Abschaffung der zentralen Planung und Abrechnung der Tagesmeldungen sowie der zentralen Dekaden- und Monatsplanung. […] Der Wahrheitsgehalt der Statistik und Information ist auf allen Gebieten zu gewährleisten. Insgesamt geht es um die Entwicklung einer an den Marktbedingungen orientierten Planwirtschaft. […]

Allein das Stoppen der Verschuldung würde im Jahre 1990 eine Senkung des Lebensstandards um 25 bis 30 % erfordern und die DDR unregierbar machen. […] Aus diesem Grunde wird […] vorgeschlagen: […] ein konstruktives Konzept der Zusammenarbeit mit der BRD und mit anderen kapitalistischen Ländern […] auszuarbeiten.

Zit. nach: Matthias Judt (Hg.), DDR-Geschichte in Dokumenten, Ch. Links, Berlin 1997, S. 145–147.

M 10 Demonstration in Prag gegen die Regierung, 18. Oktober 1989.
Die Demonstration wurde von der Polizei brutal beendet.

M 11 Der Historiker Hans-Ulrich Wehler über Krise und Niedergang der DDR (2008)

Wegen der Wirtschaftskrise in den frühen 1970er-Jahren […] kletterten auch die Schulden im Tempo einer galoppierenden Schwindsucht weiter in die Höhe, bis sie 1989 den Umfang von 49 Milliarden Mark erreichten. Zwei von dem CSU-Chef Strauß 1983/84 vermittelte Kredite von je einer Mrd. DM retteten die Kreditwürdigkeit der DDR, wirkten aber nur wie der Tropfen auf den heißen Stein.

Im Inneren des Landes hatte die SED, die sich seit jeher mit der Verfechtung der wahren Volksinteressen gebrüstet hatte, in einem beispiellosen Maße von der Substanz gezehrt. Der Kern der Städte war bis zum Ende der 1980er-Jahre verfallen, da die eingefrorenen Mieten den privaten Hausbesitzern keine angemessene Reparatur ermöglichten, während die staatlich beschlagnahmten Gebäude genauso wenig modernisiert wurden. Mehr als die Hälfte aller Straßen litt an schweren Schäden, 18 % dieses Verkehrsnetzes waren nach Expertenmeinung kaum mehr befahrbar. Im Hinblick auf Telefonanschlüsse rangierte die DDR auf der Welt an 65. Stelle; 62 % der Fernsprechanlagen waren erheblich älter als 30 Jahre.

Diese Mängel der Infrastruktur verblassten aber vor den Dimensionen der immer schmerzhafter spürbaren Umweltkatastrophe. Die SED hatte durch ihre ungeschützte Industrialisierung und rücksichtslose Braunkohleverwendung, mit ihrer Vergiftung der Luft und der Gewässer den Ruin ganzer Landstriche, Dörfer und Städte herbeigeführt, vor allem aber die Gesundheit und das Alltagsleben von Millionen Menschen schwersten Belastungen ausgesetzt. Zahllose Krankheiten wurden durch die ökologischen Probleme verursacht, und während die durchschnittliche Lebenserwartung westlich der Elbe sprungartig anwuchs, stagnierte sie in der DDR.

Diesen menschenfeindlichen Folgen ihrer eigenen Politik wollte sich die Parteidiktatur aber nicht stellen, da die Alternative einer aktiven Umweltpolitik eine Kürzung der Finanzierung der inzwischen umfänglichen sozialpolitischen Leistungen bedeutet hätte, die für die Legitimierung des Regimes und seine verbissene Machtbehauptung als unabdingbar galten. Dieser Parteiegoismus lief im Kern auf eine unaufhaltsame Selbstzerstörung des Landes hinaus.

Hans-Ulrich Wehler, Deutsche Gesellschaftsgeschichte, Bd. 5, C. H. Beck, München 2008, S. 359 f.

1 **a)** Nehmen Sie die Perspektive eines westdeutschen Journalisten ein, der den Bericht M 9 Ende Oktober 1989 zugespielt bekommen hätte. Verfassen Sie einen Zeitungsartikel über die wirtschaftliche Lage in der DDR.

b) Schreiben Sie aus der Sicht eines Mitarbeiters im Bundeswirtschaftsministerium eine Empfehlung, wie die Bundesregierung auf die geschilderte Situation reagieren sollte.

2 Diskutieren Sie die Urteile Wehlers (M 11).

3 **Essay:** Diskutieren Sie, ausgehend von der Schlussthese in M 11, Z. 52–54, ob und inwieweit das kommunistische System der DDR 1989 reformfähig war.

Präsentationsvorschläge

Thema 1

Glasnost und Perestroika in der Sowjetunion

Stellen Sie in einem Referat oder einer Facharbeit die Grundzüge der Politik Michail Gorbatschows dar. Zeigen Sie die wichtigsten wirtschaftlichen und sozialen Auswirkungen seines Reformprogramms und erörtern Sie die Gründe für den Zerfall der Sowjetunion. Präsentieren Sie Ihre Ergebnisse in einem Referat oder einer Facharbeit.

Literaturtipps

Hans-Heinrich Nolte, Kleine Geschichte Russlands, Bonn 2006 (= Schriftenreihe der Bundeszentrale für politische Bildung Bd. 526, © Philipp Reclam Jun. GmbH & Co., Stuttgart 2003)

Länderbericht Sowjetunion, hg. v. Heiko Pleines und Hans-Henning Schröder, Bonn 2010 (= Schriftenreihe der Bundeszentrale für politische Bildung Bd. 1066)

Thema 2

Krise und Umbruch in einem ehemaligen Ostblockstaat

Wählen Sie einen der folgenden Staaten: Polen, Tschechoslowakei, Ungarn, Rumänien, Litauen, Lettland oder Estland.
Informieren Sie sich über die Ursachen und den Verlauf des Umbruchs 1989/90. Stellen Sie Bewältigungsstrategien unterschiedlicher gesellschaftlicher Gruppen (Regierung, Bevölkerung, Opposition, Machteliten) dar. Erörtern Sie die politischen, sozialen und wirtschaftlichen Folgen, die sich aus dem Zusammenbruch des kommunistischen Systems ergaben. Präsentieren und visualisieren Sie Ihre Ergebnisse in einem Referat oder einer Facharbeit.

Literaturtipp

György Dalos, Der Vorhang geht auf, Bonn 2009 (= Schriftenreihe der Bundeszentrale für politische Bildung Bd. 769)

M 12 Der polnische Arbeiterführer Lech Walesa spricht in Danzig vor Anhängern der Gewerkschaft Solidarność, Fotografie, Herbst 1988

Webcode:
KH641994–097

Erarbeiten Sie Präsentationen

Thema 1
Vorstellung eines Romans über die Weltwirtschaftskrise 1929

- Hans Fallada, Kleiner Mann – was nun?, rororo Taschenbuch, Reinbek bei Hamburg 1950 (Erstausgabe 1932)
- Leonhard Frank, Von drei Millionen drei, S. Fischer, Frankfurt/M. 1932 (Erstausg.)
- Klaus Kordon, Mit dem Rücken zur Wand, Beltz, Weinheim 1990

Folgende Arbeitsfragen zur Interpretation literarischer Quellen können Ihnen helfen:

1 **Das erzählte Geschehen:** Um welches Thema geht es in dem Werk? (Ort, Zeit, Personen mit ihrem Handeln und Fühlen, historische Vorbilder)
2 **Der Erzähler/die Erzählerin:** Aus welcher Perspektive wird erzählt? (Erzähler als Teil der Handlung oder nicht?, Haltung zum Erzählten, Kommentare und Bewertungen)
3 **Der Autor/die Autorin** (soziale Herkunft, Bildungsweg, politische Position, Abstand zur erzählten Handlung, historische Quellen, Publikumserwartung)

M1 Titelbild des Romans „Kleiner Mann was nun?"

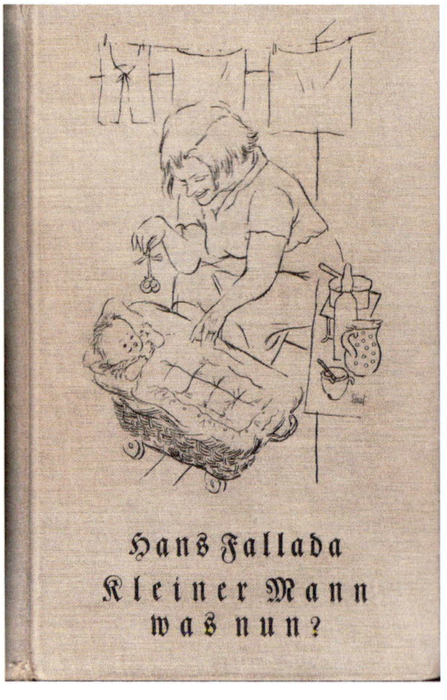

Thema 2
Foto-Recherche zum Thema Weltwirtschaftskrise 1929

1 **a)** Recherchieren Sie in historischen Bildbänden und bei Online-Bilddatenbanken nach Fotos aus der Zeit der Weltwirtschaftskrise in Deutschland 1929 bis 1932.
b) Gruppieren Sie die Fotos nach typischen Motiven und Bildaufbau (z.B. Arbeitslose, Straßenszene, Portraits)
c) Wählen Sie Beispiele aus, an denen Sie typische Merkmale vorstellen können (z.B. Perspektive der Aufnahme, Komposition).
d) Diskutieren Sie über die Frage, welche Bilder der Weltwirtschaftskrise überliefert wurden und wie diese die Wahrnehmungen der gegenwärtigen Finanzkrise beeinflussen.

M2 Suppenküche in München, Fotografie, 12. Dezember 1930

Webcode:
KH641994-098

Überprüfen Sie Ihre Kompetenzen

M 3 Wahlplakat der Zentrumspartei, 1932

Zentrale Begriffe

Deflation
Inflation
Notverordnungsrecht
Präsidialregierung
Reparationen

Sachkompetenz

1 Fassen Sie anhand von M 2 die sozialen Folgen der Weltwirtschaftskrise in Deutschland zusammen. Erklären Sie die hohe Zahl von Arbeitslosen.
2 Erstellen Sie eine Zeittafel mit mindestens fünf wichtigen Ereignissen, die in Deutschland krisenverschärfend gewirkt haben.
3 Schreiben Sie Definitionen der zentralen Begriffe in diesem Kapitel und stellen Sie sie im Unterricht vor. Ergänzen Sie ggf. weitere Begriffe, die Ihnen wichtig erscheinen.

Methodenkompetenz

1 „Es war die deutsche Bankenkrise, die […] sich zur internationalen Finanzkrise entwickelte und den Zerfall des internationalen Währungssystems einleitete." Erläutern Sie dieses Zitat der Historikerin Heike Knortz von 2010 und bewerten Sie es auf dem Hintergrund Ihrer Kenntnisse.
2 Interpretieren Sie das Plakat M 3.

Urteilskompetenz

1 „Die Reichsregierung nimmt für sich in Anspruch, dass sie sich in sozialer Gesinnung von keiner ihrer Vorgängerinnen übertreffen lässt. Aber Sozialpolitik um ihrer selbst willen ist kein Gebilde im luftleeren Raum." (Reichskanzler Brüning am 16. Oktober 1930; s. M 12, S. 66). Bewerten Sie diese Äußerung Brünings.

4 Krisenerklärungen und wirtschaftspolitische Konzepte

Kompetenzen erwerben

Sachkompetenz:
- die wissenschaftliche Auseinandersetzung über die Gründe der Weltwirtschaftskrise beschreiben
- die wirtschaftspolitischen Konzepte von Keynes, Schumpeter und Hayek erläutern und vergleichen

Urteilskompetenz:
- am Beispiel der USA und Deutschlands in den 1930er-Jahren überprüfen, welche wirtschaftspolitischen Konzepte wirksame Lösungsmechanismen bereitstellen können
- die Diskussion um die heutige Weltwirtschaftskrise anhand wirtschaftshistorischer Lösungsansätze (Kindleberger, Born) beurteilen

Methodenkompetenz:
- Sekundärtexte analysieren

Die wissenschaftliche Diskussion über die Ursachen der Krise

Literaturtipps
Ivan T. Berend, Markt und Wirtschaft. Ökonomische Ordnungen und wirtschaftliche Entwicklung in Europa seit dem 18. Jahrhundert, Göttingen 2007

Vera Linß, Die wichtigsten Wirtschaftsdenker, Wiesbaden 2007

Joachim Starbatty (Hg.), Klassiker des ökonomischen Denkens. Von Platon bis John Maynard Keynes, München 1989

Der New Yorker Börsenkrach 1929 und die von ihm ausgelöste Große Depression der 1930er-Jahre **erschütterten das Vertrauen in die Selbstheilungskräfte der Märkte** nachhaltig. Viele Menschen richteten daher ihr Augenmerk auf den Staat, der in das Wirtschaftsleben eingreifen sollte, um die Krise abzumildern und zu beenden. Aber die Regierungen standen der Weltwirtschaftskrise zunächst ebenso hilflos gegenüber wie die Ökonomen. Weder Politiker noch Wissenschaftler schienen anfangs eine tragfähige Theorie zur Erklärung dieser katastrophalen Entwicklung zu besitzen noch wirksame Konzepte zur raschen Lösung der Probleme anbieten zu können. Sind wir heute klüger als die Zeitgenossen? Wie haben die Wirtschaftswissenschaften auf die Krise reagiert?

Seit den 1930er-Jahren haben Historiker, Sozial- und Wirtschaftswissenschaftler intensiv die Weltwirtschaftskrise erforscht. Einigkeit besteht darin, dass diese Krise nicht auf eine einzige Ursache zurückgeführt werden dürfe, sondern aus einem **Bündel unterschiedlicher politischer, wirtschaftlicher und gesellschaftlicher Strukturen und Prozesse** erklärt werden müsse. Die Instabilität des internationalen Systems sei dabei ebenso zu berücksichtigen wie die Finanz- und Wirtschaftsbeziehungen zwischen den USA und den europäischen Staaten nach dem Ersten Weltkrieg oder die Rolle der Finanzwirtschaft und der Banken in den führenden Industriestaaten. Bis in die Gegenwart hinein gibt es unterschiedliche Deutungen über die Entstehung der Großen Depression. Sie weichen vor allem voneinander ab bei der Gewichtung der Faktoren, die die Krise herbeigeführt und verschärft haben.

Krisenerklärungen und wirtschaftspolitische Konzepte

Als 1929 der New Yorker Börsenkrach die Weltwirtschaftskrise einleitete, herrschten in der wissenschaftlichen und gesellschaftspolitischen Diskussion zwei Strömungen vor. Auf der einen Seite standen die **Sozialisten**, die alle ihre Hoffnungen auf den Staat setzten. Sie betrachteten die **Verstaatlichung der Unternehmen** als ein geeignetes Mittel zur Überwindung von Wirtschaftskrisen und der damit verbundenen Arbeitslosigkeit. Auf der anderen Seite vertrauten die **Anhänger der klassischen Wirtschaftstheorie** auf die **Selbstregulierungskräfte des Marktes**. Die von staatlichen Eingriffen unbeeinflusste, freie Marktwirtschaft werde von einer „unsichtbaren Hand" geleitet, die gleichermaßen wie von selbst Krisen abwende und Vollbeschäftigung garantiere. Die Regierung müsse lediglich für einen ausgeglichenen Staatshaushalt sorgen und das wirtschaftliche Leben möglichst wenig regulieren. In der Auseinandersetzung um eine angemessene Reaktion auf die Weltwirtschaftskrise entstanden in den 1930er-Jahren drei Denkschulen, die bis heute maßgeblich die wissenschaftliche und wirtschaftspolitische Debatte bestimmen:

Der britische Ökonom John Maynard Keynes schlug in seinem 1936 erschienenen Buch „Allgemeine Theorie der Beschäftigung, des Zinses und des Geldes" einen Mittelweg vor. Seine bis in die Gegenwart hinein einflussreiche Theorie, der **Keynesianismus**, betont die Leistungsfähigkeit der Marktwirtschaft. Verstaatlichung lehnte Keynes ab. Allerdings wies er dem Staat wichtige Aufgaben und Funktionen bei der Ankurbelung der Konjunktur zu. In einer Depression müsse sich der Staat notfalls verschulden (*„deficit spending"*), um durch öffentliche Ausgaben und Investitionen die Nachfrage zu stärken und Beschäftigung zu sichern.

John Maynard Keynes (1883–1946), Fotografie, o. J.

Die **Monetaristen**, wie die Denkschule des amerikanischen Wirtschaftswissenschaftlers Milton Friedman genannt wird, lehnten dagegen staatliche Interventionen – vor allem staatliche Konjunkturprogramme – grundsätzlich ab, forderten aber von den Notenbanken, dass sie die Geldmenge erhöhe, damit den Unternehmen ausreichend Kapital zur Verfügung stehe. Nicht mangelnde Nachfrage wie bei Keynes, sondern ein Rückgang der Geldmenge war für Friedman der Hauptgrund für die Weltwirtschaftskrise.

Eine andere einflussreiche Richtung der Ökonomie, die von **österreichischen Forschern und ihren Schülern** – zu ihnen gehörten unter anderem Joseph A. Schumpeter oder Friedrich Hayek – geprägt wurde, sprach sich gegen jegliche Eingriffe sowohl in die Wirtschaft als auch in das Geldsystem aus. Interventionen verzögerten ihrer Meinung nach nur die dringend notwendige Erneuerung der Wirtschaft. Die für diesen „Prozess der schöpferischen Zerstörung" (Schumpeter) erforderliche Innovationskraft brächten allein die Unternehmer auf.

Joseph Alois Schumpeter (1883–1950), Fotografie, o. J.

Hinweise zur Arbeit mit den Materialien

Die folgenden Materialien geben die wichtigsten wirtschaftshistorischen Positionen zur Weltwirtschaftskrise der 1930er-Jahre wieder: Die Texte von Charles P. Kindleberger (M 1) und Karl Erich Born (M 2) gehören zu den Klassikern der Ökonomie bzw. der Wirtschaftsgeschichte und fassen **Ursachen und Lösungsansätze der Großen Depression** zusammen.
Mit den **wichtigsten wirtschaftspolitischen Konzepten**, die in der Folge der Krise von Wirtschaftstheoretikern entwickelt worden sind, beschäftigen sich die Texte M 3 bis M 6. Es handelt sich dabei um Auszüge aus den Schriften von **Keynes** (M 4), **Hayek** (M 5) und **Schumpeter** (M 6), deren Theorien die amerikanischen Ökonomen Nouriel Roubini und Stephen Mihm in M 3 zusammenfassen und erläutern.
Eine **Standortbestimmung zur gegenwärtigen Wirtschaftskrise** gibt der Ökonom Max Otte (M 7).

M 1 Der Wirtschaftswissenschaftler Charles P. Kindleberger über die Ursachen der Weltwirtschaftskrise

Der amerikanische Wirtschaftswissenschaftler Charles P. Kindleberger (1910–2003) beschäftigte sich intensiv mit der Wirtschaftsgeschichte, um aus vergangenen Erfahrungen zu lernen. Sein zuerst 1973 erschienenes Buch „Die Weltwirtschaftskrise 1929–1939" wurde mehrfach neu aufgelegt und gilt nach wie vor als Klassiker. Auch sein Buch „Manien, Paniken, Crashs. Die Geschichte der Finanzkrisen dieser Welt" (zuerst 1978) entwickelte sich zu einem Klassiker des ökonomischen Denkens.

Was rief die weltweite Depression von 1929 hervor, weshalb war sie so weitverbreitet, so tief, so lang? Wurde sie von realen oder monetären Faktoren verursacht? Ging sie von den USA aus, von Europa, von den Rohstoffländern der Peripherie, oder entwickelte sie sich aus den gegenseitigen Beziehungen dieser Regionen? War die verhängnisvolle Schwäche in der Natur des kapitalistischen Systems der Weltwirtschaft begründet oder lag es an der Steuerung dieses Systems, d. h. an der Politik der Regierungen? War diese Politik, insofern sie von Bedeutung war, die Folge von Ignoranz, Kurzsichtigkeit oder Böswilligkeit? Reflektierten Tiefe und Länge der Krise die besonders starke Erschütterung eines an sich relativ stabilen Systems oder die Instabilität des Systems im Fall einer oder mehrerer Erschütterungen von durchschnittlicher Stärke [...]? Oder war, um auf die unterschiedlichen Ansichten von Milton Friedman und Paul Samuelson Bezug zu nehmen, die Krise von 1929 eine Folge der amerikanischen Geldpolitik oder einer Reihe historischer Zufälle? [...]

Mit meiner Studie komme ich zu dem Schluss, dass die Depression nach 1929 so breit, so tief und so lang war, weil das internationale Finanzsystem durch die britische Unfähigkeit und den amerikanischen Unwillen, die Verantwortung für die Stabilisierung zu übernehmen, instabil war. Keine der beiden Nationen übernahm die fünf essentiellen Funktionen:

- Aufrechterhaltung eines relativ offenen Marktes für Güter in Krisenbranchen;
- contrazyklische oder zumindest kontinuierliche und stabile Bereitstellung von Krediten;
- Überwachung eines Systems relativ stabiler Wechselkurse;
- Koordinierung der makroökonomischen Politik;
- Rolle als Kreditgeber der letzten Instanz (*lender of last resort*) durch Aufkauf von Forderungen und Wertpapieren oder Bereitstellung von Liquidität durch andere Mittel.

Ich glaube, dass diese Funktionen durch ein einziges Land organisiert und durchgeführt werden müssen. Wenn dies getan wird, und wenn insbesondere dieses Land als Kreditgeber der letzten Instanz in einer Finanzkrise auftritt, wird das internationale Finanzsystem normalerweise in der Lage sein [...], die Anpassung auf ziemlich schwere Krisen mithilfe des Marktmechanismus zu bewältigen.

Es mag Zeiten geben, in denen die strukturellen Verwerfungen so stark sind, dass noch weitergehende Maßnahmen notwendig sind, wie zum Beispiel der Marshall-Plan und die britischen Kredite nach dem Zweiten Weltkrieg. D. E. Moggridge glaubt, dass die Verwerfungen von 1929 bis 1931 so tief waren, dass keinerlei Notkredite aus Frankreich oder den Vereinigten Staaten an Österreich, Deutschland und England die Abwärtsspirale der Währungen hätte stoppen können. Die Frage ist jedoch, ob die Schocks, denen das System ausgesetzt war – Überproduktion in Basisgütern, die französische Hartnäckigkeit, auf deutschen Reparationszahlungen zu bestehen, die amerikanische Forderung nach Begleichung der Kriegsschulden, die Überbewertung des Pfund und die Unterbewertung des Franc, der Stopp der Auslandskredite durch New York, der Crash am Aktienmarkt und so weiter – so groß waren, dass sie jede Maßnahme zunichte gemacht hätten: oder ob nicht jeder Schock über einer gewissen Intensität das instabile System die Entwicklung einer Depression ausgelöst hätte, solange nicht eine Nation die Rolle des Stabilisators übernehmen würde.

Ich glaube, dass die Probleme durch ein latent sehr instabiles System und die Abwesenheit einer Führungsnation, eines Stabilisators verursacht wurden. Vor dem Ersten Weltkrieg stabilisierte Großbritannien die Weltwirtschaft, indem es die oben genannten Funktionen übernahm, mehr oder weniger mit der enormen Hilfe des Mythos des Goldstandards, durch den stabile Wechselkurse und eine Koordination der Wirtschaftspolitik erreicht wurden. […]

1929, 1939 und 1931 [sic!] konnte Großbritannien die Rolle des Stabilisators nicht übernehmen, und die Vereinigten Staaten wollten es nicht. Als jedes Land sich auf die Wahrnehmung seiner nationalen Privatinteressen beschränkte, ging das Gemeinwohl der Staatengemeinschaft in die Binsen und mit ihm die nationalen Belange aller. […]

In den 1920er-Jahren war der amerikanische Kapitalexport positiv korreliert mit den Inlandsinvestitionen. Die Hochkonjunktur der 1920er-Jahre ging einher mit Auslandskrediten, die Depression der 1930er-Jahre erlebte eine Umkehr des Kapitalstroms. […]

Das Offenhalten eines Marktes für Krisenprodukte kann als eine andere Form der Finanzierung betrachtet werden. Der Freihandel hat zwei Dimensionen: die Anpassung der inländischen Ressourcen an Veränderungen der Produktionskapazität im Ausland und die Aufrechterhaltung eines offenen Importmarktes in Zeiten der Anspannung. Die erste Aufgabe wird von einer schnell wachsenden Wirtschaft leichter erfüllt, da sie ohnehin ihre Produktionsfaktoren aus weniger produktiven Beschäftigungen abziehen muss und auch bereit ist, den Wettbewerb mit den Importen aufzunehmen. Wenn während der Krise am Prinzip des Freihandels festgehalten wird – unter Inkaufnahme einer kurzfristigen Belastung für die Produktionsfaktoren in importkonkurrierenden Branchen –, bietet die zweite Dimension einen Markt für die im Ausland angesammelten Überschüsse. Großbritannien hielt von 1846 […] bis 1916 dem Freihandel die Treue. Nach 1873 verlangsamte sich das Wachstum, doch fuhr man fort, dem Freihandel anzuhängen, da die schrumpfenden Industrien eher Exportgüter herstellten, als mit Importen konkurrierten. Das zähe Festhalten Englands am Freihandel während der Depression war wohl eher durch eine kulturelle Phasenverschiebung und die Freihandelstradition seit Adam Smith bedingt, als einem bewussten Dienst an der Weltwirtschaft entsprungen.

Das Gegenbeispiel bietet das Smoot-Hawley-Zollgesetz von 1930. Trotz einer Empfehlung der Weltwirtschaftskonferenz von 1927 zum Abschluss eines weltweiten Zoll-Stillhalteabkommens griff Hoover beim ersten Anzeichen von Schwierigkeiten in der Landwirtschaft nach dem Hausmittel der Republikaner, wie Schumpeter es bezeichnete. Diese Tat war weniger wegen ihrer Auswirkungen auf die amerikanische Zahlungsbilanz oder wegen ihrer Unschicklichkeit für eine Gläubigernation von Bedeutung als wegen ihrer Verantwortungslosigkeit. Ein wild gewordener Haufen von Kongressabgeordneten dehnte die Schutzzölle von der Landwirtschaft auf Rohstoffe und Fertigwaren aller Art aus, und trotz mehr als dreißig formeller Proteste anderer Staaten und entgegen dem Ratschlag von tausend Ökonomen verlieh Hoover durch seine Unterschrift dem Gesetz Rechtskraft. Dies war Anlass oder zumindest keine Barriere für eine wilde, kopflose Flucht in Protektionismus und Importbeschränkungen, wobei jedes Land versuchte, den Deflationsdruck der Importe zu parieren, und alle zusammen aber durch die wechselseitige Behinderung der Exporte gerade diesen hervorriefen. Wie bei einer Abwertung mit dem Ziel, das Preisniveau im Inland anzuheben, war der Gewinn für ein Land ein Verlust für die Gesamtheit. Mit Vergeltungszöllen und Abwertungskonkurrenz konnten Verluste auf beiden Seiten nicht ausbleiben. Die Formel von Zoll-Stillhalteabkommen und Stabilisierung der Wechselkurse, wie sie für die Weltwirtschaftskonferenz von 1933 vorgeschlagen worden war, bot keine positiven Mittel zur Preisanhebung und Ausweitung der Beschäftigung. [...]

Dass kein Land die Führung in die Hand nahm und für Diskontmöglichkeiten, antizyklische Kredite oder einen offenen Markt für Güter sorgte, ließ das System instabil werden. Das gilt auch für die Hinterlassenschaft des Krieges und besonders für die Kombination von Reparationen, Kriegsschulden, Überbewertung des Pfundes und Unterbewertung des französischen Franc. Vermutlich muss man hier auch noch die deutsche Inflation von 1923 anführen, die das wahnwitzige Festhalten der Deutschen an der Deflation zur Folge hatte. Die strukturellen Verwerfungen durch den Krieg in Form der Überproduktion von Weizen, Zucker und Wolle sowie im Schiffbau, bei Baumwolltextilien und Kohle waren weniger folgenreich und wären durch das Preissystem relativ leicht korrigiert worden, wenn die gesamtwirtschaftliche Stabilität bewahrt worden wäre. Die Verzerrungen des Finanzgefüges machten aber die Erhaltung einer solchen Stabilität schwierig, wenn nicht unmöglich. Bei einer weitblickenden Führung der USA wäre es vielleicht gelungen, die ersatzlose Streichung der Kriegsschulden durchzusetzen, so schwierig es auch war, den amerikanischen Wähler vom Nutzen solcher Politik zu überzeugen, insbesondere solange Großbritannien und Frankreich Reparationen einstrichen. England war bereit, auf Reparationen zu verzichten, insoweit ihm Kriegsschulden erlassen würden [...], aber die Vorstellung, dass Frankreich die Reparationen abschreiben könnte, nachdem es 1871 und 1819 solche gezahlt und vier furchtbare Kriegsjahre durchgemacht hatte, heißt, zu viel von der Geschichte zu verlangen.

Charles P. Kindleberger, Die Weltwirtschaftskrise 1929–1939, hg. v. Max Otte, FinanzBuch Verlag, München 2010, S. 369–376.

M 2 Der Historiker Karl Erich Born über die Entstehung der Weltwirtschaftskrise 1929 und die Große Depression der 1930er-Jahre (1988)

Der folgende Text stammt aus einem Artikel eines wirtschaftswissenschaftlichen und sozialwissenschaftlichen Lexikons und ist wie ein Beitrag zu einem wissenschaftlichen Handbuch geschrieben. Der Autor ist deutscher Historiker und hat sich unter anderem mit Arbeiten zur deutschen Bankenkrise einen Namen gemacht.

Nach einem relativ kurzen, aber stürmischen Konjunkturaufschwung seit 1922 geriet die Weltwirtschaft 1929 in ihre bisher schlimmste Krise und Depression. Die Weltwirtschaftskrise von 1929 hatte einen großen Komplex von Ursachen, von denen hier die wichtigsten und folgenreichsten genannt werden sollen:

a. Durch den Nachholbedarf der Nachkriegszeit, der vielfach als dauernde Nachfrage gewertet wurde, war eine spekulative Überproduktion angeregt worden. Auch die Überschätzung der Absatzchancen der neuen Industrien (Automobil-, Radio-, Foto- und Film-, Kunstoff-Industrie) hatte in diesen Industriezweigen Überproduktion zur Folge.

b. Im Zusammenhang mit der Überschätzung der Aufnahmefähigkeit des Marktes entstand, besonders in den USA, eine Börsenspekulation, bei der die Aktienkurse in eine Höhe getrieben wurden, die dem tatsächlichen Wert der Effekten[1] überhaupt nicht mehr entsprach. Die Spekulation in den USA wurde sehr stark mithilfe von Bankkrediten betrieben, die wegen der großen Flüssigkeit des amerikanischen Geldmarktes zu niedrigen Zinsen zu haben waren.

c. In der Landwirtschaft fand in den 1920er-Jahren eine große Überproduktion von Kaffee, Wolle und Baumwolle statt, deren Preise seit 1920 stetig fielen.

d. Der internationale Handel wurde

durch den Zollprotektionismus der Nachkriegszeit gestört.

e. Nach 1918 war das Gleichgewicht der Weltmarktwirtschaft gestört: Die USA waren seit dem Ersten Weltkrieg das größte Gläubigerland, aber zugleich auch seit 1921 wieder ein Hochschutzzollland, weshalb die Schuldner der USA nicht in der Lage waren, ihre Schulden durch Lieferungen nach Amerika abzutragen.

f. Nach den Währungskrisen, die dem Ersten Weltkrieg gefolgt waren, bestand nur noch eine verminderte Bereitschaft zur langfristigen Kreditvergabe im internationalen Kapitalverkehr. [...]

g. Am Ende der 1920er- und zu Beginn der 1930er-Jahre verfielen die internationalen Rohstoff- und Getreidepreise. Daran war die Goldhortung Frankreichs und der USA seit 1928 beteiligt. Auch die russische Getreideausfuhr zu Dumping-Preisen, selbst in den russischen Hungerjahren, drückte auf die Weltmarktpreise für Getreide. [...]

h. Schließlich störten auch die Geldreparationen das internationale Gleichgewicht der Wirtschaft; denn hier fanden riesige Geldtransfers ohne entsprechende Warenströme oder Dienstleistungen statt.

Schon seit dem Frühjahr 1929 deuteten manche Anzeichen auf einen Umschwung hin. Der Absatz blieb hinter der Produktion zurück. Bei den Produzenten und bei den Händlern wuchsen die Lagervorräte – stets ein Alarmzeichen. Daraufhin ging in den meisten Industrieländern die Produktion zurück, und die Arbeitslosenzahlen stiegen. Diese Entwicklung war bereits im Gang, als am 25. Oktober 1929 die Panik an der New Yorker Börse ausbrach. Der Zusammenbruch des unsoliden Hatry-Konzerns und die Erhöhung der Diskontsätze in London und New York, die dem „Schwarzen Freitag" vorausgingen, dürften die Panik ausgelöst haben. Von Amerika griff die Krise rasch in die anderen Industrieländer über. Die nun folgende Depression hatte verheerende Ausmaße und erreichte erst 1932 den Tiefpunkt. Dann setzte eine allmähliche Erholung ein. [...]

In Deutschland war der Konjunkturaufschwung, welcher der Weltwirtschaftskrise voranging, noch kürzer als in anderen Ländern. Nach der Währungsreform, mit der 1923/24 die Inflation beendet wurde, machte die deutsche Wirtschaft zwei Stabilisierungskrisen (1924 und Sommer 1925 bis Spätsommer 1926) durch, die von einem kurzen Aufschwung (Spätsommer 1924 bis Sommer 1925) unterbrochen wurden. Erst in der zweiten Hälfte des Jahres 1926 trat Deutschland, nun freilich in unerhörtem Tempo, in die internationale Konjunkturbewegung ein, die in der deutschen Produktionsgüterindustrie bis zum Herbst 1929 anhielt, während sie in der Konsumgüterindustrie schon im Herbst 1928 abflaute.

Die wirtschaftliche Situation Deutschlands wurde durch die Reparationsfrage und durch die hohe kurzfristige Auslandsverschuldung kompliziert. Durch die internationalen Verträge über die Reparationen [...] war die Reichsbank mit ihrer Währungs-, Geld- und Kreditpolitik völkerrechtlich gebunden, sodass die deutsche Regierung und Zentralnotenbank gegenüber der Krise eine geringere Manövrierfreiheit hatten als die Regierungen und Notenbanken anderer Länder. Die Reparationen waren auch eine der Ursachen für die hohe deutsche Auslandsverschuldung. Infolge der starken Kapitalnachfrage nach dem Währungsschnitt 1923/24 und infolge der Reparationsregelungen, die der Reichsbank einen Mindestdiskont von 5 v. H. vorschrieben, war Deutschland ein Hochzinsland. Das starke Zinsgefälle zu den kapitalstarken Ländern zog 1924 bis 1930 ausländische Kredite in Höhe von insgesamt 25,6 Mrd. RM, zumeist aus den USA, Großbritannien, den Niederlanden und der Schweiz, in die Weimarer Republik. Aber infolge der Überalimentierung[2] des internationalen Geldmarktes waren fast 60 v. H. dieser Kredite kurzfristig, d. h. bei Kündigung innerhalb von höchstens drei Monaten fällig. Mit den Devisen, die ihm durch diese Kredite zuflossen, glich Deutschland den Passivsaldo seiner Waren- und Dienstleistungsbilanz aus und transferierte es seine Reparationen an die Reparationsempfänger.

Fast 9 Mrd. RM der Auslandsgelder waren als Einlagen und Kredite den Banken, und zwar fast ausschließlich den Großbanken, zugeflossen. Dieser bei den Banken befindliche Teil der kurzfristigen Auslandsverschuldung war nach dem Ausbruch der Weltwirtschaftskrise eine Gefahrenquelle ersten

Ranges. Hieraus entwickelte sich 1931 der dramatische Höhepunkt der Wirtschaftskrise in Deutschland mit der Bankenkrise. Seit dem Sommer 1930 versiegte der Strom ausländischen Geldes zu den deutschen Banken. Der katastrophale Ausgang der Reichstagswahl im September 1930 erschütterte das Vertrauen der Auslandsgläubiger in die politische und wirtschaftliche Stabilität der Weimarer Republik, und sie begannen ihre Gelder aus Deutschland abzuziehen. Weitere politische und wirtschaftliche Alarmnachrichten aus Deutschland beschleunigten seit Mai 1931 das Tempo der ausländischen Kreditkündigungen. Auch das Hoover-Moratorium für die Zahlung politischer Schulden (Reparationen und interalliierte Schulden) Ende Juni 1931 wirkte nicht mehr beruhigend. Vielmehr machte es im Zusammenhang mit dem Reichsbankausweis deutlich, dass Deutschland am Ende seiner Zahlungsfähigkeit war. Der massenweise Abzug der ausländischen Kredite wurde den Banken deshalb zum Verhängnis, weil ihre Ausstattung mit liquiden Mitteln unzureichend war und weil die deutschen Devisenvorräte geringer waren als die kurzfristigen Verbindlichkeiten gegenüber dem Ausland. [...]

Der Kampf gegen die Depression wurde ohne internationale Zusammenarbeit – die Londoner Weltwirtschaftskonferenz (Juni/Juli 1933) scheiterte völlig – nur mit nationalwirtschaftlicher Konjunkturpolitik, teilweise auch in zoll- und währungspolitischer Rivalität mit den anderen Volkswirtschaften geführt. Zum ersten Mal wurde hier die Währungspolitik bewusst als handelspolitische Waffe eingesetzt.

Karl Erich Born, Artikel „Wirtschaftskrisen", in: Willi Albers u. a. (Hg.), Handwörterbuch der Wirtschaftswissenschaft, ungekürzte Studienausgabe, Bd. 9, Fischer, Stuttgart 1988, S. 130–141, hier S. 137–139.

1 Effekten: Sammelbegriff für Wertpapiere
2 Alimentierung: finanzielle Unterstützung

1 Arbeitsteilige Gruppenarbeit:
a) Bilden Sie zwei Arbeitsgruppen. Untersuchen Sie je einen Text (M 1, M 2) mithilfe der Arbeitsschritte für Sekundärtexte, S. 35.
b) Fassen Sie Ihre Ergebnisse thesen- oder stichpunktartig zusammen und erläutern Sie diese in einem Kurzreferat.
c) Überprüfen Sie die Thesen der beiden Autoren anhand Ihrer Kenntnisse über die Krise in den USA und in Deutschland (Kapitel 2 und 3). Diskutieren Sie die Stärken und Schwächen der Interpretationen.

Geschichte und Theorie: wirtschaftspolitische Krisenkonzepte

M 3 Die Weltwirtschaftskrise und die Wirtschaftswissenschaften (2010)

Der amerikanische Ökonomieprofessor Nouriel Roubini (geb. 1959), der gemeinsam mit seinem Kollegen Stephen Mihm diesen Überblick über die Krisenökonomie verfasst hat, gelangte während der 2008 entstandenen globalen Finanzkrise zu internationalem Ruhm: Er gehörte zu den wenigen Wirtschaftswissenschaftlern, die diese Krise hellsichtig vorausgesagt hatten. [Keynesianismus]

Die meisten Wirtschaftswissenschaftler des ausgehenden 19. und beginnenden 20. Jahrhunderts erklärten nach wie vor, die Wirtschaft reguliere und korrigiere sich selbst. Solange sie in Ruhe gelassen werde, bewege sie sich auf einen Gleichgewichtszustand zu und bringe unweigerlich Stabilität und Vollbeschäftigung. Krisen kamen und gingen, aber sie waren kein Dauerzustand. Diese erstaunliche Zuversicht verschwand während der Weltwirtschaftskrise der 1930er-Jahre. Dieses Ereignis veränderte das Gesicht der Wirtschaftswissenschaften und mit ihm die staatliche Wirtschaftspolitik. [...]

Der wichtigste Ökonom der Weltwirtschaftskrise und vermutlich des gesamten 20. Jahrhunderts war John Maynard Keynes. [...] Keynes' berühmtestes Werk war die *Allgemeine Theorie der Beschäftigung, des Zinses und des Geldes*, das im Jahr 1936 erschien. Während der letzten Arbeiten an seinem Text sagte er dem Sozialisten und Schriftsteller Bernard Shaw: „Ich glaube, ich schreibe ein Buch über Wirtschaftstheorie, das die Art und Weise, wie die Welt wirtschaftliche Probleme betrachtet, von Grund auf revolutionieren wird." Trotz des etwas trockenen Titels hielt Keynes Wort: Ein großer Teil der Wirtschaftswissenschaften des 20. Jahrhunderts setzt sich explizit oder implizit mit seinen Ideen auseinander.

Die *Allgemeine Theorie* ist ein hochkomplexes Werk, das sich jeder einfachen Interpretation widersetzt. Am leichtesten verschaffen wir uns vielleicht einen Zugang, wenn wir uns einige Punkte ansehen, in denen sich Keynes von den Wirtschaftswissenschaftlern der sogenannten klassischen oder neoklassischen Schule unterscheidet. In den 1930er-Jahren gingen die Vertreter dieser Schulen davon aus, dass die Wirtschaft in der Lage sei, sich selbst zu regulieren. Sie nahmen außerdem an, dass die Vollbeschäftigung der Normalzustand sei. Nur wenn die Löhne zu hoch wären, schrumpfte die Wirtschaft zwangsläufig. Mit der zunehmenden Arbeitslosigkeit sänken die Löhne jedoch wieder, so die gängige Theorie, und in der Aussicht auf neue Profite stellten die Unternehmer wieder neue Arbeitnehmer ein. Damit beginne der Kreislauf von vorn.

Keynes ging das Problem aus einer vollkommen anderen Sichtweise an. Er behauptete, dass in Wirklichkeit die effektive oder gesamtwirtschaftliche Nachfrage – also die kollektive Nachfrage nach Waren und Dienstleistungen innerhalb einer bestimmten Volkswirtschaft – das Beschäftigungsniveau bestimme. Im Widerspruch zur gängigen Meinung war Keynes der Ansicht, wenn Löhne gekürzt und Arbeitnehmer entlassen würden, dann konsumierten die Menschen weniger, und die Nachfrage gehe zurück. Eine schwindende Nachfrage bedeute jedoch, dass Unternehmer weniger investierten, was wiederum weitere Lohnkürzungen und Entlassungen nach sich zöge. Gleichzeitig sparten die Verbraucher mehr und gäben weniger Geld aus, was zwar an sich durchaus lobenswert sei, aber zu einem weiteren Rückgang der Nachfrage führe. Deshalb sprach Keynes vom „Sparparadoxon". Keynes erklärte, dieser Rückzug werde zu einer sich selbst erfüllenden Prophezeiung und führe in einen Zustand der wirtschaftlichen Erstarrung, in dem Arbeitnehmer keine Arbeit fänden und Unternehmen ihre Tore schlössen. Wenn irgendwann die Nachfrage unter das gesamtwirtschaftliche Warenangebot fiele, wären Unternehmen gezwungen, ihre Preise zu senken, um ihr Inventar loszuwerden. Diese Deflation, die in der Weltwirtschaftskrise ab 1929 einen besonders extremen Verlauf nahm, führte zu einem weiteren Rückgang der Gewinne und des *Cash Flow*. Keynes […] widersprach damit der verbreiteten Theorie von der Effizienz des Marktes. […]

Für Keynes gab es eine einfache Lösung. Der Staat musste in die Bresche springen und eine neue Nachfrage schaffen, um den Teufelskreis zu durchbrechen. Diese Theorie wurde in den Nachkriegsjahren zum Dogma erhoben, und Regierungen in aller Welt übernahmen den Keynesianismus, um konjunkturelle Talfahrten aufzuhalten. Die optimistischsten Anhänger von Keynes glaubten, mithilfe seiner Theorie ließe sich der Zustand der Vollbeschäftigung aufrechterhalten. Was ursprünglich als Notmaßnahme zur Bekämpfung einer umfassenden Wirtschaftskrise gedacht war, wurde nun im alltäglichen Betrieb der Volkswirtschaften eingesetzt. Im Jahr 1965 feierte das Nachrichtenmagazin *Time* Keynes als Visionär und titelte „Wir sind jetzt alle Keynesianer". Damit traf es den Nerv der Zeit. Ironischerweise war dieser Titel jedoch ein Zitat des konservativen Wirtschaftswissenschaftlers Milton Friedman.

[Monetarismus]

Friedman stritt später ab, dass der Satz von ihm stammte, und zwar aus gutem Grund: Er war der Vater einer Denkrichtung, die als Monetarismus bekannt ist, und behauptet, dass die Instabilität einer Volkswirtschaft über die Fluktuationen in der Geldmenge erklärt werden könne. Friedman und seine Mitautorin Anna Jacobson Schwartz machten sich mit einer Interpretation der Weltwirtschaftskrise einen Namen, die sich erheblich von der Keynes'schen unterschied. Nach Ansicht von Friedman und Schwartz war die Weltwirtschaftskrise der 1930er-Jahre nicht durch einen Zusammenbruch der Nachfrage ausgelöst worden, wie Keynes behauptete. Sie seien vielmehr eine direkte Folge der fehlenden Einlagen und Reserven der Banken, die schwanden, weil ausländische Investoren ihre Ersparnisse abhoben und Banken die Zahlung einstellen mussten. Nach Ansicht der Monetaristen war der Einbruch der Geldmenge die Ursache für den Einbruch der Nachfrage und damit des Rückgangs von Konsum, Einkommen, Preisen und schließlich Beschäftigung.

Friedman und Schwartz sprachen sich zwar prinzipiell gegen jegliche Form der staatlichen Intervention aus – vor allem der staatlichen Konjunkturprogramme à la Keynes –, doch sie waren der Ansicht, dass ein Rückgang der Geldmenge hätte verhindert werden können, wenn die Notenbank aggressiv die Zinsen gesenkt hätte, zu denen die übrigen Banken Geld von ihr erhielten. Die Monetaristen beschuldigten die amerikanische Notenbank, nicht als letztinstanzlicher Kreditgeber aufgetreten zu sein und den zahlungsunfähigen Banken und Finanzunternehmen keine Kredite zur Verfügung gestellt zu haben. Hätte die Notenbank die Pleitewelle im Bankenwesen Anfang der 1930er-Jahre verhindert, so Milton und Schwartz, dann hätte sich die Weltwirtschaftskrise niemals derart ausgeweitet, und die Volkswirtschaft hätte lediglich eine normale Konjunkturflaute erlebt und sich wieder erholt.

Die monetaristische Interpretation der Weltwirtschaftskrise ist nicht ganz von der Hand zu weisen: Der drastische Rückgang des im Umlauf befindlichen Geldes in den 1930er-Jahren trug zweifelsohne zu einer Verschärfung der Kreditklemme bei, und die Notenbank verschlimmerte die Lage mit ihrer Politik nur noch. Doch andere Wirtschaftshistoriker [...] haben seither festgestellt, dass der Einbruch der gesamtwirtschaftlichen Nachfrage der eigentliche Auslöser der Krise war. Keynes hatte also überwiegend Recht: Nur staatliche Konjunkturprogramme hätten die gesamtwirtschaftliche Nachfrage aufrechterhalten können, auch wenn eine aggressive Geldpolitik eine wirtschaftliche Erholung beschleunigt hätte. [...]

[Die österreichische Schule und Schumpeter]

Es gibt nämlich auch noch eine weitere Möglichkeit, Finanzkrisen zu verstehen, und diese zeichnet ein vollkommen anderes Bild der Wirtschaftsgeschichte von der Weltwirtschaftskrise der 1930er-Jahre [...] bis zur Finanzkrise der Gegenwart.

Die österreichische Schule geht auf das Ende des 19. und den Anfang des 20. Jahrhunderts zurück und war eine lose Gruppe von Wirtschaftswissenschaftlern wie Carl Menger, Ludwig von Mises, Eugen von Böhm-Bawerk und Friedrich Hayek. Diese Ökonomen und ihre zahlreichen Schüler, darunter auch Joseph Schumpeter, waren ein zerstrittener Haufen und kaum unter einen Hut zu bringen. [...]

Trotzdem lassen sich einige allgemeine Aussagen über sie machen. [...] Die österreichische Schule zeichnet sich durch eine tiefsitzende Skepsis gegen jegliche Form der staatlichen Einmischung in die Wirtschaft und vor allem das Geldsystem aus. Die meisten Anhänger der österreichischen Schule unterscheiden klar zwischen einem nachhaltigen Wirtschaftswachstum, das aus privaten Ersparnissen finanziert wird, und einem instabilen Wachstum, das mit Krediten der Notenbank finanziert wird. Sie würden Keynes und Minsky zustimmen, dass Anlage- und Kreditblasen gefährliche Krisen heraufbeschwören können, doch sie suchen die Schuld dafür nicht beim Kapitalismus. Im Gegenteil, sie verweisen auf die Politik – insbesondere auf die Politik des billigen Geldes – von Regierungen, deren Regulierungsmaßnahmen und Eingriffe ihrer Ansicht nach das Funktionieren des Marktes beeinträchtigen.

Dieses Misstrauen gegenüber staatlicher Einmischung geht Hand in Hand mit einem weiteren typischen Merkmal des österreichischen Ansatzes: Er richtet den Blick auf den individuellen Unternehmer als Größe der wirtschaftlichen Analyse. Joseph Schumpeter kann zwar kaum als Vertreter der libertären[1] Denkschule bezeichnet werden, doch er entwickelte eine wichtige Theorie des Unternehmertums, die oft in einem einzigen Wortpaar zusammengefasst wird: die kreative Zerstörung. Nach Schumpeters Ansicht besteht der Kapitalismus aus Wellen der Innovation in Zeiten des Aufschwungs, auf die eine brutale Auslese in Zeiten des Abschwungs folgt. Diese Abrechnung lässt sich weder verhindern noch abschwächen: Es handelt sich um eine schmerzhafte, aber wichtige Korrektur, deren Überlebende eine neue Wirtschaftsordnung errichten.

Für Vertreter dieser Theorie demonstrieren Phasen wie die Weltwirtschaftskrise nicht etwa die Gefahr der Passivität angesichts der Krise, sondern im Gegenteil die Gefahr der Überaktivität. Nach Ansicht mancher Österreicher zog der amerikanische Präsident Roosevelt die Weltwirtschaftskrise mit seinen Konjunkturmaßnahmen nur unnötig in die Länge. Die Österreicher kritisieren auch Roosevelts Amtsvorgänger Herbert Hoover und behaupten, er habe sich dem notwendigen, aber schmerzhaften Prozess der kreativen Zerstörung in den Weg gestellt, indem er die *Reconstruction Finance Corporation* ins Leben gerufen habe, eine Regierungsbehörde, die Kredite an Banken und staatliche Einrichtungen mit Zahlungsschwierigkeiten vergab.

Dies ist alles andere als eine akademische Debatte über längst vergangene Zeiten. Die Wirtschaftswissenschaftler aus dem österreichischen Lager ziehen nämlich die Vergangenheit heran, um zu belegen, dass politische Maßnahmen die Probleme nur potenzieren. Statt zuzulassen, dass die schwachen, überschuldeten Banken, Unternehmen und Privathaushalte in einem lauten Knall der kreativen Zerstörung untergehen – und so gleichzeitig dafür zu sorgen, dass die Starken überleben und sich erholen –, griffen Regierungen in aller Welt in den Markt ein und würden eine Wirtschaft der Untoten schaffen: Zombiebanken, die mit endlosen Krediten der Zentralbanken künstlich am Leben erhalten werden; Zombiekonzerne [...], die quasi in Regierungsbesitz übergehen, um überleben zu können [...].

Dies habe nur den Effekt, dass private Verluste der Gesellschaft aufgebürdet würden, und damit auch dem Staat, dessen Haushaltsdefizit ein untragbares Ausmaß annehme. Die Schulden wiederum belasteten die Staatsfinanzen und verhinderten langfristiges Wachstum. Im Extremfall könne die Schuldenlast dazu führen, dass ein Staat zahlungsunfähig wird oder die Druckerpresse anwirft, um seinen Verbindlichkeiten nachzukommen, wodurch die Inflation rasch in gefährliche Höhen getrieben würde. Nach Ansicht der Österreicher wäre es das Beste gewesen zuzulassen, dass die unvermeidlichen Liquidierungen so schnell wie möglich vonstatten gingen. [...]

Genauso skeptisch stehen Wirtschaftswissenschaftler dieser Denkschule dem Ruf nach Regulierung und staatlicher Aufsicht gegenüber, der nach einer Krise so häufig laut wird. Sie sind der Ansicht, dass ein Zuviel an Regulierung die Krise überhaupt erst ermöglicht habe, weshalb zusätzliche Regulierungsmaßnahmen nur dafür sorgten, dass künftige Krisen noch gravierender ausfielen. Das klingt widersprüchlich – wie soll Kontrolle eine Krise herbeiführen? Die Vertreter dieses Lagers weisen darauf hin, dass Innovationen wie Einlagensicherungen und letztinstanzliche Kreditgeber zwar einerseits die Besitzer von Sparkonten schützen. Andererseits aber sorgten sie auch dafür, dass Banken größere Risiken eingingen. Genau wie Autofahrer mit Sicherheitsgurt in Versuchung geraten, schneller zu fahren, gingen Banken in der Hoffnung auf größere Gewinne größere Risiken ein, weil sie sich sicher sein konnten, dass der Staat im Falle einer Zahlungsunfähigkeit die Anleger entschädigen würde. [...]

Nach Ansicht der Österreicher sind viele der verbreiteten Heilmittel gegen Finanzkrisen gefährlicher als die Krankheit selbst. Wenn die Regierung immer neue Schulden anhäufe, um die Wirtschaft über Wasser zu halten, werde die Staatsverschuldung irgendwann untragbar. An diesem Punkt bleibe der Regierung nichts anderes übrig, als die Zinsen anzuheben, womit sie jede Erholung im Keim ersticke. [...] Staatliche Eingriffe verschlimmerten eine schwierige Situation nur noch weiter und provozierten in Zukunft größere Spekulationsblasen, so die Österreicher, da nun alle glaubten, im Falle einer künftigen Krise werde der Staat schon einspringen.

[Urteil]

Diese Sichtweise scheint radikal und kalt. Sie ist dem Keynesianismus diametral entgegengesetzt – nicht umsonst galt Joseph Schumpeter zu Lebzeiten als wichtigster Gegenspieler von John Maynard Keynes. Während Keynes der Ansicht war, dass der Kapitalismus gelegentlich aus dem Gleichgewicht gerate (und durch staatliche Eingriffe stabilisiert werden könne), war Schumpeter der Auffassung, diese Instabilität sei eine notwendige Folge genau der Innovation, die den Kapitalismus überhaupt erst ermöglichte. [...] Vereinfacht gesagt bedeutet dies, dass der österreichische Ansatz falsch liegt, wenn es um kurzfristige Maßnahmen geht. [...] Wenn der kapitalistische Instinkt verschwindet, kann die von den Österreichern gepriesene kreative Zerstörung den Zusammenbruch der gesamtwirtschaftlichen Nachfrage bedeuten. Gebeutelte, aber immer noch zahlungsfähige Unternehmen, Banken und Haushalte sind nicht mehr in der Lage, die Kredite aufzunehmen, die sie zum Überleben benötigen. Es ist eine Sache, wenn tatsächlich insolvente Banken, Unternehmen oder Haushalte untergehen, aber es ist eine andere, wenn Unbeteiligte in den Bankrott getrieben werden, weil die Kredite eingefroren werden.

Um diese Kollateralschäden zu vermeiden, scheint es sinnvoll, auf kurze Sicht dem Keynes'schen Drehbuch zu folgen. [...] Kurzfristig ist es besser, durch eine Lockerung der Geldpolitik und andere vorbeugende Maßnahmen wie Kredite oder Kapitalspritzen einen ungeordneten Zusammenbruch des Finanzsystems zu verhindern. Genauso sinnvoll ist es, die gesamtwirtschaftliche Nachfrage durch staatliche Konjunkturprogramme und Steuerkürzungen anzukurbeln. Auf diese Weise lässt sich verhindern, dass sich eine Finanzkrise zu einer anhaltenden Flaute [...] oder zu einer ausgewachsenen Wirtschaftskrise entwickelt.

Auf mittlere und lange Sicht können wir jedoch von den Österreichern lernen. [...] Eine Verstaatlichung der Verluste durch unbefristete staatliche Finanzspritzen ist genauso unhaltbar wie der Versuch, die Schulden über eine höhere Inflation abzubauen. Dies verlagert das Problem nur von einem Bereich der Wirtschaft in den anderen. Langfristig gesehen ist es unabdingbar, dass insolvente Banken, Unternehmen und Haushalte in Konkurs gehen und von vorn anfangen können. Dauerhafte Lebenserhaltungsmaßnahmen verhindern eine Lösung des Problems.

Nouriel Roubini, Stephen Mihm, Das Ende der Weltwirtschaft und ihre Zukunft. Crisis Economics. Aus dem Englischen von Jürgen Neubauer u. Petra Pyka, Campus Verlag, Frankfurt/M. 2010, S. 70–86.

---

1 libertär: extrem freiheitlich

---

1 Arbeitsteilige Gruppenarbeit: Bilden Sie drei Gruppen, die sich mit den Theorien von Keynes (Gruppe 1), der Monetaristen (Gruppe 2) und der österreichischen Schule und Schumpeter (Gruppe 3) beschäftigen.

a) Arbeiten Sie aus M 3 heraus, wie diese Wirtschaftswissenschaftler die folgenden Fragen beantwortet haben:
- Welche Ursachen hatte die Krise?
- Wie hätte die Krise verhindert, gemildert oder abgekürzt werden können?
- Welche Lehren sind für die Zukunft zu beherzigen?

b) Präsentieren Sie Ihre Ergebnisse im Plenum und vergleichen Sie die Theorien miteinander. Welche Gemeinsamkeiten und Unterschiede lassen sich feststellen?

c) Untersuchen Sie, wie die Autoren Roubini und Mihm diese Ansätze bewerten. Diskutieren Sie, ob und inwieweit Sie dieser Haltung zustimmen oder nicht. Formulieren Sie gegebenenfalls eine andere Position.

M4 John Maynard Keynes über die Regulierung von Investition, Konsumtion und Vollbeschäftigung in einer Volkswirtschaft (1936)

Der Umriss unserer Theorie kann wie folgt ausgedrückt werden. Wenn die Beschäftigung zunimmt, nimmt das gesamte Realeinkommen zu. Die Psychologie der Bevölkerung ist derart, dass bei einer Zunahme des aggregierten [gesamten] Realeinkommens auch der aggregierte [gesamte] Verbrauch zunimmt, obschon nicht im gleichen Maße wie das Einkommen. Die Unternehmer würden daher einen Verlust erleiden, wenn die gesamte Zunahme der Beschäftigung der Befriedigung der vermehrten Nachfrage für den sofortigen Verbrauch gewidmet würde. Um eine gegebene Beschäftigungsmenge zu rechtfertigen, ist somit ein Betrag laufender Investitionen erforderlich, der groß genug ist, um den Überschuss der gesamten Produktion über die Menge zu absorbieren, die die Bevölkerung gerade verbraucht, wenn die Beschäftigung die gegebene Höhe hat.

Denn wenn dieser Betrag an Investitionen nicht vorhanden ist, werden die Einkünfte der Unternehmer kleiner sein als notwendig ist, um sie zu veranlassen, die gegebene Menge der Beschäftigung anzubieten. Daraus folgt, dass, wenn das, was wir die Konsumneigung der Bevölkerung nennen werden, gegeben ist, das Gleichgewichtsniveau der Beschäftigung – das heißt das Niveau, auf dem die Unternehmer in ihrer Gesamtheit keine Veranlassung haben, die Beschäftigung zu steigern oder zu verringern – von der Menge der laufenden Investitionen abhängt. Die Menge der laufenden Investitionen wird wiederum von dem abhängen, was wir die Anreize zur Investition nennen werden, und wir werden finden, dass die Anreize zur Investition vom Verhältnis zwischen der Grenzleistungsfähigkeit des Kapitals und der Gesamtheit der Zinssätze für Anleihen verschiedener Fälligkeiten und Risiken abhängt. [...]

Gleichzeitig müssen wir erkennen, dass nur die Erfahrung zeigen kann, inwieweit der gemeinsame Wille, verkörpert in der Politik des Staates, auf die Vermehrung und Ergänzung der Anreize zur Investition gerichtet werden sollte, und inwieweit es gefahrlos ist, die durchschnittliche Konsumneigung anzuregen, ohne auf unser Ziel zu verzichten, dem Kapital innerhalb einer oder zwei Generationen seinen Knappheitswert zu entziehen. Es mag sich ergeben, dass die Konsumneigung durch die Wirkungen eines fallenden Zinssatzes so leicht gestärkt werden kann, dass Vollbeschäftigung mit einer Rate der Akkumulation erreichbar ist, die nur wenig größer ist als gegenwärtig. In diesem Falle könnte ein Plan höherer Besteuerung der großen Einkommen und Erbschaften dem Einwand ausgesetzt sein, dass er zu Vollbeschäftigung führen würde mit einer Rate der Akkumulation, die beträchtlich unter dem gegenwärtigen Niveau wäre. Man darf mir nicht unterstellen, dass ich diese Möglichkeit oder selbst die Wahrscheinlichkeit dieses Ergebnisses bestreite. Denn in solchen Sachen ist es voreilig vorauszusagen, wie der durchschnittliche Mensch auf die veränderte Umgebung reagieren wird. Wenn es sich jedoch als leicht erweisen sollte, eine Annäherung an Vollbeschäftigung zu erreichen, mit einer Rate der Akkumulation, die nicht viel größer als gegenwärtig ist, wird wenigstens ein hervorstechendes Problem gelöst sein. Und es würde einer besonderen Entscheidung überlassen sein, zu bestimmen, auf welchem Niveau und durch welche Mittel es richtig und vernünftig ist, von der lebenden Generation zu fordern, ihren Verbrauch einzuschränken, um im Laufe der Zeit einen Zustand der Vollinvestition für ihre Nachfolger zu schaffen. [...]

In einigen anderen Beziehungen ist die vorangehende Theorie in ihren Folgerungen gemäßigt konservativ. Denn während sie auf die lebenswichtige Bedeutung hinweist, gewisse zentrale Steuerungen in Angelegenheiten einzurichten, die jetzt in der Hauptsache der individuellen Initiative überlassen sind, gibt es doch weite Tätigkeitsbereiche, die unberührt bleiben. Der Staat wird einen leitenden Einfluss auf die Konsumneigung teilweise durch sein System der Besteuerung, teilweise durch die Festlegung des Zinssatzes und teilweise vielleicht durch andere Wege ausüben müssen. Ferner scheint es unwahrscheinlich, dass der Einfluss der Geldpolitik auf den Zinssatz für sich allein genügen wird, um ein optimales Volumen der Investitionen herbeizuführen. Ich denke mir daher, dass eine ziemlich umfassende gesellschaftliche Steuerung der Investitionen sich als das einzige Mittel zur Erreichung einer Annäherung an Vollbeschäftigung erweisen wird; obschon dies nicht alle Arten von Zwischenlösungen und Verfahren ausschließen muss, durch welche die staatliche Verwaltung mit der privaten Initiative zusammenarbeiten wird. Aber darüber hinaus wird keine offensichtliche Begründung für ein System des Staatssozialismus vorgebracht, das den größten Teil des wirtschaftlichen Lebens des Gemeinwesens umfassen würde. Es ist nicht der Besitz der Produktionsmittel, deren Aneignung wichtig für den Staat ist. Wenn der Staat die der Vermehrung dieser Güter gewidmete Gesamtmenge der Ressourcen und die grundlegende Rate der Belohnung an ihre Besitzer bestimmen kann, wird er alles erfüllt haben, was notwendig ist. Die notwendigen Maßnahmen der gesellschaftlichen Steuerung können überdies allmählich und ohne einen Bruch in den allgemeinen Traditionen der Gesellschaft eingeführt werden. [...]

Die zentrale Steuerung, die für die Sicherung von Vollbeschäftigung erforderlich ist, bringt natürlich eine große Ausdehnung der traditionellen Aufgaben der Regierung mit sich. Außerdem hat die moderne klassische Theorie selbst die Aufmerksamkeit auf verschiedene Zustände gelenkt, in denen es notwendig sein mag, das freie Spiel der wirtschaftlichen Kräfte zu zügeln oder zu leiten. Aber es wird immer noch ein weites Feld für die Ausübung der privaten Initiative und Verantwortung verbleiben. Innerhalb dieses Feldes werden die traditionellen Vorteile des Individualismus immer noch Geltung haben.

John Maynard Keynes, Allgemeine Theorie der Beschäftigung, des Zinses und des Geldes. Übersetzung v. Fritz Waeger, verbessert u. um eine Erläuterung des Aufbaus ergänzt v. Jürgen Kromphardt u. Stephanie Schneider, 11., erneut verbesserte Aufl., Duncker & Humblot, Berlin 2009, S. 23 f., 318–320.

1 Klären Sie unbekannte Begriffe.

2 **a)** Geben sie die zentralen Thesen von Keynes' Konzept in einem Strukturschema wieder. Verwenden Sie darin die Begriffe Vollbeschäftigung, Realeinkommen, Verbrauch, Investitionen. Markieren Sie farbig staatliches Eingreifen.

b) Fassen Sie zusammen:
- Von welchen Faktoren hängt nach seiner Auffassung der Beschäftigungsgrad in einer Volkswirtschaft ab?
- Wie kann in seinen Augen Vollbeschäftigung gewährleistet werden?
- Welche Rolle spielen Staat bzw. Regierung in der ökonomischen Theorie von Keynes?

3 Keynes schreibt: „Es ist nicht der Besitz der Produktionsmittel, deren Aneignung wichtig für den Staat ist." (Z. 114 ff.) Erörtern Sie, von welcher ökonomischen Theorie er sich mit dieser Aussage abgrenzt.

M5 Friedrich Hayek über das Verhältnis von staatlicher und Wirtschaftsordnung

Der Text des österreichischen Ökonomen erschien erstmals 1973, 1976 und 1979 in englischer Sprache.

Obwohl es vorstellbar ist, dass die spontane Ordnung, die wir Gesellschaft nennen, ohne Staat existiert, wenn nämlich das zur Bildung einer solchen Ordnung erforderliche Mindestmaß an Regeln auch ohne einen organisierten Apparat zu deren Durchsetzung befolgt wird, so erweist sich doch in den meisten Fällen die Organisation, die wir Staat nennen, als unentbehrlich, wenn sichergestellt werden soll, dass jene Regeln befolgt werden.

Diese spezifische Staatsaufgabe hat Ähnlichkeit mit der eines Wartungstrupps in einer Fabrik: Er soll nicht irgendwelche Dienstleistungen oder Güter für den Konsum der Bürger produzieren, sondern dafür sorgen, dass der Mechanismus, der die Produktion dieser Güter und Leistungen regelt, einwandfrei funktioniert. Die Zwecke, für die dieser Apparat jeweils eingesetzt wird, werden diejenigen bestimmen, die seine Teile bedienen und letztlich diejenigen, die seine Produkte kaufen.

Von derselben Organisation, die damit beauftragt ist, einen Apparat in Ordnung zu halten, den die Einzelnen dann für ihre eigenen Zwecke gebrauchen, werden aber zusätzlich zu der ihr obliegenden Durchsetzung der Regeln, auf denen diese Ordnung beruht, für gewöhnlich auch andere Leistungen erwartet, die die spontane Ordnung nicht entsprechend erbringen kann. Diese beiden unterschiedlichen Staatsaufgaben werden für gewöhnlich nicht deutlich auseinandergehalten; dennoch ist, wie wir sehen werden, die Unterscheidung zwischen den hoheitlichen Aufgaben, in denen der Staat Verhaltensregeln durchsetzt, und seinen Dienstleistungsaufgaben, in denen er lediglich ihm zur Verfügung gestellte Mittel zu verwalten hat, von fundamentaler Bedeutung. In der zweiten Funktion ist er eine Organisation unter vielen und ebenso wie die anderen Teil einer spontanen Gesamtordnung, während er in der ersten eine wesentliche Voraussetzung für die Erhaltung dieser Gesamtordnung schafft. […]

Wie wir sehen werden, ist es nicht nur unmöglich, die spontane Ordnung durch Organisation zu ersetzen und gleichzeitig das verstreute Wissen aller ihrer Mitglieder bestmöglich zu nützen, sondern auch, diese Ordnung durch Eingriffe in Form direkter Befehle zu verbessern oder zu korrigieren. Spontane Ordnung und Organisation in solcher Weise zu kombinieren, kann nie vernünftig sein. Es ist zwar sinnvoll, die Befehle, die für eine Organisation gelten, durch subsidiäre Regeln zu ergänzen und Organisationen als Elemente einer spontanen Ordnung zu nutzen, aber es kann nie vorteilhaft sein, die Regeln einer spontanen Ordnung zu ergänzen durch vereinzelte und subsidiäre Befehle betreffend jene Tätigkeitsbereiche, in denen das Handeln durch allgemeine Verhaltensregeln geleitet wird. Das ist der Kern des Arguments gegen „Eingriffe" oder „Intervention" in die marktliche Ordnung. Der Grund, weshalb solche vereinzelten Befehle, die von Mitgliedern der spontanen Ordnung spezifische Handlungen verlangen, diese Ordnung nie verbessern können, sondern stören müssen, liegt darin, dass sie einen Teil eines Systems interdependenter Handlungen betreffen, die von Informationen abhängen und auf Zwecke ausgerichtet sind, die beide nur den jeweils handelnden Personen, nicht aber der den Befehl erteilenden Instanz bekannt sind. Die spontane Ordnung entsteht daraus, dass jedes Element all die verschiedenen, auf es einwirkenden Faktoren in ein Gleichgewicht bringt und alle seine verschiedenen Handlungen aufeinander abstimmt – ein Gleichgewicht, das zerstört wird, wenn die eine oder andere Handlung von einem anderen Handelnden aufgrund anderen Wissens und im Dienste anderer Ziele bestimmt wird.

Das allgemeine Argument gegen „Intervention" läuft somit darauf hinaus, dass wir zwar trachten können, eine spontane Ordnung durch Revision der allgemeinen Regeln, auf denen sie beruht, zu verbessern, und ihre Ergebnisse durch die Leistungen verschiedener Organisationen ergänzen können, dass wir aber nicht die Ergebnisse durch spezifische Befehle verbessern können, die deren Mitgliedern die Möglichkeit nehmen, ihr Wissen für ihre eigenen Zwecke zu gebrauchen.

Friedrich A. von Hayek, Recht, Gesetz und Freiheit. Eine Neufassung der liberalen Grundsätze der Gerechtigkeit und der politischen Ökonomie, hg. v. Viktor Vandenberg, übersetzt von Monika Streissler, J. C. B. Mohr (Paul Siebeck), Tübingen 2003, S. 49 f., 53.

1 Beschreiben Sie das Verhältnis von Staat und Wirtschaft bzw. Staat und Markt, das Hayek anstrebt: Welche Aufgaben und Funktionen muss oder sollte der Staat in der modernen Volkswirtschaft übernehmen und welche darf er nicht wahrnehmen?

2 Vergleichen Sie die Position von Hayek (M 5) mit der von Keynes (M 4). Welche Unterschiede und Gemeinsamkeiten lassen sich feststellen?

M 6 Joseph A. Schumpeter über den „Prozess der schöpferischen Zerstörung"

Schumpeter richtete sein Hauptaugenmerk weniger auf den Staat als vielmehr auf die aktive, schöpferische Rolle der Pionier-Unternehmer und die Bedeutung der von ihnen hervorgebrachten Neuerungen für die ökonomische Entwicklung. Die in seinem Buch „Theorie der wirtschaftlichen Entwicklung" (1926) formulierten Thesen vertiefte er in seinem erstmals 1947 erschienenen Buch „Kapitalismus, Sozialismus und Demokratie", in dem er den Begriff „Prozess der schöpferischen Zerstörung" prägte.

Als wesentlichster Punkt ist festzuhalten, dass wir uns bei der Behandlung des Kapitalismus mit einem Entwicklungsprozess befassen. Es mag merkwürdig scheinen, dass ein so offensichtlicher Sachverhalt, der zudem schon längst von Karl Marx hervorgehoben worden war, überhaupt übersehen werden kann. Und doch wird er von jener fragmentarischen Analyse, die den Großteil unserer Behauptungen über das Funktionieren des modernen Kapitalismus liefert, beharrlich vernachlässigt. Wir wollen diesen Punkt noch einmal klarlegen und sehen, welche Bedeutung er für unser Problem hat.

Der Kapitalismus ist also von Natur aus eine Form oder Methode der ökonomischen Veränderung und ist nicht nur nie stationär, sondern kann es auch nie sein. Dieser evolutionäre Charakter des kapitalistischen Prozesses ist nicht einfach der Tatsache zuzuschreiben, dass das Wirtschaftsleben in einem gesellschaftlichen und natürlichen Milieu vor sich geht, das sich verändert und durch seine Veränderung die Daten der wirtschaftlichen Tätigkeit ändert; diese Tatsache ist zwar wichtig und diese Veränderungen (Kriege, Revolutionen usw.) bedingen oft auch eine Veränderung der Industrie; sie sind aber nicht ihre primäre Triebkraft. Auch ist dieser evolutionäre Charakter nicht einer quasi-automatischen Bevölkerungs- und Kapitalzunahme oder den Launen des Geldsystems zuzuschreiben, von denen genau das gleiche gilt. Der fundamentale Antrieb, der die kapitalistische Maschine in Bewegung setzt und hält, kommt von den neuen Konsumgütern, den neuen Produktions- oder Transportmethoden, den neuen Märkten, den neuen Formen der industriellen Organisation, welche die kapitalistische Unternehmung schafft.

Wie wir im vorangehenden Kapitel gesehen haben, hat der Inhalt des Arbeiterbudgets, sagen wir von 1760 bis 1940, nicht einfach in unveränderter Richtung zugenommen, sondern er unterlag einem Prozess der qualitativen Veränderung. Gleicherweise ist die Geschichte des Produktionsapparates eines typischen landwirtschaftlichen Betriebes vom Beginn der Rationalisierung des Fruchtwechsels, des Pflügens und des Mästens an bis zur Mechanisierung von heute – zusammen mit Getreidesilos und Eisenbahnen – eine Geschichte von Revolutionen. Ebenso ist dies die Geschichte des Produktionsapparates der Eisen- und Stahlindustrie vom Holzkohlen- bis zu unserem heutigen Typ des Hochofens, oder die Geschichte der Energieproduktion vom oberschlächtigen Wasserrad bis zur modernen Kraftanlage oder die Geschichte des Transportes von der Postkutsche bis zum Flugzeug. Die Eröffnung neuer, fremder oder einheimischer Märkte und die organisatorische Entwicklung vom Handwerksbetrieb und der Fabrik zu solchen Konzernen wie dem U.S.-Steel illustrieren den gleichen Prozess einer industriellen Mutation – wenn ich diesen biologischen Ausdruck verwenden darf –, der unaufhörlich die Wirtschaftsstruktur von innen heraus revolutioniert, unaufhörlich die alte Struktur zerstört und unaufhörlich eine neue schafft. Dieser Prozess der „schöpferischen Zerstörung" ist das für den Kapitalismus wesentliche Faktum. Darin besteht der Kapitalismus und darin muss auch jedes kapitalistische Gebilde leben. [...]

Mit anderen Worten: Gewöhnlich wird nur das Problem betrachtet, wie der Kapitalismus mit bestehenden Strukturen umgeht, während das relevante Problem darin besteht, wie er sie abschafft und zerstört. Solange dies nicht erkannt wird, verrichtet der Forscher eine sinnlose Arbeit. Sobald es erkannt wird, ändert sich sein Einblick in die kapitalistische Praxis beträchtlich.

Joseph A. Schumpeter, Kapitalismus, Sozialismus und Demokratie, 8. Aufl., A. Francke Verlag, UTB, Tübingen 2005, S. 136–139.

1 Erläutern Sie mithilfe von M 6 den Begriff der „schöpferischen Zerstörung".

2 Erörtern Sie, ausgehend von dem Begriff der „schöpferischen Zerstörung", warum Schumpeter staatliche Interventionen in die Wirtschaft skeptisch beurteilte. Berücksichtigen Sie auch M 3.

3 **Diskussion:** Wirtschaftskrisen – Motoren der kapitalistischen Erneuerung? Nehmen Sie Stellung zu dieser These.

M 7 Der Ökonom Max Otte in einem Gespräch über die gegenwärtige Wirtschaftskrise (2010)

[Interviewer] Die Entwicklung dieser Krise verläuft schon ein wenig atypisch. Die deutsche Wirtschaft hat schnell wieder Fahrt aufgenommen, und der Arbeitsmarkt entwickelt sich stabil – auch wenn man darüber streiten kann, ob es sich um ein „Jobwunder" handelt oder letztlich doch nur um statistische Kniffe in der Arbeitsmarktbilanz. Es gibt weder inflationäre noch deflationäre Tendenzen. Hält sich diese Krise nicht an die Regeln?

[Otte] An ein paar Regeln hält sie sich schon. Aber wenn eine Krise ausbricht, ist deren Verlauf erst einmal offen. Das Pendel kann in die eine oder andere Richtung ausschlagen. Im Moment steht zum Beispiel auf der Kippe, ob wir Inflation oder Deflation bekommen werden. Das ist DIE wesentliche Frage. Leider lässt sie sich noch nicht beantworten. Notenbanken und Regierungen tendieren eher in Richtung Inflation, indem sie versuchen, eine expansive Geld- und Fiskalpolitik zu betreiben und so die Wirtschaft zu fördern. Aber wenn das Vertrauen in die Wirtschaft sinkt, kann es auch in Richtung Deflation gehen.

Die Entwicklung einer Krise lässt sich nur schwer in ein Regelwerk pressen. Das stellt die moderne Ökonomie vor ein Problem. Sie ist auf relativ klare Modelle angewiesen, zum Beispiel „Wenn Input x, dann folgt daraus Output y". Aber genau so lassen sich Krisen nicht verstehen. Man muss eher morphologisch herangehen, also die Erscheinungsformen der Krise und ihren Verlauf ganzheitlich betrachten. Zum Beispiel war es bei Krisenausbruch nicht abzusehen, dass schon im Herbst 2008 extreme Liquiditätsspritzen mit einem Volumen von fünf, sechs, sieben Billionen Dollar aufgelegt wurden. Das hat den weiteren Verlauf der Krise massiv beeinflusst. Und das ist auch der entscheidende Unterschied zum großen Crash 1929, dem eine deflationäre Politik folgte.

Wo stehen wir im Augenblick? Die Politik hat die Finanz- und Wirtschaftskrise grundsätzlich für beendet erklärt. Ist die Entwicklung, die wir jetzt beobachten können, der Beginn der nächsten Krise, oder stecken wir noch in dem Schlamassel, der 2007 mit der geplatzten Immobilienblase angefangen hat?

[...] Krisen werfen Wellen. Der Totalabsturz 2008 wurde zwar durch die massiven Liquiditätsspritzen, Eigenkapitalhilfen und Konjunkturprogramme verhindert. Aber das war eine sehr starke Medizin mit erheblichen Nebenwirkungen, und die bekommen wir jetzt mit voller Wucht zu spüren. Und es ist ja nicht so, dass die Weltwirtschaft einfach gesundgeschrieben werden kann. Im Laufe eines Vierteljahrhunderts haben sich viele ungesunde Strukturen entwickelt, an denen wir heute leiden. Da war zum einen die lockere Geldpolitik der Notenbanken, die zur Folge hatte, dass die Schulden – vor allen Dingen in den westlichen Industrienationen – explodierten. Hinzu kamen die strukturelle Arbeitslosigkeit und Fehlallokationen[1] in den Märkten: Der Immobilien- und der Finanzsektor wurden aufgebläht, während andere Bereiche schrumpften. Diese Entwicklungen kann man nicht über Nacht stoppen. Wir haben erst einmal die Blutung gestillt, aber der Patient ist noch lange nicht gesund. Nach meiner Einschätzung befinden wir uns noch in der Ursprungskrise, wenn auch in einer weit fortgeschrittenen Phase. [...]

Nach den bisherigen Erfahrungen dauern Finanzkrisen etwa zwei bis drei Jahre. Können wir uns entspannt zurücklehnen, weil die aktuelle Krise statistisch gesehen kurz vor ihrem Ende sein müsste?

Es wäre schön, wenn das so einfach wäre. Aber weil diese Krise aus der Reihe tanzt, können wir uns nicht auf die Statistik verlassen. Ich will das erläutern. Die Ursachen der aktuellen Krise reichen bis ins Jahr 1982 zurück. Hintergrund ist [...] die zweite Welle der Globalisierung im ausgehenden 20. Jahrhundert. Die erste begann in den 30er-Jahren des 19. Jahrhunderts und endete mit dem Ausbruch des Ersten Weltkriegs 1914.

Die zweite Globalisierungswelle hat einen Niveauverschiebungseffekt ausgelöst. Obwohl die Produktion von Gütern weltweit massiv anstieg, sind die Löhne in den Industrienationen – besonders aufgrund der wachsenden Konkurrenz aus der Dritten Welt – niedrig geblieben. Dadurch haben sich die bestehenden Ungleichgewichte in der Vermögensverteilung verstärkt. Während sich auf der einen Seite die Armut verschärft hat, sammelte sich auf der anderen Seite massiv Kapital an, das nach Rendite Ausschau hielt. Als Folge wurden die Finanzmärkte aufgebläht. Die weltweite Verschuldung stieg an, und das befeuerte das Aufkommen ungesunder Strukturen. Da können wir nach zwei Jahren natürlich nicht sagen: Die Krise ist vorbei. Ganz im Gegenteil: Obwohl die Notfallambulanz rasch da war, sind die Wirtschaftsstrukturen nach wie vor krank. Eigentlich hätten schon längst Rehabilitationsmaßnahmen eingeleitet werden müssen. Aber an strukturellen Maßnahmen haben wir noch nicht viel auf den Weg gebracht.

Was wurde versäumt?

Wir haben zum Beispiel das Bankensystem einfach weiter laufen lassen. Viele internationale kapitalmarktorientierte Banken sind praktisch insolvent. Das verstecken wir, indem wir die Buchhaltungsregeln aufweichen – weil wir gar nicht so genau wissen wollen, ob die Geldhäuser pleite sind oder nicht. Stattdessen sagen wir diesen Banken: Macht weiter wie bisher, damit ihr schnell wieder Geld verdient und auf ein positives Eigenkapitalkonto kommt. So konservieren wir ausgerechnet jene Strukturen, die uns in die Krise gesteuert haben.

Max Otte, Die Krise hält sich nicht an Regeln. 99 Fragen zur aktuellen Situation – und wie es weitergeht. Max Otte im Gespräch mit Thomas Helfrich, Econ, Berlin 2010, S. 11–14.

1 Allokation: Zuordnung von Ressourcen zu potentiellen Verwendern

1 Erläutern Sie, worin nach Otte die Ursachen der gegenwärtigen Krise bestehen.

2 Abschlussdiskussion: Diskutieren Sie Lösungswege für die gegenwärtige Wirtschaftskrise. Berücksichtigen Sie dabei die theoretischen Modelle, die Sie in M 1 bis M 6 kennengelernt haben.

Zentrale Begriffe

Keynesianismus
Monetarismus
Prozess der „schöpferischen Zerstörung“

Literaturtipps
siehe Literaturhinweise im Anhang, S. 126 f.

Überprüfen Sie Ihre Kompetenzen

Staat oder Markt ? Ein deutsch-amerikanischer Vergleich
Seit dem Ausbruch der ersten globalen Finanz- und Weltwirtschaftskrise des beginnenden 21. Jahrhunderts hat die Debatte über die Vor- und Nachteile einer entfesselten Marktwirtschaft an Aktualität gewonnen. Sind die USA mit ihrer Betonung der freien Entfaltung der Marktkräfte und der Hervorhebung individueller Verantwortung das zukunftsfähigere Land in der Welt der Moderne? Oder gehört die Zukunft eher solchen Staaten, wo – wie etwa in Deutschland – staatliche Eingriffe in die Wirtschaft und sozialstaatliche Formen der Absicherung gegen Lebensrisiken weiter verbreitet sind?
Bei der Suche nach einem sachlichen Urteil über das angemessene Verhältnis von Freiheit und Regulierung in Wirtschaft und Gesellschaft bietet die Analyse des New Yorker Börsenkrachs 1929 und der Großen Depression der 1930er-Jahre wertvolle Anknüpfungspunkte.

1 Untersuchen Sie das Verhältnis von Markt und Staat bzw. von Wirtschaft und Staat in Deutschland und den USA gegen Ende der 1920er- und während der 1930er-Jahre. Vergleichen Sie, wie sich in beiden Staaten das Verhältnis von Staat und Wirtschaft bis heute entwickelt hat. Stellen Sie Ihre Ergebnisse in einer Facharbeit oder einer Präsentation vor.

Sachkompetenz

1 Skizzieren Sie in jeweils zwei bis drei Sätzen die wesentlichen Aussagen der wirtschaftstheoretischen Schulen von Keynes, Friedman/Schwartz und der österreichischen Schule um Schumpeter. (M 3, M 4, M 6)

2 Zeigen Sie Unterschiede und Gemeinsamkeiten der drei Konzepte in einer Tabelle.

3 Erläutern Sie die Aussage Hayeks, „es kann nie vorteilhaft sein, die Regeln einer spontanen Ordnung zu ergänzen durch vereinzelte und subsidiäre Befehle betreffend jene Tätigkeitsbereiche, in denen das Handeln durch allgemeine Verhaltensregeln geleitet wird“. (M 5, Z. 61–66)

Urteilskompetenz

1 **a)** Erläutern Sie das Urteil von Roubini und Mihm über die Krisenkonzepte von Keynes, Schumpeter und Friedman/Jacobson. (M 3, Z. 328–384)
b) Diskutieren Sie die Thesen Roubinis und Mihms im Kontext der Weltwirtschaftskrise 2008/09.

Methodenkompetenz

1 Analysieren Sie einen der beiden Sekundärtexte M 1 (Charles Kindlebeger) oder M 2 (Born) mithilfe der Arbeitsschritte „Sekundärtexte analysieren“ (S. 74).

Tipps zur Vorbereitung auf die Abiturthemen

Übung 1: Inhalte der Lehrplanthemen wiederholen

Das Thema „Weltwirtschaftskrise. Die USA und Deutschland im Vergleich" wird im vorliegenden Schulbuch in vier Teilthemen gegliedert. Jedes Teilthema ist in Form eines Kapitels aufbereitet.

1 Ein kurzer Darstellungstext führt zu Beginn jedes Kapitels in das Teilthema ein. Daran schließt sich ein umfangreicher Materialienteil mit entsprechenden Aufgaben an. Lesen Sie die Darstellungstexte wiederholend und fertigen Sie eine Zusammenfassung an. Die Zwischenüberschriften und Fettdrucke können Ihnen hierbei Hilfestellung geben.
2 Suchen Sie sich aus jedem Kapitel drei bis vier Materialien aus und bearbeiten Sie die dazugehörigen Aufgaben.
3 Halten Sie Ihre Ergebnisse auf Karteikarten fest (s. unten).

Übung 2: Wichtige Daten merken und anwenden

Auf S. 128 finden Sie eine Zeittafel. Auf drei Arten können Sie damit für das Abitur üben:

1 Geben Sie jeden Eintrag der Zeittafel mit eigenen Worten wieder.
2 Schreiben Sie auf die Vorderseite einer Karteikarte ein Ereignis, auf die Rückseite das Datum (s. unten).
3 Vertiefen Sie Ihre Kenntnisse über zentrale Daten, indem Sie noch einmal die dazugehörigen Darstellungen und Materialien aus dem Kapitel durcharbeiten. Schreiben Sie auf Ihre Karteikarten,
   a) welche Ursachen zu einem Ereignis geführt haben,
   b) wie es abgelaufen ist,
   c) welche Folgen es gehabt hat.

Übung 3: Zentrale Begriffe verstehen und erklären

Zentrale Begriffe sind u.a. auf der Seite „Kompetenzen überprüfen" aufgeführt. Erläuterungen dazu finden Sie im entsprechenden Kapitel und im Begriffslexikon auf S. 129 ff.

1 Lesen Sie zu jedem Begriff die Erläuterung.
2 Klären Sie Fremdwörter.
3 Erläutern Sie den Inhalt jedes Begriffs anhand von historischen Beispielen. Halten Sie Ihre Ergebnisse auf Karteikarten fest (s. unten).

Ergebnisse sichern – Arbeitskartei anlegen

1 Halten Sie die Ergebnisse der Übungen bis 3 auf Karteikarten fest:
   Notieren Sie auf der Vorderseite eine Frage, einen Begriff oder ein Datum, schreiben Sie auf die Rückseite Ihre Erläuterungen.
2 Wiederholen Sie mithilfe Ihrer Arbeitskartei die Inhalte, Daten und Begriffe der Schwerpunktthemen – alleine, in Partnerarbeit oder in Gruppen.

Übung 4: Methodentraining – Interpretation schriftlicher Quellen

Die Interpretation schriftlicher Quellen ist eine der zentralen Anforderungen im Abitur:

1 Prägen Sie sich die systematischen Arbeitsschritte zur Interpretation einer schriftlichen Quelle von S. 35 ein.
2 Merken Sie sich die „Faustregel" zur Analyse der formalen Merkmale schriftlicher Quellen und üben Sie die Beantwortung der „W-Fragen" anhand von fünf selbst ausgewählten schriftlichen Quellen des Schülerbuches.

> „Faustregel" für die Analyse der formalen Merkmale schriftlicher Quellen:
> WER sagt WO, WANN, WAS, WARUM, zu WEM und WIE?

„Wiedergeben, einordnen, beurteilen" – Arbeitsaufträge in der Abiturklausur

Anforderungsbereich I –	Wiedergeben von Sachverhalten aus einem abgegrenzten Gebiet und im gelernten Zusammenhang unter rein reproduktivem Benutzen geübter Arbeitstechniken, z. B.:
nennen, aufzählen:	zielgerichtet Informationen zusammentragen, ohne sie zu kommentieren;
bezeichnen, schildern, skizzieren:	historische Sachverhalte, Probleme oder Aussagen erkennen und zutreffend formulieren;
aufzeigen, beschreiben, zusammenfassen, wiedergeben:	historische Sachverhalte unter Beibehaltung des Sinnes auf Wesentliches reduzieren.
Anforderungsbereich II –	selbstständiges Erklären, Bearbeiten, Ordnen bekannter Inhalte und das angemessene Anwenden gelernter Inhalte und Methoden auf andere Sachverhalte, z. B.:
analysieren, untersuchen:	Materialien oder historische Sachverhalte kriterienorientiert bzw. aspektgeleitet erschließen;
begründen, nachweisen:	Aussagen (z. B. Urteil, These, Wertung) durch Argumente stützen, die auf historischen Beispielen und anderen Belegen gründen;
charakterisieren:	historische Sachverhalte in ihren Eigenarten beschreiben und diese dann unter einem bestimmten Gesichtspunkt zusammenfassen;
einordnen:	historische Sachverhalte in einen historischen Zusammenhang stellen;
erklären:	historische Sachverhalte durch Wissen und Einsichten in einen Zusammenhang (Theorie, Modell, Regel, Gesetz, Funktionszusammenhang) einordnen und begründen;
erläutern:	wie „erklären", aber durch zusätzliche Informationen und Beispiele verdeutlichen;
herausarbeiten:	aus Materialien bestimmte historische Sachverhalte herausfinden, die nicht explizit genannt werden, und Zusammenhänge zwischen ihnen herstellen;
gegenüberstellen:	wie „skizzieren", aber zusätzlich argumentierend gewichten;
widerlegen:	Argumente dafür anführen, dass eine Behauptung zu Unrecht aufgestellt wird.

Anforderungsbereich III – reflexiver Umgang mit neuen Problemstellungen, den eingesetzten Methoden und gewonnenen Erkenntnissen, um zu eigenständigen Begründungen, Folgerungen, Deutungen und Wertungen zu gelangen, z. B.:

beurteilen: den Stellenwert historischer Sachverhalte in einem Zusammenhang bestimmen, um ohne persönlichen Wertebezug zu einem begründeten Sachurteil zu gelangen;

bewerten, Stellung nehmen: wie „beurteilen", aber zusätzlich mit Offenlegen und Begründen eigener Wertmaßstäbe, die Pluralität einschließen und zu einem Werturteil führen, das auf den Wertvorstellungen des Grundgesetzes basiert;

entwickeln: Analyseergebnisse synthetisieren, um zu einer eigenen Deutung zu gelangen;

sich auseinandersetzen, diskutieren: zu einer historischen Problemstellung oder These eine Argumentation entwickeln, die zu einer begründeten Bewertung führt;

prüfen, überprüfen: Aussagen (Hypothesen, Behauptungen, Urteile) an historischen Sachverhalten auf ihre Angemessenheit hin untersuchen;

vergleichen: auf der Grundlage von Kriterien historische Sachverhalte problembezogen gegenüberstellen, um Gemeinsamkeiten, Unterschiede, Teilidentitäten, Ähnlichkeiten, Abweichungen oder Gegensätze zu beurteilen.

Die folgenden Arbeitsaufträge verlangen Leistungen aus den **Anforderungsbereichen I, II und III:**

interpretieren: Sinnzusammenhänge aus Quellen erschließen und eine begründete Stellungnahme abgeben, die auf einer Analyse, Erläuterung und Bewertung beruht;

erörtern: Argumente auf ihren Wert und ihre Stichhaltigkeit hin abwägend prüfen und auf dieser Grundlage eine eigene Stellungnahme entwickeln; die Erörterung setzt eine Analyse voraus;

darstellen: historische Entwicklungszusammenhänge und Zustände mithilfe von Quellenkenntnissen und Deutungen beschreiben, erklären und beurteilen.

Einige Bundesländer arbeiten mit landesspezifischen Operatoren.
Sie finden diese Landesoperatoren im Internet:
Webcode: KH641994-119

Formulierungshilfen für die Bearbeitung von Textquellen und Sekundärtexten

Arbeitsschritte	Strukturierungsfunktion	Formulierungsmöglichkeiten	Beispiel
Analyse formale Aspekte	Einleitung	– Der Verfasser thematisiert/behandelt/greift (auf) … – Er beschäftigt sich/setzt sich auseinander mit der Frage/mit dem Thema … – Die Autorin legt dar/führt aus/äußert sich zu … – Das zentrale Problem/Die zentrale Frage des Textes/Briefes/der Rede ist …	Der SPD-Politiker Philipp Scheidemann thematisiert in seiner Rede vor der Weimarer Nationalversammlung am 12. Mai 1919 den Versailler Vertrag.
inhaltliche Aspekte	Wiedergabe der Position/Kernaussage	– Die Autorin vertritt die These/Position/Meinung/Auffassung … – Er behauptet …	Der Historiker Detlev Peukert vertritt die These, der Untergang der Weimarer Republik sei auf „vier zerstörerische Prozesse" zurückzuführen (Z. xx).
	Wiedergabe der Begründung/Argumentation/wesentlichen Aussagen	– Sie belegt ihre These … – Als Begründung/Beleg seiner These/Behauptung führt der Autor an … – Der Reichskanzler legt dar/führt aus … – Die Historikerin argumentiert/kritisiert/bemängelt … – Der Verfasser weist darauf hin/betont/unterstreicht/hebt hervor/berücksichtigt … – Weiterhin/Außerdem/Darüber hinaus/Zudem argumentiert er …	Kennan betont, dass die Amerikaner in Deutschland Konkurrenten der Russen seien und daher in „wirklich wichtigen Dingen" keine Zugeständnisse machen dürften (Z. xx).
	Abschließende Ausführungen	– Am Ende unterstreicht/betont der Autor noch einmal … – Der Autor schließt seine Ausführungen mit … – Sie kommt am Ende ihrer Argumentation zu dem Schluss, dass … – Zum Abschluss seiner Rede … – Abschließend/Zusammenfassend führt die Abgeordnete aus …	Am Ende seines Briefes betont Bismarck noch einmal die Notwendigkeit eines Bündnisses mit Österreich (Z. xx).
Vergleich von Texten	Übereinstimmung	– Der Historiker ist derselben Meinung/Auffassung/Position … – Sie teilt dieselbe Meinung/Auffassung/Position … – Die Autoren stimmen darin überein …	Brandt und Grass stimmen darin überein, dass die Bildung einer Großen Koalition mit Risiken verbunden sei (vgl. M 1, Z. xx; M 2, Z. xx).
	Gegensatz	– Im Gegensatz zu … – Die Positionen widersprechen sich/weichen voneinander ab/sind unvereinbar/konträr …	Die Positionen der beiden anonymen Verfasser sind hinsichtlich ihrer Haltung zum Terror der Jakobiner unvereinbar.
Historischer Kontext		– Die Quelle(n) lassen sich/sind in … ein(zu)ordnen. – Die Texte sind im Zusammenhang mit … zu sehen. – Die Rede stammt aus der Zeit des/der …	Veröffentlicht wurden beide Zeitungsartikel in der Zeit der Jakobinerherrschaft, die von 1793 bis 1994 andauerte und auch als „Schreckens- und Gewaltherrschaft" bezeichnet wird.

Arbeitsschritte	Strukturierungsfunktion	Formulierungsmöglichkeiten	Beispiel
Urteil Sachurteil	Intention des Autors	– Der Autor beabsichtigt/intendiert/will/strebt an/fordert/plädiert für … – Die Politikerin verfolgt die Absicht/das Ziel … – Der Außenminister appelliert/ruft auf …	Der Ministerpräsident will mit seiner Rede die Abgeordneten von der Notwendigkeit wirtschaftlicher Reformen überzeugen.
	Beurteilung des Textes	– Die Argumentation ist (nicht) nachvollziehbar/überzeugend/stichhaltig/schlüssig … – Der Verfasser argumentiert einseitig/widersprüchlich … – In seiner Darstellung beschränkt sich der Historiker nur auf …	Der britische Historiker Peter Heather begründet seine These in drei stichhaltigen Argumentationssträngen.
Werturteil	Bewertung des Textes	– Aus heutiger Sicht/Perspektive kann gesagt werden/lässt sich sagen … – Der Position/Meinung/Auffassung/Ansicht des Autors stimme ich (nicht) zu … – Ich stimme der Position/… des Autors (nicht) zu … – Die Position/… der Verfasserin teile ich (nicht) … – Ich teile die Position/… des Historikers (nicht) … – Meiner Meinung/Auffassung/Ansicht zufolge/nach …	– Ich stimme der Kritik von Francisco de Vitoria am Vorgehen der Spanier in der Neuen Welt zu, weil … – Die Position des anonymen Verfassers des ersten Zeitungsartikels (M 1) teile ich nicht, da heute in unserer freiheitlichen Grundordnung Terror zur Durchsetzung politischer Ziele abgelehnt wird.

Probeklausur mit Lösungshinweisen

1 **a)** Geben Sie den Inhalt von M 1 nach einer quellenkritischen Einführung wieder.
b) Arbeiten Sie aus M 2 die wesentlichen Aussagen zur wirtschaftlichen Entwicklung in Deutschland heraus.

2 Ordnen Sie die vorliegenden Materialien in ihren historischen Kontext ein.

3 Erörtern Sie die Ansichten Brünings zur Weltwirtschaftskrise aus der Sicht einer Ihnen bekannten wirtschaftstheoretischen Position.

M 1 Regierungserklärung des Reichskanzlers Heinrich Brüning im Reichstag, 13. Oktober 1931

Allen Völkern sollte inzwischen lebendig vor Augen geführt sein, dass das Schicksal jedes Staates mehr denn je in der Vergangenheit mit dem Schicksal seiner Nachbarn verflochten ist. Kein Staat kann auf die Dauer einen wirklichen Vorteil aus der Not der anderen Länder erwarten.

Die verderblichen Folgen politischer Zahlungen ohne wirtschaftliche Gegenleistungen haben die gesamte Welt ohne Ausnahme in heute noch unabsehbare Bedrängnis geführt. Die weitschauende Initiative des Präsidenten der Vereinigten Staaten von Amerika[1] hat leider nur eine vorübergehende Erleichterung geschaffen, so groß auch ihre Bedeutung war und so dankbar sie vom deutschen Volke empfunden wurde.

Schon die Ungewissheit in den Fragen der politischen Zahlungen übt fortgesetzt eine lähmende Wirkung auf den internationalen Wirtschafts- und Finanzverkehr aus. Unmittelbare und offene Aussprachen, wie sie in Chequers, Paris, London, Rom und hier in Berlin[2] gepflogen wurden und weiterhin zu führen sind, sollen den Weg zur tatsächlichen Solidarität der Nationen ebnen. Denn es muss die Möglichkeit gefunden werden, klare und ehrliche Stimmungen zwischen den Völkern der Welt zu schaffen. Deutschland fordert bei aller verständnisvollen Rücksichtnahme auf die Lebensnotwendigkeiten der Nachbarn die Verwirklichung des Grundsatzes der Gerechtigkeit und Gleichberechtigung unter den Völkern.

[...] Die Reichsregierung nimmt es für sich als einen Erfolg in Anspruch, dass sie rechtzeitig und als erste im Kreise der großen Nati-

M 2 Ausgewählte statistische Daten zur wirtschaftlichen Lage in Deutschland 1928 bis 1933

Jahr	Beschäftigungssituation		Industrielle Produktion		Handelsbilanz (reiner Warenverkehr)	
	abhängige Erwerbspersonen (in Mio.)	Arbeitslose (in Mio.)	Steinkohle (in Mio. Tonnen)	Rohstahl (in Mio. Tonnen)	Einfuhr (in Mio. Mark)	Ausfuhr[1] (in Mio. Mark)
1928	21,995	1,391	150,86	11,80	14001	12276
1929	22,418	1,899	163,44	13,24	13447	13483
1930	21,916	3,076	142,70	9,70	10393	12036
1931	20,616	4,520	118,64	6,06	6727	9599
1932	18,711	5,603	104,74	3,93	4667	5739
1933	18,540	4,804	109,69	5,25	4204	4871

Quelle: Wolfgang Michalka/Gottfried Niedhart (Hg.), Die ungeliebte Republik. Dokumente zur Innen- und Außenpolitik Weimars 1918–1933, 4. Aufl., München 1986, S. 404, 406, 412.

1 Die Ausfuhrwerte schließen bis Juni 1932 auch die Sachlieferungen für Reparationen ein.

onen mit entscheidenden Sparmaßnahmen in den öffentlichen Ausgaben und mit möglichster Senkung der Erzeugungskosten begonnen hat. [...] Hierdurch allein ist erreicht worden, dass die gesunden Grundlagen der deutschen Volkswirtschaft in den vergangenen Monaten unerschüttert geblieben sind. [...] Mit ihm (d. h. dem Wirtschaftsbeirat)[3] gemeinsam wird in kurzer Frist ein Wirtschaftsprogramm für die nächsten Monate ausgearbeitet. Dieses Programm hat als erste Voraussetzung die Aufrechterhaltung der Stabilität unserer Währung, an der unter keinen Umständen gerüttelt werden kann.

Von entscheidender Wichtigkeit ist die Durchführung eines ausgearbeiteten Planes zur Tilgung der kurzfristigen Schulden und ebenso eine endgültige Klärung der Reparationsfrage. [...]

Im Jahre 1929 haben wir noch für 3,6 Milliarden Reichsmark agrarische Produkte importiert, 1930 2,7 und nach den Ergebnissen der ersten acht Monate dieses Jahres in diesem Jahre schätzungsweise nur für 1,1 Milliarden Reichsmark.

Wir sind also unter die Hälfte des Jahres 1929 gekommen. Und dass alles nicht so falsch ist, beweist ja auch die Tatsache, dass selbst im Augenblick der schwersten Krise die Arbeitslosigkeit in den vergangenen vier Wochen nicht in einem solchen Umfang gestiegen ist, wie wir ihn uns ursprünglich nach der ganzen Weltsituation selbst berechnet hatten. Deswegen, so sehr ich wünschte, dass hier in Deutschland eine Möglichkeit wäre, dass sich einmal nur für wenige Monate, die noch bis zu einer notwendigen internationalen Lösung bleiben, die allein die Beruhigung in der Welt und die Grundlagen für den Wiederaufstieg bringen kann, die Parteien zusammenfinden, kann ich nur sagen, wenn eine solche Zusammenfassung nicht möglich ist, dass diese Reichsregierung entschlossen ist, ihre Politik fortzusetzen. Sie bemüht sich nicht, mehr zu verteidigen, wie sie sie in den Wintermonaten verteidigen musste. Sie braucht nicht mehr sagen, dass sie bislang keine sichtbaren Erfolge in der Außenpolitik und auf manchen anderen Gebieten habe, sondern heute kann sie sagen, dass der Weg frei ist, und dass auch der kommende schwere Winter unter allen Umständen überstanden werden kann.

Verhandlungen des Reichstags. Stenographische Berichte. V. Wahlperiode 1930, Bd. 446. 53. Sitzung, Berlin 1932, S. 2070, 2072 und 2077.

---

1 weitschauende Initiative des Präsidenten der Vereinigten Staaten von Amerika: „Hoover-Moratorium", Vorschlag des amerikanischen Präsidenten Hoover im Juni 1931, die deutschen Zahlungen an die Siegermächte sowie die Rückzahlung der alliierten Kriegsschulden an die USA für ein Jahr auszusetzen; im Juli 1931 in Kraft gesetzt

2 Chequers, Paris, London, Rom, Berlin: Orte, an denen Konferenzen über die Reparationskosten stattgefunden haben; Chequers (Grafschaft Buckinghamshire) seit 1917 offizieller Landsitz des britischen Premierministers

3 mit ihm (d. h. dem Wirtschaftsbeirat): Geplante Einrichtung eines Wirtschaftsbeirates unter Einbeziehung von Sachverständigen

---

Lösungshinweise

Aufgabe 1 a)

Formale Aspekte

Autor: Reichskanzler Heinrich Brüning (1930–1932)

Textart und Adressat: offizielle (politische) Rede, Regierungserklärung des Reichskanzlers Heinrich Brüning im Herbst 1931 vor dem Reichstag

Historischer Kontext: Endphase der Weimarer Republik, Zeit der Weltwirtschaftskrise

Thema: Vorstellung der rigorosen Sparpolitik zum Ausgleich des Staatshaushaltes; Rechtfertigung der Sparpolitik in einem Minderheitenkabinett, gestützt auf den Reichspräsidenten und Notverordnungen

Inhaltliche Aspekte

- wechselseitige Abhängigkeit aller Staaten, die ökonomische Krise eines Landes sei auch für die anderen Länder nachteilig
- Ursache der Weltwirtschaftskrise seien die Reparationszahlungen; das „Hoover-Moratorium" habe für eine – allerdings nur kurzfristige – Erleichterung gesorgt.
- Die Reparationsfrage stelle weiterhin ein Hemmnis für die Geldmärkte dar. Daher seien auf dem Verhandlungswege Gleich-

berechtigung und Gerechtigkeit auch für Deutschland anzustreben.
- Verweis auf die Erfolge der bisherigen Sparpolitik; Ankündigung der Einsetzung eines Wirtschaftsbeirates und Ausarbeitung eines Programms zur Währungsstabilisierung
- Notwendigkeit sowohl weiterer Finanzpläne zur Schuldentilgung als auch der Beendigung der deutschen Zahlungsverpflichtungen
- Wunsch nach einer Unterstützung der Regierungspolitik durch die Parteien, aber (auch bei Nicht-Erfüllen) Fortsetzung des eingeschlagenen erfolgreichen wirtschaftspolitischen Kurses, da die Importzahlen verringert worden, die Arbeitslosenzahlen nicht gravierend gestiegen und außenpolitische Erfolge (in der Reparationsfrage) zu verzeichnen seien, berechtigte Hoffnung, dass sich Situation in den Wintermonaten nicht verschärfe

Aufgabe 1 b)

Vorbemerkung zur Aufgabe

Der Arbeitsauftrag verlangt keine umfassende Analyse der Statistik, insbesondere ist die Einordnung in den historischen Kontext nicht hier, sondern in Aufgabe 2 vorzunehmen. Vielmehr ist sie im Hinblick auf die Wirtschaftsentwicklung Deutschlands zu untersuchen, wobei die verschiedenen Daten zueinander in Beziehung zu setzen sind. Da Material 2 hier erstmals angesprochen wird, ist eine kurze Vorstellung erforderlich (Zeitraum, Ort, Thema, Einheiten).

Auswertung der Statistik

- Die Statistik bezieht sich auf die Situation in Deutschland zwischen 1928 und 1933 und führt die jährlichen Daten zur Beschäftigungssituation, Industrieproduktion und Handelsbilanz an.
- Erkennbar ist, dass die Produktion von Steinkohle und Rohstahl sich von 1928 auf 1929 deutlich erhöht, ebenfalls die Anzahl der Erwerbstätigen, während die Zahl der Arbeitslosen merklich steigt. Die Handelsbilanz ist uneinheitlich: Die Einfuhren gehen zurück, während die Ausfuhr steigt, möglicherweise vor allem durch die fortlaufenden Reparationssachleistungen.
- Dieser gemischten Bilanz 1928/29 folgt von 1929 bis 1932 eine starke Negativentwicklung aller Werte, ein deutliches Zeichen, wie hart die Wirtschaftskrise in Deutschland zuschlug. Markante Werte sollten hervorgehoben werden (z. B. Vervielfachung der Arbeitslosenzahl, Absinken der Rohstahl-Produktion um mehr als 75 %, Absinken der Einfuhren um mehr als ein Drittel).
- Mit dem Jahr 1933 scheint sich eine leichte Erholung abzuzeichnen, ohne dass man sie als Trendwende bezeichnen könnte: Die Zahl der Arbeitslosen sinkt, die Produktion von Rohstahl und Steinkohle steigt leicht an, während Ein- und Ausfuhr noch weiter sinken.

Aufgabe 2

Vorbemerkung zur Aufgabe

Der Arbeitsauftrag verlangt, beide Materialien in ihren historischen Kontext zu setzen und die Bezüge zu erläutern. Dabei ist es auch notwendig, konkrete Bezüge zu einzelnen Aussagen Brünings bzw. einzelnen Werten der Statistik herzustellen.

Darstellung des historischen Kontextes

M 1 und M 2 spiegeln die wirtschaftliche und politische Krise in der Endphase der Weimarer Republik wider (M 1, Z. 1 ff).
- Beschleunigung der Wirtschaftskrise durch amerikanischen Börsensturz 1929, da die USA einerseits nach dem Ersten Weltkrieg größter Kreditgeber der Welt waren, andererseits sich durch hohe Schutzzölle vom Weltmarkt abschotteten.
- Kündigung der amerikanischen Auslandskredite infolge des Bankencrashs führte zu einem wirtschaftlichen Niedergang in allen europäischen Staaten, geprägt z. B. durch Auslandsverschuldung, Importüberschüsse, Geldverknappung, Sinken des durchschnittlichen Preisniveaus, zunehmender Verzicht von Unternehmern auf Investitionen und Konkurswellen, dadurch Massenarbeitslosigkeit und Massenelend
- staatliche Eingriffe durch Rettungspakete für die Wirtschaft (Ausweitung: New Deal Politik Roosevelts/globale Finanzkrise 2008)

- In Deutschland: erste Anzeichen einer Rezession bereits 1928 (siehe M 2 die Handelsbilanz für 1928), Rückzug der amerikanischen Kredite und sinkende ausländische Investitionsbereitschaft, u. a. ausgelöst durch Verunsicherungen über Wahlerfolge der Nationalsozialisten 1930; Inflationsängste in der Bevölkerung durch die Hyperinflation 1923
- nach Bruch der Großen Koalition Präsidialregierung unter Reichskanzler Heinrich Brüning (1930–1932), keine parlamentarische Mehrheit (M 1, Z. 35 ff.), sondern abhängig vom Vertrauen des Reichspräsidenten, Durchführung der finanzpolitischen Maßnahmen auf der Grundlage von Notverordnungen (gemäß Art. 48)
- Verschärfung der Krise durch Sparpolitik Brünings, die als „Deflationspolitik" – bei einer Deflation besteht ein Ungleichgewicht zwischen Geld- und Warenmenge – bezeichnet wird; Inflation sollte um jeden Preis vermieden werden (M 1, Z. 24 ff.)

Zu seinen Maßnahmen gehörten:
- Reduzierung der im Umlauf befindlichen Geldmenge durch eine Senkung von Kosten und Preisen
- Beschränkungen bei der Vergabe von Krediten, drastische Kürzung von Staatsausgaben (M 1, Z. 19 ff.)
- Löhne und Gehälter im öffentlichen Dienst wurden gesenkt, ebenso Sozialleistungen, um den Staatshaushalt auszugleichen; die Handelsbilanz wurde damit erfolgreich aktiviert (M 2).
- Konsolidierung der Finanzen nicht Endzweck der Politik Brünings, sondern der Wiederaufstieg Deutschlands zu nationaler Größe (M 1, Z. 14 ff.) und die Schwächung der Nationalsozialisten
- Der wirtschaftlichen und politischen Entlastung – kurzfristige Verbesserung durch das Hoover-Moratorium (M 1, Z. 5 ff.) – sollte die endgültige Einstellung der Reparationszahlungen dienen (M 1, u. a. Z. 36 ff.), die im Jahr 1932 erreicht wurde.
- Steigende Arbeitslosenzahlen (M 2: von 1,391 Millionen im Jahr 1928 auf 5,603 Millionen im Jahr 1932), Not und Perspektivlosigkeit führten trotzdem zur politischen Radikalisierung und zur Machtübertragung an die NSDAP im Jahr 1933.

Aufgabe 3

Vorbemerkung zur Aufgabe

Der Arbeitsauftrag verlangt eine das Für und Wider abwägende Auseinandersetzung mit Brünings Lösungsansatz zur Weltwirtschaftskrise nicht aus Ihrer eigenen Sicht, sondern aus der Sicht einer bestimmten wirtschaftstheoretischen Position, die Sie selbst auswählen können. Nach der Bearbeitung dieses Kurshefts sind Ihnen vor allem die Konzepte des Monetarismus und des Keynesianismus sowie dasjenige der Schule um Schumpeter bekannt. Es bietet sich an, die Sichtweise des Keynesianismus zu wählen, weil sie eine direkte Gegenposition zu Brünings Ansichten darstellt und für eine Erörterung insofern besonders dankbar ist.

Lösungsanregungen

Während Keynes im Kern der Ansicht ist, dass der Staat im Falle einer Depression kein rigides Sparprogramm auflegen sollte, da so der Teufelskreis von sinkender Nachfrage, sinkender Produktion und steigender Erwerbslosigkeit noch befördert werde, setzt Brüning mit seiner Deflationspolitik, wie er sie insbesondere im dritten Absatz von M 1 erläutert, genau auf die von Keynes verworfene Sparpolitik. Demgegenüber befürwortet Keynes im Gegensatz zu Brüning höhere Ausgaben des Staates, um die Nachfrage anzukurbeln und so die Konjunktur wieder anzustoßen. Bei der Beurteilung des Erfolges der Brüning'schen Maßnahmen sollten Sie auch auf das statistische Material in M 2 zurückgreifen, auch wenn dies nicht explizit von der Aufgabe gefordert wird.
Einer differenzierten Betrachtung bedürfen die drei letzten Absätze von M 1, in denen Brüning auf Erfolge seiner Politik hinweist. Hier wäre z. B. zu erörtern, inwieweit keynesianische Politik vielleicht erfolgreicher gewesen wäre bzw. ob Brünings Schlussfolgerungen zu voreilig sind, was durch die nachfolgende Entwicklung bis 1933 belegt werden könnte.

Fachliteratur

Hinweise auf Internetseiten zum Thema finden Sie unter **Webcode:** KH641994-126

Wirtschaftsgeschichte allgemein/ Wirtschaftstheorie

Heuser, Uwe Jean/Jungclaussen, John F. (Hg.), Schöpfer und Zerstörer. Große Unternehmer und ihre Momente der Entscheidung, 2. Aufl., Reinbek 2004.

Linß, Vera, Die wichtigsten Wirtschaftsdenker, Wiesbaden 2007.

Pierenkemper, Toni, Wirtschaftsgeschichte. Die Entstehung der modernen Volkswirtschaft, Berlin 2009.

Pollert, Achim/Kirchner, Bernd/Polzin, Javier M. (Hg.), Das Lexikon der Wirtschaft, Bundeszentrale für politische Bildung, Bonn 2009.

Starbatty, Joachim (Hg.), Klassiker des ökonomischen Denkens. Von Platon bis John Maynard Keynes, München 1989.

Weltwirtschaftskrise 1929 und 2008

Ahamed, Liaquat, Die Herren des Geldes. Wie vier Bankiers die Weltwirtschaftskrise auslösten und die Welt in den Bankrott trieben, München 2010.

Galbraith, John Kenneth, Der Große Crash 1929. Ursachen, Verlauf, Folgen, unveränderter Nachdruck der 4., völlig überarbeiteten Neuaufl. von 2005, München 2009.

Galbraith, John Kenneth, Eine kurze Geschichte der Spekulation. Aus dem Amerikanischen v. Wolfgang Thiel, Frankfurt/M. 2010.

Kindleberger, Charles P., Die Weltwirtschaftskrise 1929–1939, hg. v. Max Otte, München 2010.

Kindleberger, Charles P., Manien, Paniken, Crashs. Die Geschichte der Finanzkrisen dieser Welt, Kulmbach 2001.

Münchau, Wolfgang, Kernschmelze im Finanzsystem, München 2008.

Piper, Nikolaus, Die Große Rezession. Amerika und die Zukunft der Weltwirtschaft, München 2009.

Plumpe, Werner, Wirtschaftskrisen. Geschichte und Gegenwart, München 2010.

Reinhardt, Carmen M./Rogoff, Kenneth S., Dieses Mal ist alles anders. Acht Jahrhunderte Finanzkrisen, München 2010.

Roubini, Nouriel/Mihm, Stephen, Das Ende der Weltwirtschaft und ihre Zukunft. Crisis Economics. Aus dem Englischen von Jürgen Neubauer u. Petra Pyka, Frankfurt/M. 2010.

Shiller, Robert J., Die Subprime Lösung. Wie wir in die Finanzkrise hineingeraten sind – und was wir jetzt tun sollten, Kulmbach 2010.

Sinn, Hans-Werner, Kasino-Kapitalismus. Wie es zur Finanzkrise kam, und was jetzt zu tun ist, 2. Aufl., Berlin 2009.

Stiglitz, Joseph, Im freien Fall. Vom Versagen der Märkte zur Neuordnung der Weltwirtschaft. Aus dem amerikanischen Englisch von Thorsten Schmidt, München 2010.

Great Depression und New Deal in den USA

Adams, Willi Paul, Die USA im 20. Jahrhundert, 2. Aufl., München 2008.

Adams, Willi Paul (Hg.), Die Vereinigten Staaten von Amerika, 19. Aufl., Frankfurt/M. 2003.

Dippel, Horst, Geschichte der USA, 9. Aufl., München 2010.

Durden, Mark, Dorothea Lange, Berlin 2001.

Heideking, Jürgen, Geschichte der USA (1996), Bearb. Christof Mauch, 6. Aufl., Tübingen 2008.

Lange, Dorothea, Ein Leben für die Fotografie, Köln 1998.

Lösche, Peter, Länderbericht USA. Geschichte, Politik, Wirtschaft, Gesellschaft, Kultur, 5. Aufl., Bonn 2009.

Lynd, Robert S. und Helen M., Middletown in Transition, 3. Aufl., New York 1937.

Posener, Alan, Franklin Delano Roosevelt, 2. Aufl., Reinbek 2010.

Raeithel, Gert, Geschichte der nordamerikanischen Kultur, 3 Bde., Weinheim 1987–1989.

Runge, Evelyn, John Steinbeck, Dorothea Lange und die Große Depression. Sozialkritik in Literatur und Fotografie, München 2006.

Sautter, Udo, Geschichte der Vereinigten Staaten von Amerika, 7. Aufl., Stuttgart 2006.

Schmidt, Gustav, Geschichte der USA, Darmstadt 2004.

Wirtschaft in der Weimarer Republik und im Nationalsozialismus

Abelshauser, Werner/Faust, Anselm/Petzina, Dietmar (Hg.), Deutsche Sozialgeschichte 1914–1945. Ein historisches Lesebuch, München 1985.

Büttner, Ursula, Weimar – die überforderte Republik 1918–1933, Stuttgart 2010 (= Gebhardt. Handbuch der deutschen Geschichte, 10., völlig neu bearb. Aufl., Bd. 18).

James, Harold, Deutschland in der Weltwirtschaftskrise 1924–1936, Stuttgart 1988.

Knortz, Heike, Wirtschaftsgeschichte der Weimarer Republik. Eine Einführung in Ökonomie und Gesellschaft der ersten Deutschen Republik, Göttingen 2010.

Petzina, Dietmar, Die deutsche Wirtschaft in der Zwischenkriegszeit, Wiesbaden 1977.

Steitz, Walter (Hg.), Quellen zur deutschen Wirtschafts- und Sozialgeschichte vom Ersten Weltkrieg bis zum Ende der Weimarer Republik, Darmstadt 1993.

Tooze, Adam, Ökonomie der Zerstörung. Die Geschichte der Wirtschaft im Nationalsozialismus. Aus dem Englischen v. Yvonne Badal, München 2007.

Wehler, Hans-Ulrich, Der Nationalsozialismus. Bewegung, Führerherrschaft, Verbrechen 1919 bis 1945, München 2009.

Verhältnis Staat und Wirtschaft in den USA und Deutschland

Abelshauser, Werner, Kulturkampf. Der deutsche Weg in die Neue Wirtschaft und die amerikanische Herausforderung, Berlin 2003.

Abelshauser, Werner, Markt und Staat. Deutsche Wirtschaftspolitik im ‚langen 20. Jahrhundert', in: Spree, Reinhard (Hg.), Geschichte der deutschen Wirtschaft im 20. Jahrhundert, München 2001, S. 117–140.

Ambrosius, Gerold, Staat und Wirtschaft im 20. Jahrhundert, München 1990 (= Enzyklopädie deutscher Geschichte, Bd. 7).

Berend, Ivan T., Markt und Wirtschaft. Ökonomische Ordnungen und wirtschaftliche Entwicklung in Europa seit dem 18. Jahrhundert, aus dem Englischen von Rolf Schubert, Göttingen 2007.

Haupt, Heinz-Gerhard/Nolte, Paul, Markt. Konsum und Kommerz, in: Mauch, Christof/Patel, Kiran Klaus (Hg.), Wettlauf um die Moderne. Die USA und Deutschland 1890 bis heute, München 2008, S. 187–223.

Schivelbusch, Wolfgang, Entfernte Verwandtschaft. Faschismus, Nationalsozialismus, New Deal 1933–1939, München 2005.

Yergin, Daniel/Stanislaw, Joseph, Staat oder Markt. Die Schlüsselfrage unseres Jahrhunderts, aus dem Englischen von Andreas Simon, Frankfurt/M. 1999.

Methodentraining Geschichte

Bauer, Volker, u. a. (Hg.), Methodenarbeit im Geschichtsunterricht, Berlin 1998.

Kolossa, Bernd, Methodentrainer Gesellschaftswissenschaften. Sekundarstufe II, Berlin 2000.

Rauh, Robert, Methodentrainer Geschichte Oberstufe. Quellenarbeit – Arbeitstechniken – Klausurentraining, Berlin 2010.

Geschichtsatlanten

Der große Ploetz, 35. Aufl., Freiburg u. a. 2008.

dtv-Atlas zur Weltgeschichte, einbändige Sonderausgabe, 3. Aufl., München 2010.

Putzger Historischer Weltatlas. Atlas und Chronik zur Weltgeschichte, 2., völlig überarb. Aufl., Berlin 2009.

Zeittafel

1914 – 1918	Erster Weltkrieg
1917	Eintritt der USA in den Ersten Weltkrieg
1921	Reparationskonferenzen in Paris und London (Januar bis März); Festsetzung der Reparationsschuld Deutschlands auf 132 Mrd. Goldmark (5. 5.)
1922–1929	Großer Wirtschaftsaufschwung in den USA; Weltwirtschaftsmacht und größter Kreditgeber
1924	Dawes-Plan zur vorläufigen Regelung der Reparationsfrage
1929	Young-Plan zur abschließenden Regelung der Reparationsfrage
1929	Herbert Hoover US-Präsident (Republikaner) – Börsenkrach in den USA (24. 10.); dramatische Kursverluste und zahlreiche Bankenzusammenbrüche; Beginn der Weltwirtschaftskrise: Massenarbeitslosigkeit und Massenelend in den USA und Europa
1930	Rücktritt des Kabinetts Müller und Ernennung Heinrich Brünings zum Reichskanzler einer Präsidialregierung (27./28. 3.); – Reichstagswahl mit starken Stimmengewinnen der NSDAP (14. 9.). – In den USA: Kongress billigt Smoot-Hawley-Zollgesetz, das Importe in die USA mit hohen Einfuhrzöllen belegt
1931	Einjähriges Moratorium für alle Reparations- und Kriegsschuldzahlungen (Hoover-Moratorium) (20. 6.); Zusammenbruch der Darmstädter und Nationalbank (Danatbank): Beginn der Bankenkrise in Deutschland (13. 7.)
1932	Höhepunkt der Arbeitslosigkeit in Deutschland; Landtagswahlen in mehreren Ländern mit großen Stimmengewinnen für die NSDAP (24. 4.); Entlassung Brünings durch Hindenburg: Franz von Papen neuer Reichskanzler (30. 5./1. 6.) – Konferenz von Lausanne: Ablösung der dt. Reparationsschuld durch eine einmalige Abfindungssumme (Juni/Juli); Misstrauensvotum gegen Regierung im Reichstag angenommen; daraufhin Auflösung des Reichstags (12. 9.); Reichstagswahlen (6. 11.) – Ernennung von Schleichers zum Reichskanzler (2. 12.)
1933	In den USA: *New Deal:* Reformprogramm von US-Präsident Franklin D. Roosevelt (Demokrat, Präs. 1933–1945) zur Überwindung der Wirtschaftskrise durch Konjunkturprogramme und Arbeitsbeschaffungsmaßnahmen, Gesetze des *New Deal* u. a.: *National Industrial Recovery Act,* Gründung der *Public Works Administration, National Housing Act* (1934) – in Deutschland Hitler zum Reichskanzler ernannt (30. 1.); Machtübernahme der Nationalsozialisten – Ausbau der Rüstungsindustrie; „Reinhardt-Programm“ (Arbeitsbeschaffungsprogramm)
1935	*Social Security Act* in den USA (Arbeitslosen- und Altersversicherung)
1936	John M. Keynes veröffentlicht sein Buch „Allgemeine Theorie der Beschäftigung, des Zinses und des Geldes“
1937	Konflikt Roosevelts mit dem *Supreme Court* über die Besetzung der Richterposten
1939–1945	Zweiter Weltkrieg

American Dream: künstlicher Begriff für die immateriellen und materiellen Wünsche und Zukunftserwartungen, die mit Amerika oder den USA verbunden werden. Drei Ausprägungen des *American Dream* lassen sich unterscheiden:
1. Die religiöse und politische Utopie der Siedler in den neuenglischen Kolonien,
2. der Traum der Einwanderer von Reichtum und sozialem Aufstieg im „Land der unbegrenzten Möglichkeiten",
3. die Vorstellung von Freiheit und Selbstverwirklichung, wie sie in der Unabhängigkeitserklärung von 1776 festgeschrieben ist.

Artikel 48: Der Artikel 48 der Weimarer Reichsverfassung regelte in Absatz 1 die Durchführung einer „Bundesexekution" gegen ein einzelnes Land, das seine Pflichten nicht erfülle, und in Absatz 2 den Erlass von Notverordnungen durch den Reichspräsidenten für den Fall, dass „die öffentliche Sicherheit und Ordnung erheblich gestört oder gefährdet" werde; in diesem Fall durften auch vorübergehend Grundrechte außer Kraft gesetzt werden. Der Reichstag musste von den Maßnahmen unverzüglich unterrichtet werden und sie waren auf sein Verlangen hin außer Kraft zu setzen. Angewendet wurde der Artikel in Krisenzeiten der Weimarer Republik, so etwa 1923; vor allem die Tatsache, dass er seit 1930 fast zur alleinigen Grundlage der Gesetzgebung und damit zur Basis der Präsidialregierung wurde, trug zu seiner Diskreditierung bei.

Baisse: länger anhaltender Rückgang der Wertpapierkurse; Gegenteil von Hausse (s. u.).

Big Business: Großunternehmen, -banken und Unternehmenszusammenschlüsse, die aufgrund ihrer Kapitalkraft die Macht besitzen, Regierung und Parlament zu beeinflussen.

Börsenkrach von 1929: Einbruch der Aktienkurse an der New Yorker Börse am 24. Oktober 1929 (*„Black Thursday"*) mit panikartigen Reaktionen der Anleger. Der New Yorker Börsenkrach gilt als Auslöser der Weltwirtschaftskrise 1929.

Dawes-Plan: Der 1923/24 von einer unabhängigen Expertenkommission unter Leitung des amerikanischen Bankiers Charles G. Dawes erarbeitete Plan sah eine vorläufige Regelung der Reparationsfrage vor. Weder die Gesamtsumme der deutschen Leistungen noch ihre zeitliche Dauer wurde festgelegt. Für die ersten Jahre waren mäßige Zahlungen vorgesehen, was das wirtschaftlich schwer angeschlagene Deutschland entlastete, ab 1928/29 sollten dann jährlich 2,5 Milliarden Mark gezahlt werden. Zur Sicherung war eine internationale Kontrolle über Reichsbank und Reichsbahn geplant, und es war genau vorgeschrieben, aus welchen Quellen die Gelder genommen werden sollten. Der in Berlin amtierende „Reparationsagent" sollte bei dem Transfer außerdem auf die Stabilität der deutschen Währung achten. Nach der Zustimmung des Reichstages trat der Plan am 1. September 1924 in Kraft. Er wurde 1929 durch den Young-Plan abgelöst.

Deflation: starkes Zurückbleiben der Nachfrage hinter dem Angebot von Gütern und Dienstleistungen in einer Volkswirtschaft oder der Weltwirtschaft mit der Folge sinkender Preise. Der Gegenbegriff ist „Inflation". Die Regierung Brüning versuchte durch ihre Deflationspolitik nicht nur eine Inflation zu vermeiden, sondern auch ihr eigentliches Ziel, die Streichung der Reparationen, zu erreichen. Zu den wichtigsten Maßnahmen gehörten die Sanierung der öffentlichen Haushalte durch eine drastische Kürzung von Staatsausgaben, die Senkung der Preise, Gehälter und Sozialleistungen, die Erhöhung von Steuern und Abgaben. Die Absicht, durch Senkung von Sozialabgaben und Löhnen auch das Kostenniveau der Unternehmen und somit die Preise der Waren zu senken, um auf dem Weltmarkt konkurrenzfähiger zu werden, wurde nicht erreicht, weil andere Länder zu ähnlichen Mitteln griffen. So wirkte die Deflationspolitik in Deutschland krisenverschärfend.

Depression: Im wirtschaftlichen Sinne ist die Depression der Tiefpunkt in der Abschwungphase eines Konjunkturzyklus (Überproduktion, Kapitalüberhang, Nachfragerückgang, hohe Arbeitslosigkeit); im historischen Sprachgebrauch auch ein längerer Zeitraum mit überwiegend stockender oder sogar zurückgehender Wirtschaftstätigkeit.
Die Weltwirtschaftskrise seit 1929 wird als Große Depression (*Great Depression*) bezeichnet.

Frontier-Bewegung (engl. *frontier* = Grenze): In der US-Geschichte bezeichnet der Begriff den Grenzbereich, der die von Weißen besiedelten Gebiete des Ostens von den unerschlossenen Gebieten des Westens trennt. Mit Frontier-Bewegung ist das ständige Vorrücken dieses Grenzbereichs nach Westen gemeint (dauerte von der Gründung der ersten Siedlung 1607 bis 1890). Im 19. Jh. werden vor allem drei Frontiers unterschieden:
1. die *„trapper frontier"* der Jäger, Fallensteller und Wissenschaftler, die die Wildnis erforschen;

2. die *Frontier* der Cowboys, Goldgräber und Holzfäller, die den Trappers folgen und die das Bild vom „Wilden Westen" prägen;
3. die *„farming frontier"* der Millionen Farmer, die schließlich das Land mit modernen Anbaumethoden bearbeiten und verändern. Die *Frontier*-Bewegung prägte das nationale Selbstverständnis der USA. Vom *Spirit of the Frontier* wird im übertragenen Sinne bis heute gesprochen, um neue Ziele zur Vervollkommnung der Gesellschaft zu charakterisieren (z. B. das *New-Frontier*-Programm von US-Präsident John F. Kennedy Anfang der 1960er-Jahre).

Goldstandard: feste Wertbeziehung von Währungen zum Gold; bei reiner Geldumlaufwährung wird von der Zentralbank eines Staates garantiert, dass die von ihr als Papiergeld ausgegebenen gesetzlichen Zahlungsmittel auf Verlangen jederzeit in Gold umgetauscht werden. Heute halten die Zentralbanken den Gegenwert des Geldumlaufs in der Regel durch eine Mischung von Gold- oder Devisenreserven vor.
Great Depression siehe Depression

Hausse: länger anhaltender starker Anstieg der Wertpapierkurse; Gegenteil von Baisse (s. o.).
Hoover-Moratorium: vom US-Präsidenten Herbert C. Hoover ausgehender und von den Alliierten und Deutschland im Juni/Juli 1931 akzeptierter Vorschlag, für ein Jahr die Rückzahlung der alliierten Kriegsschulden und der deutschen Reparationen auszusetzen. Ziel war es, eine weitere Verschärfung der Weltwirtschaftskrise und einen Zusammenbruch des internationalen Zahlungsverkehrs zu vermeiden.

Inflation: länger anhaltende Preissteigerung für Sachgüter und damit Kaufkraftverlust des Geldes. Je nach Tempo des Kaufkraftverlustes spricht man von schleichender oder galoppierender Inflation.

Keynesianismus: Bezeichnung für eine bestimmte Wirtschaftspolitik, die von dem englischen Wirtschaftswissenschaftler John Maynard Keynes (1883–1946) entwickelt und Mitte der 1930er-Jahre vorgestellt und erprobt wurde. Der Staat erhält nach dieser Lehre die Aufgabe, Wirtschaftskrisen durch Steuerung der gesamtwirtschaftlichen Nachfrage zu begegnen. Dem Staat fällt also die Aufgabe zu, Schwankungen der privaten Nachfrage auszugleichen. Wenn z. B. Unternehmen und Haushalte zu wenige Güter kaufen, soll der Staat mit eigener Nachfrage, z. B. durch den Bau von Straßen, einspringen. Ausdrücklich empfiehlt der Keynesianismus dabei die Verschuldung des Staates (*„deficit spending"*).

Konjunktur: wirtschaftliche Gesamtlage.
Konjunkturzyklus: periodisch wiederkehrende Schwankungen einer Volkswirtschaft oder der Weltwirtschaft. Ein Konjunkturzyklus besteht in der Regel aus vier Phasen:
1. Aufschwung (Gewinne, Investitionen und Beschäftigung steigen);
2. Hochkonjunktur (hohe Gewinne, Vollbeschäftigung);
3. Abschwung (sinkende Gewinne und Investitionen, mehr Arbeitslose);
4. Konjunkturkrise oder Depression (wenig Investitionen, hohe Arbeitslosigkeit).

Konsumgesellschaft: Form der modernen kapitalistischen Industrie- und Wohlstandsgesellschaft. Sie ist vor allem durch eine relativ hohe Massenkaufkraft sowie durch Massenproduktion von Verbrauchs- und Gebrauchsgütern geprägt. Infolge der weitgehend gesicherten Befriedigung von Grundbedürfnissen (Lebensmittel usw.) richtet sich in der Konsumgesellschaft das Prestige der Bürger zum Teil nach dem Besitz oder Nichtbesitz von bestimmten Konsumgütern (z. B. Autos bestimmter Marken); diese gelten als Hinweis für soziale Gruppenzugehörigkeit. Mit Konsumgesellschaft bezeichnet man auch abwertend eine Gesellschaft, in der die Steigerung der Produktion und der Verbrauch von Gütern ein Übermaß an Aufmerksamkeit finden.

Marktwirtschaft: Wirtschaftsordnung, in der Produktion, Wirtschaftskreislauf, Preisbildung und Konsum über den freien Markt geregelt werden.
Monetarismus: Bezeichnung für das wirtschaftspolitische Konzept von Milton Friedman und Anna Jacobson Schwartz. Danach ist die Geldmenge der wichtigste Faktor zur Steuerung des Wirtschaftsablaufes. Die Zentralbank passt die verfügbare Geldmenge der realen volkswirtschaftlichen Produktion an, um die Konjunktur zu stabilisieren. Staatliche Eingriffe in den Wirtschaftsprozess lehnen die Monetaristen ab.

New Deal: Der Begriff kennzeichnet die 1933 eingeleitete Wirtschafts- und Reformpolitik von US-Präsident Franklin D. Roosevelt (Präs. 1933 bis 1945), mit der er auf die Weltwirtschaftskrise (seit 1929) reagierte. Die US-Wirtschaft sollte durch Arbeitsbeschaffungsmaßnahmen, Stabilisierung des Bankensystems, Abbau der Überproduktion in Industrie und Landwirtschaft, Steigerung der Nachfrage und Arbeitszeitverkürzungen wieder belebt werden. Ab 1935 legte die zweite Phase des *New Deal* die Grundlagen für ein Sozialversicherungssystem. Die Wirkung dieser Politik muss differenziert beurteilt werden: Der tatsächliche wirtschaftliche Aufschwung hielt sich in Grenzen, doch wurde der

New Deal als politisches Reformprogramm von der Bevölkerung akzeptiert.

Notverordnungsrecht: Nach Artikel 48 (s. o.) der Weimarer Reichsverfassung das Recht des Reichspräsidenten, in einer Krisensituation Verordnungen mit Gesetzeskraft zu erlassen. Notverordnungen wurden zu einem wichtigen Instrument der Präsidialregierungen (s. u.) der Weimarer Republik.

Österreichische Schule: wirtschaftstheoretische Position, die von Joseph Schumpeters Konjunkturtheorie aus den 1930er-Jahren ausgeht. Die Dynamik der kapitalistischen Ordnung wird als wiederkehrender Prozess von Gleichgewichtsstörungen durch unternehmerische Innovationen beschrieben („Prozess der schöpferischen Zerstörung"). Im Gegensatz zum Keynesianismus sieht diese Denkschule keine Elemente staatlicher Konjunkturgestaltung vor. Wichtige Vertreter sind neben Schumpeter Friedrich (von) Hayek und Ludwig von Mises.

Planwirtschaft: Wirtschaftsordnung sozialistischer Staaten, in der im Gegensatz zur Marktwirtschaft das gesamte Wirtschaftsgeschehen zentral vom Staat gelenkt wird. Angebot, Preisfestsetzung und Verteilung der Güter werden nach gesamtwirtschaftlichen Plänen vorgenommen. Man spricht deshalb auch von Zentralverwaltungswirtschaft.

Präsidialregierung: Bezeichnung für die Regierungsform, die in Deutschland 1930 nach dem Ende der parlamentarisch begründeten Regierung der Großen Koalition mit der Übernahme der Reichskanzlerschaft durch Brüning begann und mit der Einsetzung der Regierung Hitler endete. Sie gründete sich nicht auf parlamentarische Mehrheiten, sondern auf das Vertrauen des Reichspräsidenten und die krisenhafte Situation.

Protektionismus: Bezeichnung für wirtschaftspolitische Maßnahmen eines Staates zur Abwehr ausländischer Konkurrenz; steht im Gegensatz zur liberalen Freihandelspolitik.

„Prozess der schöpferischen Zerstörung" siehe österreichische Schule.

Reparationen (lat. *reparare* = wiederherstellen): meint Geld-, Sach- und Dienstleistungen, die einem Besiegten nach einem verlorenen Krieg zur Wiedergutmachung der in den Siegerstaaten erlittenen Verluste auferlegt werden. Nach dem Ersten Weltkrieg wurde die Frage der deutschen Reparationszahlungen u. a. im Dawes-Plan (s. o.) und im Young-Plan (s. u.) geregelt.

Revolution: Am Ende einer Revolution steht der tief greifende Umbau eines Staates und/oder Gesellschaft, also nicht nur ein Austausch von Führungsgruppen. Revolutionen sind erstens bewusst angestrebte und erfahrene Umwälzungen, die auf umfassenden politisch-gesellschaftlichen Wandel zielen. Zweitens werden sie von dem Bewusstsein getragen, dass die Umgestaltung der Verhältnisse zu einem Fortschritt der Menschheit führt. Drittens werden Revolutionen häufig durch gewaltsame Aktionen ausgelöst, die offen Widerstand gegen die bestehende Ordnung leisten. Klassische Beispiele sind die Amerikanische Revolution (1775–1783), die Französische Revolution 1789 und die Oktoberrevolution in Russland 1917. Revolutionen müssen aber nicht gewaltsam verlaufen, wie die friedliche Revolution in der DDR 1989 verdeutlicht.

Rezession: Rückgang des Wirtschaftswachstums, Konjunkturabschwung.

Spekulation: ein Geschäft, das erwartete Preisänderungen (z. B. von Aktien oder Währungen) ausnutzt. Wertpapiere werden gekauft, um sie dann später zu einem höheren Preis wieder zu verkaufen. Da Kurse auch fallen können, besteht ein Verlustrisiko.

Spirit of the Frontier siehe Frontier-Bewegung.

Young-Plan: Im Mai 1929 legte eine unabhängige Expertenkommission unter Leitung des amerikanischen Finanzfachmanns Owen D. Young einen Plan zur abschließenden Regelung der Reparationsfrage vor. Er setzte die endgültige Reparationssumme mit 112 Milliarden Reichsmark, eine jährliche Durchschnittszahlung von rund 2 Milliarden und damit eine zeitliche Begrenzung auf 59 Jahre fest. Da die Zahlungen geringer ausfielen als nach dem Dawes-Plan, die ausländischen Kontrollen wegfielen und die Alliierten außerdem die vollständige Räumung des Rheinlandes bei Annahme des Plans in Aussicht stellten, war der Plan für Deutschland von Vorteil. Der Reichstag stimmte ihm daher auch mehrheitlich zu. Innenpolitisch aber wurde er von der nationalistischen Rechten (DNVP, Stahlhelm, NSDAP) zur massiven Propaganda gegen die Republik und die sie tragenden Parteien, vor allem in einem Volksbegehren und einem – scheiternden – Volksentscheid, genutzt.

Zahlungsbilanz: Gegenüberstellung von Einnahmen und Ausgaben einer Volkswirtschaft im internationalen Wirtschaftsverkehr.

Personenlexikon und Personenregister

Sachregister

Fettdruck: Erläuterungen im Begriffslexikon S. 129 ff.